U0600493

中国商事调解制度构建研究

——以《新加坡公约》的实施为视角

申琛 著

中国商务出版社

·北京·

图书在版编目（CIP）数据

中国商事调解制度构建研究 ：以《新加坡公约》的
实施为视角 / 申琛著．-- 北京 ：中国商务出版社，
2024.5
ISBN 978-7-5103-5056-6

Ⅰ．①中… Ⅱ．①申… Ⅲ．①商业－经济纠纷－调解
（诉讼法）－司法制度－对比研究－中国、新加坡 Ⅳ．
①D925.114②D933.951

中国国家版本馆CIP数据核字（2024）第023145号

中国商事调解制度构建研究——以《新加坡公约》的实施为视角
ZHONGGUO SHANGSHI TIAOJIE ZHIDU GOUJIAN YANJIU
——YI《XINJIAPO GONGYUE》DE SHISHI WEI SHIJIAO
申琛　著

出版发行：中国商务出版社有限公司
地　　址：北京市东城区安定门外大街东后巷 28 号　　邮编：　100710
网　　址：http://www.cctpress.com
联系电话：010-64515150（发行部）　010-64212247（总编室）
　　　　　010-64243016（事业部）　010-64248236（印制部）
责任编辑：韩冰
排　　版：德州华朔广告有限公司
印　　刷：北京明达祥瑞文化传媒有限责任公司
开　　本：710 毫米 × 1000 毫米　1/16
印　　张：18.25
字　　数：260 千字
版　　次：2024 年 5 月第 1 版
印　　次：2024 年 5 月第 1 次印刷
书　　号：ISBN 978-7-5103-5056-6
定　　价：80.00 元

前　　言

　　构建公正、快捷、低廉的商事争议解决制度，是国内外商事交往主体进行贸易往来的必然诉求，也是吸引和影响其未来经济贸易活动和投资选择的必然要求。在国际层面，商事调解作为商事争议解决手段的独立价值，随着《新加坡公约》在全球范围内的颁布和生效得到重视。在国内层面，商事调解是我国发展市场经济、深化改革开放、优化营商环境、建设"一带一路"等政策实施所必需的。然而，在国内外背景下，我国商事调解制度构建面临着诸多亟待解决的现实问题。为此，借助《新加坡公约》对商事调解领域进行革新的国际背景，探索《新加坡公约》语境下的商事调解范式，参考域外商事调解制度的构造，反思我国商事调解制度发展的本土需求与国际需求，进而对我国商事调解制度如何构建进行研究具有深刻的实践与理论意义。本研究主要通过6章内容从《新加坡公约》实施的角度对我国商事调解制度的构建展开研究。

　　第一章明确了本研究的研究背景、意义、对象、现状、方法以及创新点。本章从国内外研究和实践的背景出发，分析了对中国商事调解制度进行研究的理论和现实意义，划定本研究的对象即商事调解，进而分析了国内商事调解相关研究的不足以及国外相关研究进展，最终择定语境论研究法、规范分析法、比较研究法、跨学科研究法和系统分析法对商事调解进行研究。此外，对本研究的创新点进行了梳理。

　　第二章就《新加坡公约》语境下的商事调解范式展开研究。本章对《新加坡公约》的拟定背景和审议历程进行了梳理和分析，探析《新加坡公约》拟定背后的立法逻辑。继而从《新加坡公约》的核心文本切入，在对具体条文进行解构剖析之后，结合《新加坡公约》拟定和审议时的经验与知识语境对其核心文本进行具象化、多元化的阐释，最终分别从理论框架与程序设计两个方面对《新加坡公约》语境下的商事调解范式进行重构，从理论框架角度对《新加坡公约》语境下调解和解协议的定义与法律效力进行深入分析，从程序设计角度对《新加坡公约》语境下商事调解救济程序的理念与技术展开研究。

第三章对商事调解制度的域外发展进行研究。本章主要从规制理论以及系统政策两个维度对商事调解制度的构建进行比较研究。在规制理论维度，从商事调解制度可用规制工具、常见规制内容以及规制模式等方面，对全球范围内的调解实践进行梳理和分析。在系统政策维度，择定与我国共享中国式调解传统文化的新加坡，对其国内商事调解制度的发展定位与制度设计的关系，以及本土化与国际化需求如何调和进行个案比较研究。

第四章对我国商事调解制度构建的需求展开研究。本章从我国民事司法语境下的商事调解发展现状入手，在制度的供给与需求框架下，对我国商事调解制度发展的内生需求与外部需求进行分析。将我国民事司法语境下的商事调解发展现状与商事调解制度的域外规制框架进行比较，由此厘清我国商事调解制度发展亟待满足的本土需求。将我国民事司法语境下的商事调解发展现状与《新加坡公约》语境下的商事调解范式进行比较，由此厘清在《新加坡公约》范式下发展我国商事调解制度的国际需求。

第五章在前述研究的基础上对我国商事调解制度的顶层设计与构建路径展开研究。本章综合比较和借鉴新加坡商事调解制度化、国际化的政策定位与构建思路，从我国商事调解制度的政策定位切入，挖掘商事调解制度在我国国内与国际司法政策领域的制度理性，从而为我国是否批准《新加坡公约》、是否满足以及如何满足我国商事调解制度发展的国际需求，确定制度效益与成本的衡量基准，并为我国商事调解制度规则系统的设计提供政策上的指引。在前述基础上，本章就我国是否批准《新加坡公约》、是否满足以及如何满足我国商事调解制度发展的国际需求进行讨论。最后，结合比较法领域的商事调解规制框架，兼顾我国商事调解制度发展的本土需求与国际需求，对我国商事调解制度这一综合性规则如何设计展开探讨。

第六章结语部分对本研究的主要研究观点与结论进行了梳理与总结。

目　录

第一章 >>>

绪　论

第一节　研究背景和意义

一、研究背景

随着世界经济全球化、一体化进程不断加快，我国市场经济体制不断完善，改革开放战略方针不断贯彻落实，国际与国内的商事交往日益频繁，这也意味着国际与国内商事争议的频繁发生[①]。从个体层面看，商事争议的解决方式与结果不仅直接影响到商事交往主体[②]的利益实现，而且直接作用于商事交往主体对商事交往质量的主观评估，进而影响商事交往主体未来的商业决策。从国际层面看，国际商事争议解决虽然属于国际私法领域，但是对于维护一国国内实体在国际商事交往中的合法权益意义重大。一国在国际商事争议解决领域的影响力越大，意味着其在全球经济治理中掌握的规则话语权也越大，更能切实和公正地维护本国合法经济权益，甚至有助于重塑更加公平、公正的全球经济秩序。因而构建公正、快捷、低廉的商事争议解决制度不仅是国内外商事交往主体进行贸易往来的必然诉求，也是吸引和影响其未来经济贸易活动和投资选择的必然要求，还是一国争夺国际规则话语权和维护本国合法经济利益的必由之路。

在国际商事争议解决领域，构建公正、快捷、低廉的商事争议解决制度离不开商事调解。国际商事诉讼与仲裁虽然是国际商事争议解决的主要方式，但二者存在着一定的局限性。通过国际商事诉讼解决争议面临司法制度

---

① "有交往就会有争议"，参见黄进、宋连斌：《国际民商事争议解决机制的几个重要问题》，载《政法论坛》，2009年第27卷第4期，第3页。

② 本研究指向的商事交往主体是指从事商事活动的个人、公司及其他实体。商事争议当事人则是在"商事交往主体"这一定义下衍生出的概念，是指在从事商事活动的过程中，与其他商事交往主体在商事利益分配和安排上产生了争议关系的商事交往主体。

差异大、地方保护主义、时间长、成本高等困境[①]。国际商事仲裁的法律主义倾向，也使得争议解决成本上升、进程拖延和程序上日趋诉讼化[②]。国际商事调解则以商事争议当事人意思自治原则为程序的正当性来源[③]，并且争议解决成本更加低廉、速度更加快捷、灵活性也更强，能够促使商事争议当事人之间自愿达成更具创造性的争议解决结果。此外，商事调解为商事争议当事人以自愿、友好的方式解决争议提供第三方协助，能够较好地维护商事交往主体之间的友好关系，通常情况下更加符合商事交往主体的争议解决需求。然而，在大陆法系以及普通法系中，调解和解协议[④]本质上是协议当事人（商事争议当事人）之间达成的契约，受合同法调整，仅在当事人之间产生私法上的约束力；在协议不能得到遵守的情况下，通常只能通过诉讼、仲裁等程序获得强制执行力从而确保争议的最终解决[⑤]。因此，商事调解因调解和解协议缺乏可执行性而无法作为独立的争议解决程序在国际商事争议解决领域得到推广。

《新加坡公约》在全球范围内的颁布与生效极大地改善了商事调解的前述弊端，并推动了国际商事争议解决领域的变革。《新加坡公约》与《纽约公约》《选择法院协议公约》《承认与执行外国民商事判决公约》共同构成了国际私法领域多元化争议解决的基本框架，充分回应了国际商事交往主体在国际商事争议解决制度构建方面的需求。在尽量保留商事调解固有优势的基础上，《新加坡公约》通过构建国际商事调解和解协议的跨境救济机制，补

[①] 廖永安、段明：《我国发展"一带一路"商事调解的机遇、挑战与路径选择》，载《南华大学学报（社会科学版）》，2018年第19卷第4期，第27～34页。

[②] S I Strong，*Increasing Legalism in International Commercial Arbitration：A New Theory of Causes，A New Approach to Cures*，7 World Arbitration & Mediation Review 117，117–18（2013）.

[③] 申琛：《现代社会治理中的司法强制与当事人自治——以法院角色二元冲突论为切入点》，载《黑龙江社会科学》，2021年第6期，第68页。

[④] 如本研究后文所述，国际商事调解以及《新加坡公约》中的术语使用与我国商事调解理论和实践存在差异。为避免概念混乱，本研究沿用《新加坡公约》中调解和解协议（mediated settlement agreement）以及调解启动协议（mediation agreement）的表达方式。如未明确说明，本研究所指的和解协议是指调解所得的和解协议，即争议当事人自愿达成的将争议提交调解的合意。

[⑤] 详见本研究第二章第二节内容。

足了商事调解所得争议解决结果在可执行性方面的短板，使得符合《新加坡公约》规定的商事调解和解协议能够在缔约方法院获得救济，为商事调解成为独立的商事争议解决方式提供了制度性保障。目前，日本、新加坡、沙特阿拉伯等13个国家已经批准了《新加坡公约》，中国、英国、美国、印度等贸易大国也已签署了《新加坡公约》[①]。《新加坡公约》被誉为商事调解领域的"纽约公约"，其势必会改变国际商事交往主体的争议解决观念，进而影响国际商事争议解决市场的发展与各国国内商事调解立法的革新，促使商事调解能够作为独立的争议解决手段得到推广和使用。

在我国，发展商事调解意义重大，但也面临诸多问题。发展商事调解是我国发展市场经济、深化改革开放、优化营商环境、推进"一带一路"建设等政策实施所必需的。然而，我国作为调解大国，商事调解发展水平仍然较低、制度建设并不完善，与我国市场经济建设规模与发展水平严重不符[②]。我国面临着如何构建商事调解制度的现实问题，并且对该问题的解答必须同时从国际层面与国内层面进行考虑。一方面，在联合国试图通过《新加坡公约》来影响和引导未来的国际商事调解实践，乃至各国商事调解立法的国际背景下，《新加坡公约》语境下的商事调解范式是什么，我国商事调解制度的发展该以何种态度对待《新加坡公约》，是我国在经济全球化与改革开放背景下构建商事调解制度所不得不考量的现实问题。另一方面，我国商事调解发展水平仍然较低，商事调解基本范畴不明确、制度建设不完善，对于如何推进我国商事调解实践的制度化进程、可用的商事调解制度实践形态有哪些、商事调解的政策定位与制度构建如何联系等问题，我国目前尚未形成完善可行的顶层设计和制度路径。

针对上述问题，本研究从分析《新加坡公约》语境下的商事调解范式切入，在分析和梳理商事调解制度实践在比较法领域发展的基础之上，反观我

---

① 该数据截至2024年1月13日，数据来源：https://uncitral.un.org/en/texts/mediation/conventions/ international_settlement_agreements/status。

② 刘敬东主编：《〈新加坡调解公约〉批准与实施机制研究》，中国社会科学出版社，2021年版，第9页。

国商事调解发展现状，分析我国商事调解制度构建的本土与国际需求，继而明确我国商事调解制度构建的制度定位、我国对《新加坡公约》的态度，最终提出我国商事调解制度的设计思路。从《新加坡公约》实施的角度研究中国商事调解制度构建，对于我国市场经济体制的不断完善、改革开放战略方针的不断贯彻落实、国内外经济贸易交往的持续稳定增长、综合国力的不断增强、积极参与全球治理的能力与影响力等来说，具有深刻的理论与现实意义。

二、研究意义

无论是从商事调解理论研究角度，还是从我国在国际以及国内层面的商事调解政策实践角度来看，以《新加坡公约》的实施为视角，对我国商事调解制度的构建展开研究均具有深刻的意义。

（一）理论意义

从商事调解理论研究角度来看，以《新加坡公约》的实施为视角，切入对我国商事调解制度的构建展开研究具有以下3个方面的理论意义。

1.从理论框架与程序设计两个方面重构《新加坡公约》语境下的商事调解范式

目前，国内对《新加坡公约》语境下商事调解范式的研究尚不充分[①]。首先，大部分对《新加坡公约》的研究仍然停留在对其文本的分析之上，忽略了相关审议资料的研究。其次，部分研究虽然在《新加坡公约》相关审议资料的基础上展开，但是呈现出"重技术、轻理论"的研究倾向。最后，极个别研究虽然围绕《新加坡公约》背后的法理基础展开，但是背离了《新加坡公约》审议过程中达成的共识。

为完善上述研究现状，本研究首先对《新加坡公约》的拟定背景和审议历程进行了梳理和分析，探析了《新加坡公约》拟定背后的立法逻辑。继而发现《新加坡公约》的制定既非将成熟的国际商事调解实践通过国际立法的

---

① 见本章第二节关于研究现状的分析。

形式予以制度化，也非基于成熟的商事调解理论将其实践于立法之中。不同国家的争议解决实践以及不同法系理论观点所形成的经验与知识，在《新加坡公约》拟定的过程中得到了充分的讨论和博弈，并通过抽象化和均质化的处理形成了《新加坡公约》的最终文本。因此，本研究从《新加坡公约》的立法核心文本切入，对其具体的条文进行解构之后，选择对《新加坡公约》审议和拟定时更深层次的经验与知识语境进行挖掘，对其核心文本进行具象化的、多元化的分析，最终分别从理论框架与程序设计两个方面对《新加坡公约》语境下的商事调解范式进行重构。在理论框架维度，本研究基于大陆法系和普通法系的法学理论，对《新加坡公约》语境下的调解和解协议从定义和法律效力两个方面进行分析与重构。在程序设计维度，本研究对《新加坡公约》语境下的商事调解救济程序从理念与技术两个视角进行重构。

2.从规制模式与系统政策两个维度对商事调解制度实践进行比较研究

现有的大部分商事调解比较研究并没有照顾到我国商事调解发展水平仍然较低的本土现状以及衔接《新加坡公约》的国际背景，因此，缺乏对域外商事调解制度实践的系统化研究以及宏观政策与商事调解制度构建之间的关系研究。早期国内学者多从比较法或者国际法角度对商事调解进行讨论，但因研究数量少、时间较早且缺乏合适的研究框架，导致早期商事调解领域比较研究是分散且脱离我国制度发展需要的。近期研究虽然同样对商事调解的域外实践进行了关注，但是通常在"困境-政策建议"的研究框架下展开，使得此类研究对商事调解制度域外实践的关注同样较为分散，难以为我国商事调解制度的构建提供系统化的比较法框架。

为改善上述研究现状，本研究择定从规制模式与系统政策两个维度对商事调解制度实践进行比较研究。在调解的比较研究领域，早已有国外学者将规制理论应用于调解制度研究中，本研究在参考此类学者做法的基础上，对其稍做修正，从商事调解制度的可用规制工具、常见规制内容以及规制模式等角度切入，对全球范围内的调解制度实践进行研究。然而，在研究过程中发现，在制度层面，大多数国家或调解机构并不对民事与商事调解进行严格的区分,并据此分别设计相应的制度,因此无法满足本研究论题的研究需求。另外,我国事实上正试图将商事调解作为我国调解与现代调解理念接轨的尝试,因而存在将其制度化的制度需求①。本研究最终选择在规制模式维度之外,同时从系统政策维度对域外商事调解制度进行研究,择定与我国共享中国式调解传统文化的新加坡,对新加坡国内商事调解制度的政策定位以及制度构建之间的关系、商事调解制度构建的本土与国际需求的平衡取舍进行研究。

3.从我国民商事司法语境厘清国内商事调解基本范畴,认识制度发展的现状

目前,大部分研究是在对我国商事调解范畴缺乏明确界定的情况下展开的,导致已有理论研究与我国商事调解发展需求存在一定程度的分离,从而忽视了我国商事调解发展的本土需求。早期商事调解相关研究通常从比较法或者国际法角度展开,近期相关研究虽然将视角转向了国内,但主要集中在我国商事调解制度如何衔接《新加坡公约》上,通常夹杂着一种如何以《新加坡公约》衔接要求为主导,对我国国内商事调解进行格式化构建的倾向。因此,大部分研究未对我国民事司法语境下的商事调解这一术语是什么进行关注,只是在宽泛、模糊的商事调解概念之下对其进行研究,而且这一商事调解的概念通常来自比较法或者国际法背景。一方面,这导致现有不同研究之间对商事调解的认定范畴差异较大,使得商事调解领域研究范畴界定不清、随意性大②;另一方面,现有研究也因此忽视了我国商事调解发展的本土需求,遑论在此基础之上对我国商事调解制度的构建进行切实可行的研究。

为规避上述研究弊端,本研究将商事调解的基本范畴界定回归到我国民商事司法政策文件中,梳理出我国民事司法语境下的商事调解范畴,对我国商事调解制度的发展现状进行梳理,并与比较法领域中的商事调解制度实践进行比较,从中挖掘我国商事调解制度发展的本土需求。

---

① 参见本研究第四章第一节分析。
② 同①。

（二）现实意义

从我国在国际以及国内层面的商事调解政策实践角度来看，以《新加坡公约》的实施为视角，切入对我国商事调解制度的构建展开研究具有以下4个方面的现实意义。

1.满足我国落地实施《新加坡公约》的现实需求

2019年8月7日，中国作为首批签署国，在新加坡签署了《新加坡公约》，但目前尚未批准。中国学者和实务从业者普遍对《新加坡公约》在中国的落地持积极态度[①]。商务部条约法律司处长温先涛认为，加入《新加坡公约》必然推动中国多元化解决商事争议领域的发展[②]。范愉教授认为，《新加坡公约》为商事调解在我国的发展提供了时代性的重大契机，中国应当加以把握继而推动商事调解的发展[③]。然而，目前对于我国商事调解制度如何构建、如何与《新加坡公约》实现良好衔接，国内仍存在较大分歧[④]。

如前所述，在联合国试图通过《新加坡公约》影响和引导未来的国际商事调解实践，乃至各国商事调解立法的国际背景下，《新加坡公约》语境下的商事调解范式是什么，我国商事调解制度的发展该以何种态度对待《新加坡公约》，是我国商事调解制度构建所不得不解决的现实问题。因此，在《新加坡公约》实施的语境下对中国商事调解制度构建展开研究，探索《新加坡公约》语境下的商事调解范式，将其与我国民事司法语境下的商事调解发展现状进行比较，以正确认识我国衔接与实施《新加坡公约》的困境，进而制订有针对性的解决逻辑与方案，从而解决我国是否落地实施《新加坡公约》、如何落地实施《新加坡公约》的现实问题。

---

① C Shen，"Opportunities，Challenges，and Strategies：A Current Overview about China's Attitudes Towards the Singapore Convention"，Asian Social Science，2021，Vol.17，No.12.

② 温先涛：《〈新加坡公约〉与中国商事调解——与〈纽约公约〉〈选择法院协议公约〉相比较》，载《中国法律评论》，2019年第1期，第198～208页。

③ 范愉：《商事调解的过去、现在和未来》，载《商事仲裁与调解》，2020年第1期，第126～141页。

④ 详见本研究第五章。

2.满足我国商事调解发展的制度化需求

从比较法角度来看，商事调解的制度化，即商事调解规制框架的完善并结合各国实际情况形成一定的规制模式，是商事调解实践不断发展的必然要求，也是在《新加坡公约》语境下调解和解协议直接获得强制执行力的必由之路。我国商事调解实践已经有了一定程度的发展，然而我国商事调解的继续发展以及与《新加坡公约》的衔接要求我国商事调解具备相当程度的确定性和可预期性。本研究基于商事调解制度的域外规制框架、《新加坡公约》语境下的商事调解范式，反观我国商事调解制度发展的本土与国际需求，并结合我国商事调解制度的政策目标，对我国商事调解制度如何对待《新加坡公约》、如何构建综合性的规则系统等问题进行了研究，从而满足我国商事调解发展的制度化需求。

3.满足我国在国际领域的发展需求

随着改革开放逐步深入，中国的经济发展在国际社会引起了关注，相应地，中国在参与全球治理中呈现出积极主动的态势。在全球治理战略背景下，大国司法理念在民事诉讼法领域应运而生。在该理念指导下，中国作为经济大国，其经济利益的保护离不开民事诉讼制度的国际化；同时，作为法治大国，如果要在国际争议解决市场和平台提升影响力和竞争力，必须提升司法服务水平[1]。调解虽然是中国传统的争议解决方式，但是长期以来，中国司法制度忽视了推动调解朝体系化、专业化、职业化、标准化的方向发展，因而失去了在国际调解领域的先发优势和话语影响[2]。在接近司法正义（access to justice）第三波浪潮推动下，调解在西方国家的争议解决领域扮演着日益重要的角色。随着调解实践的发展，西方的调解研究和实践逐渐在国际层面占据主流，调解理论与规则制定的话语权逐渐掌握在西方发达国家手中。无论是从本国利益保护还是从国际影响力来看，中国商事调解领域的

发展都不足以为中国积极参与全球治理提供制度支持。在《新加坡公约》实施的语境下对中国商事调解制度构建展开研究，也是我国在国际领域掌握国际话语权、提高中国商事调解在国际商事调解市场的影响力和竞争力的现实道路。

4.辅助我国不同政策的落实

从我国来看，商事调解成为中国多元化争议解决制度、营商环境优化、"一带一路"争议解决机制建设、最高人民法院国际商事纠纷解决总体方案等多项政策施行的重要落脚点，在《新加坡公约》实施的语境下对中国商事调解制度构建展开研究，能够为我国上述政策的贯彻落实提供现实支持。

第二节　研究对象和现状

一、研究对象

在本研究正式展开之前，首先需要解决的问题是界定商事调解的基本范畴与基本特征，从而为下文的讨论提供必要的理论基础和研究便利。从我国商事调解相关研究现状来看，大部分研究是在宽泛、模糊的商事调解概念之下展开的，不同研究对商事调解基本范畴的认定差异较大，使得商事调解领域研究范畴界定不清、随意性大。事实上，在本研究展开的过程中，笔者发现商事调解的基本范畴实则依其所依附的语境不同而各异，尤其受到其背后的社会与政策语境的影响。究其原因，或与调解是争议解决的私力救济方式之一有关。因此，对商事调解进行兼具明确性与普适性的界定似是难破之局。为破解上述研究困境，在该部分本研究拟采取一种形而上学的方法对商事调解的基本范畴与基本特征做基础的定性分析，在明确本研究研究对象、划定研究范围的同时，为后文商事调解在不同制度或政策语境下的范畴界定提供一个基础的可供修正的概念原型。

基于以上讨论，本研究认为，所谓商事调解，即商事争议的调解，因不涉及民事争议的解决，由此区别于广义上的调解。并且商事争议的独特性决定了商事调解的基本特征。

其一，商事争议的特殊性使得商事调解因符合程序效率原则而具备正当性。首先，商事争议各方当事人中必然有一方是以营利为动机的，其他各方商事争议当事人通常至少受到最基本的效益原则的驱动。虽然商事交往主体并不一定完全是以营利为目的的个人或者实体。政府组织、非政府组织、非营利性组织甚至个人均有可能从事商事活动，因此面临商事利益分配上的分歧并由此陷入争议。但商事活动的营利性特征决定了其参与主体必然存在一方具备营利性动机，否则难以与民事交往行为进行区分。其次，在面对商事活动过程中产生的纠纷，商事争议主体的营利动机促使其更加关注商事争议解决的时间与金钱成本，降低了对争议解决的伦理性需求。因此，相对于仲裁与诉讼来说，商事调解更加便捷、低廉，更能为商事争议主体节省时间与金钱，从而符合其对商事争议解决效率的追求。最后，调解公正性保障不足的弊端在商事调解中不再居于首位。调解为诸多学者所批判的一点在于其公正性保障不足，从而导致了调解结果不公正的弊端，如放大了当事人谈判能力的不平等、次等正义、公共利益和福利保护的缺失、阻碍民事裁判权的行使等[1]。但是，因商事争议的主体往往具备旗鼓相当的谈判能力与资源，能够在一定程度上规避上述弊端，并且商事争议的主体对争议解决的伦理性需求并不高，使得上述弊端的重要性大幅缩减。

其二，受商人自治理念[2]的影响，当事人意思自治原则同样为商事调解程序提供了正当性基础。在商人自治理念下，商事争议主体对争议解决过程与结果可控性的期望更高。在诉讼与仲裁程序中，因为法官与仲裁员均可强加争议解决的结果于当事人之上，当事人对于争议解决结果的影响仅能通过

---

[1] Jack B Weinstein, *Some Benefits and Risks of Privatization of Justice Through ADR*, 11 Ohio St. J. on Dispute Resolution 2，241-295（1996）.

[2] 王保树：《尊重商法的特殊思维》，载《扬州大学学报（人文社会科学版）》，2011年第15卷第2期，第28～30页、第80页。

为其主张提供事实证据和法律依据来进行，因此，诉讼与仲裁实为双方当事人与居中裁判者的多方博弈过程。然而，在调解过程中，由于调解员并无权力将争端解决结果强加于当事人之上，并且程序的启动、进展以及结果均可由当事人通过合意的方式进行调整，一方当事人也可随时按照自己的意愿退出调解。因此，商事调解的过程更接近谈判能力相当的商事争议主体之间的博弈，双方当事人更有可能达成符合自身意愿的争议解决结果。

其三，商誉、商业秘密等商业利益对于商事主体来说极为重要，保密性原则能够更好地维护商事争议主体的商业利益。一方面，在商事活动中，商誉对商事主体的重要性得到提升。随着资本市场的全球化发展，对于商事主体来说，一次商事争议对商誉的巨大损害，不仅会影响其与商事伙伴的日常业务贸易往来，还会影响其在资本市场的市值，直接导致企业资产的大幅缩水，造成经营困境。另一方面，商业秘密往往是商事主体进行营利活动的根本。在商事调解保密原则的保护下，当事人由于无须担忧商业秘密被公开，更有可能在调解过程中采取积极主动的态度去争取合作机会，从而达成对双方更加有利的争议解决结果。

其四，商事关系的维护对于商事争端主体来说同样极为重要。商事调解具备较强的友好性和灵活性，能够为商事争端主体量身定做创造性的争议解决方案。一方面，商事调解为商事争议当事人以自愿、友好的方式解决争议提供第三方协助，能够较好地维护商事交往主体之间的友好关系，通常情况下更加符合商事交往主体的争议解决需求。另一方面，商事争议作为商事调解的对象，调解的范围往往并不局限于商事诊断本身，争议当事人可以使用调解解决潜在的误解，并为长期的商业关系奠定基础①。

因此，在前述语境之下，商事调解应当是便捷、低廉、尊重当事人意思自治、遵循调解保密原则、具备相当友好性和灵活性的调解活动。

---

① UNCITRAL，*Mediation Notes*，para.9，（Jan. 22，2022），https://uncitral.un.org/sites/uncitral.un.org/files/media-documents/uncitral/zh/mediation_notes_chinese.pdf.

二、研究现状

（一）国内研究现状

调解不仅是中国传统法文化的重要资源①，也是我国民事司法制度研究领域的争议热点，得到了诸多学者与实务工作者的关注，围绕调解展开研究的学术成果颇丰。截至2022年1月18日，在知网以"调解"为主题搜索，并排除了以"刑事""行政"为主题的文章②，得到82 390条搜索结果。其中，北大核心或CSSCI学术期刊论文共计3 629篇，博士论文230篇。最早的核心期刊文献记录可追溯到1992年，单篇文章最高引用量为689次。在上述研究中，以"人民调解""法院调解""司法调解""争议解决机制"等相关主题为研究内容的期刊论文占据此类研究的"半壁江山"。但在知网通过关键词"商事调解"或"新加坡公约"对学术期刊论文进行搜索，仅能得到260条搜索结果。其中，北大核心以及CSSCI学术期刊论文仅46篇，博士论文仅4篇。最早的核心期刊文献记录仅能追溯到2008年，单篇文章最高引用量仅为71次。

当然，来自知网的数据仅能针对文献的主题内容以及研究分布作出粗略且不严谨的统计分析，然而，这并不妨碍依据以上数据对商事调解领域研究现状作出初步的判断。虽然调解始终是我国民商事司法制度研究的热点之一，但商事调解在我国已有的相关研究中起步时间较晚且研究成果占比较低，长期处于边缘化的研究地位。较少以"商事调解"为主题的核心期刊、博士论文以及相对较低的引用量，均说明该领域目前仍缺乏代表性强或较深入的理论研究。

对商事调解的研究地位有了大概的评估之后，本研究综合考虑文献的相

---

① 范愉：《非诉讼争议解决机制研究》，中国人民大学出版社，2006年版，第65页。

② 之所以选择这样的检索标准是考虑我国民商事诉讼法与司法制度领域的研究习惯，其往往不依据争议的类型来划分不同的调解行为，而以调解主体的性质来划分。以"民事"或者"商事"作为限定"调解"的积极检索条件，将排除掉很大一部分使用司法调解、法院调解、大调解、人民调解、非诉讼争议解决机制等常用术语的研究成果，因此，本研究采用负面清单的方式来处理这一问题，将刑事调解以及行政调解等研究成果排除在外。

关性、引用量、作者影响力、期刊影响力、理论价值等因素，对知网数据库中商事调解领域研究成果进一步梳理，筛选出具备一定研究价值、理论价值的文献集合作为国内该领域主要研究深入分析。

单从国内该领域主要研究的发表时间来看，商事调解的相关研究呈现出明显的阶段性特征。如图1-1所示，2006年为该领域理论研究的发展元年，该领域随后的发展大致可以分为三个阶段：第一阶段为2006—2012年，其中2007年无相关研究发表，2009—2010年形成该领域主要研究的第一个高峰期，其余年限的发表量均为2篇左右；2013年、2014年均无相关的主要研究发表。第二阶段为2015—2018年，该领域的每年发文量同样维持在2篇左右（2018年除外）。第三阶段为2019年至今，该领域研究迎来前所未有的高峰期，仅2020年就有23篇研究发表。

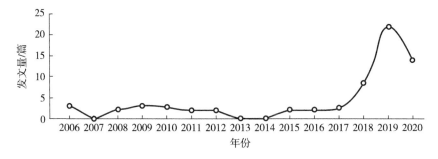

图1-1　商事调解领域主要研究的时间分布

1.第一阶段（2006—2012年）

如前所述，该领域第一阶段的研究成果集中在2006—2012年，其中2007年无相关研究发表，2009—2010年形成该领域主要研究的第一个高峰期，其余年限的发表量均为2篇左右。从时间分布上看，该阶段研究呈现出较强的政策敏感性，与该阶段民商事调解政策变动紧密相关。2009年，在最高人民法院《关于建立健全诉讼与非诉讼相衔接的矛盾纠纷解决机制的若干意见》中，"商事调解"首次出现在司法政策文件中，并与仲裁、行政调处、人民调解、行业调解等一同成为与诉讼衔接的非诉讼争议解决方式之一。2010年，《中华人民共和国人民调解法》颁布并在2011年生效。与此相对应的是，该阶段在2009—2010年形成商事调解领域的第一个高峰期。

从研究内容来看，该阶段的研究主题主要集中在中国商事调解研究以及国际商事调解比较研究两个方面，详述如下。

（1）中国商事调解研究。在该阶段，构建民商合一的综合性调解法案是主流观点。兼具学者与实务工作者身份的穆子砺于2006年完成的博士论文《论中国商事调解制度之构建》，作为国内商事调解领域主要研究的开端之作，对中国商事调解制度的构建进行了较为系统化的研究。作者首先从商事调解理论角度梳理了中国调解制度历史文化的沿革，分析了商事调解的基本特征和主要构成要件，进而围绕商会调解机构、仲裁机构以及法院三大实体对中国的商事调解实务展开研究。在此基础之上，作者对我国当时商事调解制度的国内外规则渊源进行了梳理，对国内商事调解制度存在的问题提出了对策建议，并最终拟制了一部民商合一的调解法案[①]。之后，在《试论中国商事调解发展的局限与突破》一文中，穆子砺分析了中国商事调解发展中存在的局限，如立法空白、体系性差、社会诚信体系建设不健全等问题，重述了其通过拟制一部民商合一的调解法案并专设"商事调解"一章来解决上述问题的观点[②]。

（2）国际商事调解比较研究。除上述研究之外，该阶段的大部分研究集中在国际商事调解的比较研究之上，学者们对该领域的研究主要从宏观和微观两个层面展开。

在该阶段宏观层面的比较研究中，部分学者的关注点集中在国际商事调解相关的概念界定、发展趋势及优势等方面。其中，学者黄进、宋连斌结合《贸易法委员会调解规则》（1980年）、《贸易法委员会国际商事调解示范法》（2002年）等代表性法律文件的内容，梳理和分析了国际商事调解的含义、特点、程序等，进而对中国的替代性争议解决（Alternative Dispute

---

[①] 穆子砺：《论中国商事调解制度之构建》，对外经济贸易大学，2006年博士学位论文。
[②] 穆子砺：《试论中国商事调解发展的局限与突破》，中国仲裁与司法论坛暨2010年年会论文集，第304~313页。

Resolution，简称ADR）法律基础以及国际商事调解进行了简要分析，最终落脚点放在了中国国际贸易促进委员会（以下简称中国贸促会）的调解实务上，认为中国虽然从立法角度来看对ADR，尤其是调解非常友好，但是对于国际商事调解并没有可操作的具体规则，指明中国还需在国际商事领域进一步鼓励ADR的使用[①]。

齐树洁等从实证角度，围绕商事调解在域外发展的趋势特征以及优势进行分析，并对比国内商事调解司法政策以及发展状况，从机构发展、受案范围、调解员队伍建设等方面提出了相应的发展建议[②]。

王钢从商事调解的实践以及理论角度对国际商事调解和解协议的效力进行分析，认为应当赋予和解协议以强制执行力，并且从合同法的角度对拒不履行和解协议的抗辩进行了列举[③]。

尹力围绕国际商事调解的含义、立法、实践展开研究，并结合《调解示范法》以及国际商事仲裁的相关理论，对国际商事调解的含义进行了界定，对联合国国际商事调解立法现状做了简要介绍。他还对不同国家国内立法例进行了比较，发现了调解立法的两种模式：一种是以美国《统一调解法》为代表的专门性立法；另一种是在诉讼法或者仲裁法中对调解进行规制，见于英国、美国、法国、加拿大、澳大利亚等国[④]。

在该阶段微观层面的比较研究中，部分学者围绕国际商事调解程序研究了调解技巧、原则等内容。王钢在其博士论文中对国际商事调解技巧进行了较系统的研究，尤其关注了当事人文化差异、调解员保密义务、当事人心理公正等问题，最终从调解规则与调解技巧相结合的角度，对调解的基本规则

---

① 黄进、宋连斌：《国际民商事争议解决机制的几个重要问题》，载《政法论坛》，2009年第27卷第4期，第3～13页。

② 齐树洁、李叶丹：《商事调解的域外发展及其借鉴意义》，载《中国海商法年刊》，2011年第22卷第2期，第97～103页。

③ 王钢：《论国际商事调解协议的法律效力》，载《2008年全国博士生学术论坛（国际法）论文集——国际公法、国际私法分册》，第469～475页。

④ 尹力：《当代国际商事调解的含义及其立法与实践》，载《2006年中国青年国际法学者暨博士生论坛论文集（国际私法卷）》，第289～306页。

进行了重新界定①。其中，从文化差异的角度，王钢以英美德等作为西方代表，以中日韩作为东方代表，对来自不同文化背景的当事人对争议的理解以及对争议解决的喜好做了比较分析，并将上述差异可能在国际商事调解中产生的问题进行分析，最终提出调解员才是解决文化差异问题的着力点②。此外，学者王钢与尹力均对调解员的中立性以及调解保密原则进行了讨论。尹力以英国调解的相关研究、立法与实践为基础，对调解员的中立性进行了讨论③。王钢则结合国外促进型调解的相关研究，对调解员中立性内涵的不确定性、理论与实践困境等进行分析和讨论，认为调解员的中立性与公正的概念存在差异，并提出调解员中立并不意味着调解员的消极不作为，而是可以通过调解技巧来实现中立的④。王钢将调解的保密性划分为对内私密性和对外私密性两部分，认为对外私密性应当在公共利益、弱者保护等背景下存在例外，对内私密性应当根据诚信调解原则结合背景予以判断⑤。尹力则在《商事案件调解保密规范解析》一文对不同组织或机构的调解相关规则涉及保密性部分的内容进行了梳理和比较⑥。

2. 第二阶段（2015—2018 年）

第二阶段为2015—2018年，其间该领域成果的每年发表量同样维持在2篇左右。从时间分布来看，在该阶段之前，2013年、2014年商事调解领域均无相关的主要研究发表，而在该阶段之后，由于联合国大会正式通过了《新加坡公约》，该领域的研究局面出现很大的变动，因而该阶段在时空分布上居于承前启后的位置。

---

① 王钢：《国际商事调解技巧研究》，武汉大学，2010年博士学位论文。

② 王钢：《论文化差异在国际商事调解中的表现及影响》，载《西北大学学报（哲学社会科学版）》，2009年第39卷第4期，第76～81页。

③ 尹力：《调解正当性的保障：调解员中立性问题研究》，载《浙江学刊》，2006年第2期，第159～164页。

④ 王钢：《论调解员中立》，载《北京科技大学学报（社会科学版）》，2012年第28卷第2期，第120～124页。

⑤ 王钢：《论调解的私密性及其例外》，载《西北大学学报（哲学社会科学版）》，2012年第42卷第6期，第73～77页。

⑥ 尹力：《商事案件调解保密规范解析》，载《东方法学》，2008年第6期，第72～78页。

从研究内容来看，在该阶段的学者们主要关注的议题大概有两个方面：其一，我国商事调解发展路径研究；其二，结合我国国际贸易政策，研究我国如何发展国际商事调解这一问题。

（1）中国商事调解发展路径研究。针对中国商事调解如何发展的问题，该阶段的主流观点主张中国商事调解应当走市场化、职业化的发展路径。

廖永安等认为，我国商事调解由于缺乏市场化的运作基础，致使调解员陷入职业化的困境，导致商事调解立法滞后、商事调解机构设置缺乏规范性以及商事调解民间公信力不足等问题。对此，廖永安等认为，应当通过制定统一的调解法以及配套机制，从培养职业伦理等方面来摆脱上述困境[1]。周建华认为，调解作为我国纠纷解决的主要路径之一，社会资源应当分化法院的调解职能。为达到这一目的，民间调解应当实现自治化、市场化。这需要完善调解市场的结构，并对调解组织进行商业化的管理[2]。

此外，廖永安等指出，商事调解只有走向市场化，才能够有效地发挥商事调解组织的独特优势。中国目前存在的商事调解专业人才不足的问题，必须依赖调解员职业化的道路来解决，例如高等院校设立调解专业，建设调解员职业认证、考核与培训机制等[3]。祁壮持类似的观点，认为商事调解应当围绕社会资源展开，公权力在其中仅应起到辅助作用，商事调解机构应当仅承担"中间人"的作用，把争议解决自主权交给当事人和调解员[4]。

（2）中国国际贸易政策背景下国际商事调解的发展。从该阶段的政策背景来看，我国不断深入贯彻改革开放政策，采取多项措施推动对外贸易发展。2013年，我国开始在上海启动自由贸易试验区建设，并于2015年开始在全国多个地区，如广东、福建、天津、山西、四川、重庆、湖北、河南、

---

① 廖永安、刘青：《论我国调解职业化发展的困境与出路》，载《湘潭大学学报（哲学社会科学版）》，2016年第40卷第6期，第47～51页。

② 周建华：《论调解的市场化运作》，载《兰州学刊》，2016年第4期，第132～138页。

③ 廖永安、段明：《我国发展"一带一路"商事调解的机遇、挑战与路径选择》，载《南华大学学报（社会科学版）》，2018年第19卷第4期，第27～34页。

④ 祁壮：《"一带一路"建设中的国际商事调解和解问题研究》，载《中州学刊》，2017年第11期，第61～66页。

浙江、辽宁、海南等，进一步推广自由贸易试验区建设。此外，2015年3月28日，国家发展改革委、外交部、商务部联合发布了《推动共建丝绸之路经济带和21世纪海上丝绸之路的愿景与行动》。因此，该阶段的大部分研究以商事调解在上述政策语境下的功能定位为出发点，同样体现出较强的政策敏感性。

从研究内容来看，在上述政策背景下的中国国际商事调解发展研究主要从两个层面展开，一部分研究围绕"一带一路"沿线商事争议解决机制建设展开，对国际商事调解的宏观框架进行讨论；另一部分研究则以自贸试验区建设或者基于国际商务争议解决的区域需求作出，具备较强的实践性和区域性。

在"一带一路"倡议的背景下，廖永安等讨论和研究了发展商事调解的历史机遇和现实挑战，提出应当以共商共建共享为方向建设国际商事调解制度，从而为"一带一路"建设提供良好的法律服务支撑[①]。祁壮分析了商事调解和解协议的效力及其在我国的执行状况，提出对我国商事调解和解协议的执行机制建设应当从两个方面入手，一方面应制定统一的商事调解法，对和解协议的有效要件与法律效力、法院的监督和协助义务、执行担保制度作出规定；另一方面应当建立和解协议的信用惩戒制度[②]。

王淑敏等结合海南建设自贸试验区的政策背景，对商事调解在海南自贸试验区发展的困境进行分析并提出相应的解决对策，包括海南自贸试验区应当借助海南人才引进的政策，为国际商事调解机制吸纳专业的外籍调解人员，设立具有符合自身特点的国际商事调解中心；并基于地方立法或政府规章制定适用于本试验区的调解规则，通过调解协议，以法院审查后赋予强制执行力的方式为国际商事调解机制提供执行保障等[③]。此外，张显伟等对中

---

① 廖永安、段明：《我国发展"一带一路"商事调解的机遇、挑战与路径选择》，载《南华大学学报（社会科学版）》，2018年第19卷第4期，第27～34页。

② 祁壮：《"一带一路"建设中的国际商事调解和解问题研究》，载《中州学刊》，2017年第11期，第61～66页。

③ 王淑敏、何悦涵：《海南自贸试验区国际商事调解机制：理论分析与制度建构》，载《海南大学学报（人文社会科学版）》，2018年第36卷第5期，第26～35页。

国—东盟自贸区商事调解实践的特征、发展障碍进行了分析，并提出了相应的政策建议①。

吴卡等通过实地调研对义乌市涉外纠纷人民调解委员会的调解机制特点、优势进行了分析，并指出其独特之处，如与司法局以及法院的良好互动，"以外调外"、结合个案实际的灵活调解方法以及诚信档案等举措，希望为我国涉外商事调解制度中的问题提供解决路径②。

3.第三阶段（2019年至今）

该领域第三阶段研究从2019年持续至今，该阶段以《新加坡公约》在联合国大会通过以及在全球的生效为研究背景，商事调解领域研究迎来前所未有的高峰期，仅2020年就有23篇较高质量的研究发表。从研究内容来看，除廖永安、赵珊等学者分别围绕明清时期或者商会调解开展商事调解研究外，该阶段的研究主要围绕中国批准《新加坡公约》的机遇、挑战以及中国商事调解制度如何衔接《新加坡公约》展开研究。相较于前两阶段的发展，该阶段对商事调解领域的研究从国际和域外视角慢慢转向了中国问题，更加关注中国商事调解如何构建、如何完善、如何接轨国际等。该阶段研究成果较为丰富，囿于篇幅本研究仅对其中代表性较强的文献作简要梳理，其他文献及观点将在本研究的不同章节结合研究内容进行讨论。

商务部条约法律司温先涛从对《纽约公约》《选择法院协议公约》和《新加坡公约》进行横向比较的角度，从《新加坡公约》的背景和意义、和解术语的分歧、执行机关的审查、公约的适用范围、救济抗辩等角度对《新加坡公约》进行了梳理；并在此基础上，对国内有待建设的商事调解配套制度进行了初步讨论，其认为国内的制度配套重点在于准予救济的要件设定、调解主体的限制、鼓励商事调解的机制建设、港澳适用等方面。其中，鼓励商事调解的机制建设重点在于使当事人意识到调解的优势和好处，并提供执

---

① 张显伟、钟智全：《论中国—东盟自贸区商贸争议解决之商事调解及其作用发挥》，载《学术论坛》，2015年第38卷第3期，第67～71页。

② 吴卡、张洛萌：《涉外商事争议调解新模式探寻——以义乌市涉外争议人民调解委员会为例》，载《浙江师范大学学报（社会科学版）》，2017年第42卷第2期，第62～70页。

行便利①。此外，温先涛在《调解产业论——兼与仲裁、诉讼比较》②一文中从调解与仲裁的历史渊源切入，指明调解迥异于诉讼和仲裁之处，即调解的结果由当事人把控，但是国内调解在理念和技术方面与国际商事调解仍存在诸多差异，进而对现代调解的4个要义进行分析和说明，如调解的公益性并不能等同于免费、义利并举是商事调解的指导原则、调解对商业关系的维护以及调解员在其中的角色定位，指明调解应当是一种独立的争议解决手段，且调解员角色应当与争议解决中的其他角色分别设立。最后，温先涛提出，调解应当引入市场机制发展，并从制度、场所、调解员等方面进行改善。

范愉教授在《商事调解的过去、现在和未来》③一文中，对商事调解的概念、起源以及现代商事解纷机制的演进和发展进行了阐述，并对国际商事调解在国际商事争端解决机制中的现状进行了比较，最终将关注点落在我国商事调解的发展之上，对我国商事调解的格局、类型、特点、问题等进行分析。

刘敬东等从中国批准《新加坡公约》的利弊分析切入，就司法负担、中国商事调解市场、国有企业、虚假调解、香港特别行政区，以及我国是否针对《新加坡公约》第8条作出保留等问题进行了讨论，进而就我国现行法律制度如何有效衔接《新加坡公约》提出了更具细节性和可操作性的政策建议④。

学者孙南翔从《新加坡公约》核心条款及起草实践切入，就批准《新加坡公约》对我国立法与司法制度的挑战进行分析，并对批准《新加坡公约》后的国内对接机制进行了讨论⑤。唐琼琼同样结合《新加坡公约》生效实施的背景，对我国的商事调解存在的制度性问题进行了分析，并提出了相应的

---

① 温先涛：《〈新加坡公约〉与中国商事调解——与〈纽约公约〉〈选择法院协议公约〉相比较》，载《中国法律评论》，2019年第1期，第198～208页。

② 温先涛：《调解产业论——兼与仲裁、诉讼比较》，载《商事仲裁与调解》，2021年第3期，第3～16页。

③ 范愉：《商事调解的过去、现在和未来》，载《商事仲裁与调解》，2020年第1期，第126页。

④ 刘敬东等：《批准〈新加坡调解公约〉对我国的挑战及应对研究》，载《商事仲裁与调解》，2020年第1期，第45～60页。

⑤ 孙南翔：《〈新加坡调解公约〉在中国的批准与实施》，载《法学研究》，2021年第2期，第156～173页。

政策建议①。

也有部分学者对《新加坡公约》中调解和解协议的效力问题进行了关注。学者许军珂从《新加坡公约》框架下国际商事和解协议含义切入研究，以功能等同说为理论基础，对国际商事和解协议的效力进行了分析，并就我国如何对接《新加坡调解公约》框架下和解协议效力提出相应的立法建议②。宋连斌等从《新加坡公约》框架下的国际商事调解协议的执行力切入研究，从契约理论以及制度价值理论的角度为其效力来源提供了合理性，对我国商事调解协议执行力现状进行了解读并提出相应的完善建议③。

4. 评述

从我国商事调解领域第一阶段的研究成果来看，大部分研究的视角停留在国际商事调解或者境外某国的商事调解发展现状、理论或实践困境的研究之上，对于中国商事调解发展的问题缺乏深度探讨。该阶段学者对中国商事调解的讨论，多数止步于中国贸促会调解中心等调解机构实践活动的浅层转述上，对国内商事调解发展问题的关注不足，缺乏深入的研究和分析。

值得注意的是，围绕中国商事调解制度如何构建的问题，民商合一的综合性调解立法是该阶段的主流观点。学者穆子砺以博士论文的形式结合国内外商事调解发展趋势，对中国商事调解制度的构建进行了较系统的研究，并建议进行民商合一的综合性调解立法，其中诸多内容和结论值得思考和借鉴。但是，该研究完成于《中华人民共和国人民调解法》颁布的前夕，时间较早，其更关注的是将人民调解与商事调解机构的调解进行综合性立法。从国内层面看，我国调解相关立法、司法政策以及实践发展迅速，人民调解已然成为独立的民事调解制度。从国际层面看，国际商事调解领域的发展也已

---

① 唐琼琼：《〈新加坡调解公约〉背景下我国商事调解制度的完善》，载《上海大学学报（社会科学版）》，2019年第36卷第4期，第116～129页。

② 许军珂：《〈新加坡调解公约〉框架下国际商事和解协议效力问题研究》，载《商事仲裁与调解》，2020年第3期，第3～15页。

③ 宋连斌、胥燕然：《中国商事调解协议的执行力问题研究——以〈新加坡公约〉生效为背景》，载《西北大学学报（哲学社会科学版）》，2021年第1期，第21～32页。

今非昔比。由于《新加坡公约》对国际商事调解领域的未来发展趋势具有革命性的影响，其在全球范围内的生效以及《贸易法委员会国际商事调解和调解所产生的国际和解协议示范法》（2018年）与《贸易法委员会调解规则》（2021年）随之作出的修订，国际商事调解环境已经发生了相当大的变化。这导致该研究中的部分观点和建议呈现出一定时空上的局限性，现阶段的中国商事调解体系如何构建仍然需要综合当前国内外商事调解情势进行研究。

从我国商事调解领域第二阶段的研究成果来看，该阶段研究虽然将视角转入解决中国的问题上，并就中国商事调解如何构建有了初步的讨论，但是大多停留在原则性讨论上，缺乏可行性和合理性论证。

对于中国的商事调解如何发展，该阶段主流观点开始主张构建独立的商事调解制度，从而区别于人民调解和司法调解；但是围绕商事调解立法，该阶段主流观点仍主张制定综合性的调解法。廖永安、祁壮等虽提出中国的商事调解应当走市场化发展道路，但是并未提出切实可行的激活和规制商事调解市场的政策方法。周建华提及的调解市场化发展方案与后文我国国内司法政策中商事调解的制度定位颇为类似①。然而，囿于缺乏对我国司法政策领域中各类调解发展的关注，该研究认为调解的市场化应当以现有的人民调解为基础，在立法方面应当在《中华人民共和国人民调解法》的基础上对费用、调解组织、基本原则等内容进行修改，在市场化方面同样应在现有基础上逐步展开。对于国际贸易政策背景下的中国国际商事调解发展，祁壮、王淑敏等前瞻地关注了调解和解协议执行的重要性，其他研究则对区域性的政府如何发布国际商事调解机制进行了有益讨论，但是对商事调解是什么并未作深入讨论，并且缺乏对中国商事调解制度如何构建的系统性讨论。

目前，我国商事调解领域相关研究处于第三个发展阶段。该阶段我国围绕商事调解已有相当数量的研究。就我国商事调解如何构建这一问题，主流观点主张商事调解作为独立的调解制度进行构建，从而区别于我国现有的人

---

① 参见后文第四章第一节。

民调解制度。

　　然而，该阶段研究仍然存在以下几个方面不足。首先，大部分研究是在对我国商事调解范畴以及制度定位缺乏明确界定的情况下展开的，导致其理论研究忽视了我国商事调解发展的本土需求。其次，受其研究框架限制，现阶段大部分研究对我国商事调解制度的研究仍然是分散的，系统性的商事调解研究成果仍然欠缺。大部分研究从我国商事调解与《新加坡公约》衔接中呈现的困境入手，就此按照"困境－政策建议"的研究框架展开研究并提出对策建议，忽视了我国商事调解制度发展的内生需求，以及商事调解应当以何种定位在我国争议解决领域得以发展的问题，对于我国商事调解制度构建来说，研究框架上的限制导致此类研究得到的观点以及结论显得分散、琐碎。最后，现阶段研究呈现出重技术、轻理论的研究特点。仅有部分研究对《新加坡公约》中的商事调解理论进行了关注，大部分研究对《新加坡公约》的研究仍然停留在对其文本的分析之上。部分研究虽然对《新加坡公约》语境下的调解和解协议效力问题进行了关注，并结合了审议资料进行分析，但是仍然呈现出重技术、轻理论的研究局面。

　　当然，除知网数据库中已经存在的学术期刊、学位论文等商事调解研究成果之外，也有专家学者就商事调解出版了相应的专著。中国社会科学院法学所刘敬东研究员主编的《〈新加坡调解公约〉批准与实施机制研究》一书，就《新加坡公约》的拟定背景、条文解读与适用，我国批准《新加坡公约》的利弊分析，《新加坡公约》与中国法律制度的有效对接等问题进行了讨论，并就如何推动《新加坡公约》在我国落地提出了诸多建议①。学者尹力早在2007年就出版了《国际商事调解法律问题研究》一书。该书就调解的普遍性法律问题、国际商事调解的含义、国际商事调解在现代社会兴起的根源、国际商事调解的基本原则和程序保障、国际商事调解协议，以及中国的国际商事调解发展等问题进行了讨论②。学者王钢在其专著（《国际商事调解规则

---

① 刘敬东主编：《〈新加坡调解公约〉批准与实施机制研究》，中国社会科学出版社，2021年版。
② 尹力：《国际商事调解法律问题研究》，武汉大学出版社，2007年版。

研究》）中，重点围绕国际商事调解的程序规则、当事人主导规则、中立规则、保密规则、公正规则、诚信规则等内容展开了讨论[①]。

（二）国外研究现状

自20世纪60年代初以来，国外关于调解的研究数量逐渐增加，甚至呈指数级增长[②]，然而，相对于一般意义上的调解或者商事仲裁来说，围绕商事调解展开的相关研究仍然是边缘化的。国外商事调解研究领域同样伴随《新加坡公约》在全球的颁布和生效迎来研究高峰。

美国是《新加坡公约》拟定建议国，美国学者就商事调解展开的研究较为丰富。Schnabel围绕《新加坡公约》及相关准备资料对公约的主要内容进行了深入挖掘，形成了该领域最具代表性的研究成果[③]。美国密苏里立大学Strong教授作为《新加坡公约》的最初提议者，围绕商事调解制度、《新加坡公约》引导下的国际商事调解制度发展前景进行了较深入的研究[④]。

不同国际学刊曾分别以《新加坡公约》与国际商事调解为核心议题开设专栏，邀请参会人员就此议题作出讨论，从而为《新加坡公约》的相关研究提供了丰富的二手资料。美国 *Cardozo Journal of Conflict Resolution* 杂志

---

① 王钢：《国际商事调解规则研究》，中国社会科学出版社，2019年版。

② Wall Jr J A, Lynn A, *Mediation: A Current Review*, 37 Journal of Conflict Resolution 1, 160-194（1993）. Wall Jr J A, Stark J B, Standifer R L, *Mediation: A Current Review and Theory Development*, 45 Journal of Conflict Resolution 3, 370-391（2001）. Wall J A, Dunne T C, *Mediation Research: A Current Review*, 28 Negotiation Journal 2, 217-244（2012）. Duursma A, *A Current Literature Review of International Mediation*, 25 International Journal of Conflict Management 1, 81-98（2014）.

③ Timothy Schnabel, *The Singapore Convention on Mediation: A Framework for the Cross-Border Recognition and Enforcement of Mediated Settlements*, 19 Pepperdine Dispute Resolution Law Journal 1, 1-60（2019）.

④ S I Strong, *Beyond International Commercial Arbitration-the Promise of International Commercial mediation*, 45 Wash. UJL & Pol'y 11, 11-39（2014）. S I Strong, *Realizing Rationality: An Empirical Assessment of International Commercial Mediation*, 73 Wash. & Lee L. Rev., 73（2016）. S I Strong, *Use and Perception of International Commercial Mediation and Conciliation: A Preliminary Report on Issues Relating to the Proposed UNCITRAL Convention on International Commercial Mediation and Conciliation*, University of Missouri School of Law Legal Studies Research Paper, 2014. S I Strong, *The Role of Empirical Research and Dispute System Design in Proposing and Developing International Treaties: A Case Study of the Singapore Convention on Mediation*, Cardozo Journal of Conflict Resolution 4, 1103-1122（2019）.

在2019年第20卷第4期，围绕《新加坡公约》组织各国参与公约制定过程的学者、从业者等，对《新加坡公约》的主要内容和国际商事调解制度进行了较为深入的讨论①。新加坡 *Singapore Academy of Law Journal* 杂志同样在2021年组织本国调解领域的专家、学者、实务工作者围绕《新加坡公约》以及商事调解的发展进行了广泛的讨论②。

此外，诸多专著就此商事调解进行了比较研究，为本研究提供了丰富的比较研究材料。Catharine Titi 与 Katia Fach Gómez 主编的《国际商事与投资争议调解》③一书，会集了一批来自西方学术界、调解或仲裁机构和国际法律实践领域的专家，围绕商业和投资调解的趋势、调解规则与实践、特定类型的商事调解以及调解程序中的一些问题进行讨论。Carlos Esplugues 与 Louis Marquis 主编的《民事和商事调解的新发展》④，是2014年以跨境调解和司法调解为主题的第19届国际比较法大会上各国研究人员的研究成果的汇编。该书围绕不同国家的调解理念、适用的法律框架、调解启动协议、调解第三方、调解程序、跨境调解等内容进行了讨论。Penny Brooker 与 Suzanne Wilkinson 主编的《建筑行业的调解：国际回顾》⑤一书，从比较法领域对澳大利亚、德国、马来西亚、新西兰、南非、土耳其、英格兰与威尔士、中国香港等国家和地区的建筑调解实践进行了汇总。Filler 在《欧洲的商事调解：用户体验的实证研究》⑥一书中，对欧盟颁布《关于民事和商事调解的某些事项的指令》（ Directive 2008/52/EC of the European Parliament and

---

① Harold Abramson（ Faculty Editor）, *Singapore Mediation Convention Reference Book*，20 Cardozo Journal of Conflict Resolution 4，2019.

② Najia Marie Alexander（ Faculty Editor）, *The Singapore Convention*，31 Singapore Academy of Law Journal Special Issue，2021.

③ Catharine Titi, Katia Fach Gómez（ eds）, *Mediation in International Commercial and Investment Disputes*，Oxford University Press，2019.

④ Esplugues C，Marquis L（ eds）, *New Developments in Civil and Commercial Mediation*，Springer，2015.

⑤ Penny Brooker, Suzanne Wilkinson（ eds）, *Mediation in the Construction Industry：An International Review*，Routledge，2010.

⑥ Filler E A, *Commercial Mediation in Europe：An Empirical Study of the User Experience*，Kluwer Law International BV，2012.

of the Council of 21 May 2008 on Certain Matters of Mediation in Civil and Commercial Matters，以下简称欧盟《2008/52/EC号调解指令》）之后欧洲的商事调解实践现状进行了深入分析。该研究采用访谈和问卷调查的方式，对25位欧洲知名调解员以及20位经常使用调解的商业人士进行调研。调研主题涉及商事调解的典型应用领域及最适合的争议类型，企业选择调解的原因，调解最可能起到作用的争议阶段，调解的时间、成本，企业对调解有相当大的戒心的可能原因，律师作为调解"守门人"的作用，调解中权力及其他不平等因素，商事调解服务提供机构的作用，不同调解方式，以及调解在维也纳机场、欧洲隧道和厄勒海峡大桥等重大商业项目中的作用。

在各国国内调解制度并不对民事与商事调解进行严格区分的情况下，有关调解的比较法研究专著同样为本研究的展开提供了丰富的比较法资料。马克斯-普朗克比较法和国际私法研究所的学者Klaus J Hopt与Felix Steffek于2013年编著了《调解：比较视角下的原则和规制》。在书中，两位编者在首篇文章讨论了调解的规制模式问题，以及调解法律和实践的核心原则，对包括奥地利、保加利亚、英国、法国、德国、希腊、匈牙利、爱尔兰、意大利、荷兰、挪威、波兰、葡萄牙、西班牙、澳大利亚、加拿大、中国、日本、新西兰、俄罗斯、瑞士和美国22个国家在内的调解法律和实践进行了比较研究，尤其关注了调解法的协调性和多样性，以及与民事司法私有化相关的经济和宪法问题。

新加坡调解领域专家Najia Marie Alexander教授于2006年撰写的《全球调解趋势》[①]对全球14个管辖区的调解模式、标准、法律和实践进行了梳理和分析，包括普通法系和大陆法系的司法管辖区，进而分析了调解在全球的发展趋势。其于2009年发表的《国际与比较调解：法律视角》择定了美国、澳大利亚、英国、法国、德国和奥地利6个主要司法管辖区，以及《2008/52/EC号调解指令》、《贸易法委员会国际商事调解示范法》（2002年）

---

① Najia Marie Alexander, *Global Trends in Mediation*, Kluwer Law International BV, 2006.

等跨境法律文书，就以下主题进行了讨论，并对调解在全球争议解决领域的发展趋势进行了研究。

英国快速争议解决中心（The Centre for Effective Dispute Resolution，CEDR）与CMS律所于2004年联合资助的《欧盟调解地图集：实践与法规》[1]，以商业纠纷为重点，专门讨论了法院附属调解。它以国家为单位，调查了每个司法管辖区的法律框架和现有的调解计划与提供者，解决了保密性和可执行性等问题，并解释了管理调解和调解员的一般规则，还概述了欧盟迄今为止在协调各成员国的调解方面所采取的方法。

澳大利亚教授Laurence Boulle等于2018年发表的《澳大利亚的调解》[2]对调解在当代法律实践中的既定地位、支撑调解的核心价值和理论、调解程序和相关人员的作用、澳大利亚现代调解实践的要素，以及规范调解过程各方面的法律和法院裁决等问题进行了深入研究，还关注和讨论了调解中的质量、标准和问责制等重要问题以及调解实践的未来方向。

第三节　研究方法和创新点

一、研究方法

本研究从实施《新加坡公约》的视角切入，围绕中国商事调解制度的构建展开相关研究。在研究过程中综合采用了语境论研究法、规范分析法、比较研究法、跨学科研究法、系统分析法等研究方法。

（一）语境论研究法

本研究采用语境论的研究方法，对《新加坡公约》拟定过程中更广泛意

---

① Singer J，Mackie K J，Hardy T，et al.，*The EU Mediation Atlas：Practice and Regulation*，LexisNexis，2004.

② Boulle L，Field R M，*Mediation in Australia*，LexisNexis，2018.

义上的立法语境①进行挖掘。本章通过梳理和分析《新加坡公约》的拟定背景和审议历程，发现《新加坡公约》拟定背后的立法逻辑。基于该立法逻辑以及现有相关研究的不足，本研究从《新加坡公约》的核心文本切入，对其具体的条文进行解构之后，结合《新加坡公约》拟定和审议时的经验与知识语境对其核心文本进行具象化、多元化的分析，从而重构出《新加坡公约》语境下的商事调解范式。

（二）规范分析法

本研究采用规范分析法对调解和解协议以及调解规则等内容进行研究。一方面，本研究从比较法角度采用规范分析法，对大陆法系、英美法系等国内外法律中，关于调解和解协议的规范及其适用规则进行分析研究，以分析其立法立场和适用机制，客观认识调解和解协议构成要件相关的理解与应用规则，为构建我国商事调解规则提供进路参照。另一方面，本研究从我国民商事实体法和程序法规则等规范性文件出发，对我国商事调解范畴及规则进行界定和研究，为我国商事调解制度的本土化构建奠定基础。

（三）比较研究法

本研究采用比较研究法分析域外主要国家商事调解实践，从而为我国构建商事调解制度提供经验参考。一方面，通过对英美法系和大陆法系调解和解协议理论进行比较研究，分析《新加坡公约》语境下调解和解协议构成要件、法律效力、救济路径等方面的延承性和独特性，为深入理解《新加坡公约》语境下的商事调解范式奠定理论基础。另一方面，通过对英美法系和大陆法系的商事调解制度及其规则体系的建立进行比较研究，并且从规制模式以及系统政策两个维度对商事调解制度的构建进行比较研究，借鉴国外商事

---

① "狭义的语境解释，可以是体系解释的方法即必须将一个法律文本作为一个整体来理解、把握和解释，而不能将之肢解化地加以理解。泛指的语境解释则包括所要解释的文本之外的东西，其中包括其他文本和读者的因素，甚至可以无限展开……" 参见朱苏力：《解释的难题：对几种法律文本解释方法的追问》，载《中国社会科学》，1997年第4期，第11～32页。

调解制度的可用规制工具、常见规制内容以及规制模式，为我国商事调解制度的构建提供制度参考。

（四）跨学科研究法

基于前述第二节对商事调解的定性分析，本研究综合运用了经济学的规制理论、制度效益分析方法展开研究。一方面，参考借鉴国外学者相关研究方法和理论，采用经济学的规制理论对商事调解制度的变迁和演进进行分析。另一方面，参考借鉴国外立法中常用的制度效益分析方法，对我国商事调解制度的建构路径展开分析。通过研究方法的交叉使用，以期更透彻地明晰商事调解组织和商事调解制度的演进规律，为我国商事调解制度的构建提供理论借鉴。

（五）系统分析法

本研究采用系统分析法对商事调解制度构建进行研究。从中国商事调解制度如何构建以及如何衔接《新加坡公约》这两个问题出发，正确认识我国商事调解处于初级阶段的现状。一方面，从规制模式以及系统政策角度，将商事调解制度作为综合性的规则系统进行比较研究；另一方面，本研究将商事调解制度构建放在《新加坡公约》实施的体系下，并将商事调解制度作为一个综合性的规则系统予以整体考虑。

二、研究创新点

本研究围绕《新加坡公约》实施背景下我国商事调解制度如何进行构建这一问题展开研究，在研究视角和研究思路方面进行了创新性设计，从而弥补现有相关研究存在的不足。在研究视角方面，本研究从理论框架与程序设计两个方面重构了《新加坡公约》语境下的商事调解范式，从规制模式以及系统政策两个维度对商事调解制度的构建进行了比较研究，从我国司法政策语境界定了我国商事调解范畴与制度构建的定位，从制度效益与成本角度研究了我国是否批准、如何衔接《新加坡公约》等问题。在研究思路方面，针对《新加坡公约》拟定背景的特殊性，设计有针对性的研究思路，将《新加坡公约》语境下调解和解协议的定义从理论外延与技术性内涵两个方面进行了挖掘，重构了《新加坡公约》语境下的商事调解范式。

（一）研究视角创新

1.从理论框架与程序设计两个方面重构《新加坡公约》语境下的商事调解范式

本研究从《新加坡公约》的核心文本切入，对其具体的条文进行解构之后，选择对《新加坡公约》拟定和审议时更深层次的经验与知识语境进行挖掘，对其核心文本进行具象化、多元化的分析，最终分别从理论框架与程序设计两个方面对《新加坡公约》语境下的商事调解范式进行重构。在理论框架维度，本研究对《新加坡公约》语境下的调解和解协议从定义与效力两个方面进行分析与重构。在程序设计维度，本研究对《新加坡公约》语境下的商事调解救济程序从理念与技术两个视角进行重构。

2.从规制模式及系统政策两个维度对商事调解制度的构建进行比较研究

在调解的比较研究领域，早已有国外学者将规制理论应用于调解制度研究中。本研究在参考此类学者做法的基础上，对其稍做修正，从商事调解制度的可用规制工具、常见规制内容以及规制模式等角度切入，对全球范围内的调解制度实践进行研究。然而，在研究过程中发现，在制度层面，大多数国家或调解机构并不对民事与商事调解进行严格的区分并分别设计相应的制度，因此无法满足本研究论题的研究需求。我国事实上正试图将商事调解作为调解领域与现代调解理念接轨的尝试①，因而存在将其制度化的制度需求。本研究最终选择在规制模式维度之外，同时从系统政策的维度对域外商事调解制度进行研究，择定与我国共享中国式调解传统文化的新加坡，对新加坡国内商事调解制度的发展定位，以及新加坡在此定位之上如何对本国商事调

---

① 参见本研究第四章第一节分析。

解的本土需求与国际需求予以协调进行研究。

3.从我国司法政策语境界定我国商事调解范畴与制度构建定位

本研究充分考虑了我国的本土情况，将我国商事调解范畴与制度构建回归到我国司法政策相关文件资料中，从我国司法政策语境中认识我国商事调解范畴与制度构建定位。一方面，从我国民事司法政策相关文件资料出发，界定我国民事司法语境下的商事调解范畴，对我国商事调解发展进行分析，在此基础上对我国商事调解制度发展的本土需求与国际需求进行分析。另一方面，从我国国内司法政策与国际司法政策两个角度出发，锁定我国商事调解制度的政策定位，从而为我国是否批准《新加坡公约》以及如何设计商事调解综合性规则提供指导。

4.从制度效益与成本角度对我国是否批准、如何衔接《新加坡公约》进行研究

本研究参考国外对立法、行政规章等规范进行制定成本与效益评估的实践，以我国商事调解制度的政策定位为衡量基准，分析批准《新加坡公约》的制度效益与制度成本，从中发现批准《新加坡公约》带来的制度效益是多重且现实的，而制度成本在一定程度上是可以被控制的。因此，《新加坡公约》的批准对我国来说存在一定的必然性，更为现实的问题在于衔接《新加坡公约》的制度效益与成本的衡量。

（二）研究思路创新

1.针对《新加坡公约》拟定背景的特殊性，设计有针对性的研究思路，重构出《新加坡公约》语境下的商事调解范式

本研究对《新加坡公约》的拟定背景和审议历程进行了梳理和分析，探析了《新加坡公约》拟定背后的立法逻辑。继而发现《新加坡公约》的制定既非将成熟的国际商事调解实践通过国际立法的形式予以制度化，也非基于成熟的商事调解理论将其实践于立法之中。不同国家的争议解决实践及不同法系的理论观点形成的经验与知识，在拟定的过程中经过充分的讨论和博

弈，并通过抽象化和均质化的处理，方形成最终文本。因此，在《新加坡公约》尚未在全球范围内得到充分实践的情况下，对《新加坡公约》语境下的商事调解范式进行讨论，现阶段的商事调解实践与理论所能够提供的素材是极为有限的。《新加坡公约》语境下的商事调解范式的最佳研究路径，还需从《新加坡公约》的文本内容切入，对其具体条文进行解构之后，结合《新加坡公约》拟定和审议时的经验与知识语境进行具象化、多元化的分析，从而重构出《新加坡公约》语境下的商事调解范式。

2.对《新加坡公约》语境下调解和解协议的定义从理论外延与技术性内涵两个方面进行挖掘

从《新加坡公约》拟定过程中产生的审议文本出发，将《新加坡公约》第一条适用范围作为界定公约语境下调解和解协议的定义，并结合公约赋予调解和解协议的特殊效力进行研究，发现该定义的理论外延来源于争议解决已有的经验和知识，在此基础上经过立法技术处理形成了其特有的技术性内涵，因而该定义呈现出理论性与技术性的双重特征。其理论性的一面源于对和解协议性质、构成要件及赋予其相应效力的正当性衡量，技术性的一面则源于《新加坡公约》拟定背后的政策考量而作出的技术性限定，由此分别构成了《新加坡公约》语境下和解协议定义的外延与内涵。

第二章 〉〉〉

《新加坡公约》语境下的商事调解范式

《新加坡公约》语境下的商事调解范式是什么，是我国商事调解制度构建必须解决的首要问题。在联合国试图通过《新加坡公约》来影响和引导未来的国际商事调解实践，乃至各国商事调解立法的国际背景下，《新加坡公约》为我国乃至全球商事调解制度的发展提供了重要的国际平台。我国商事调解制度构建面临着是否批准、是否衔接以及如何衔接《新加坡公约》的现实问题。一方面，中国学者和实务从业者普遍对《新加坡公约》在中国的落地持积极态度。商务部条约法律司处长温先涛认为，加入《新加坡公约》必然推动中国多元化商事争议解决领域的发展①。学者范愉认为公约带来了商事调解发展的重大契机，中国需要把握好这个重要的时代契机，推动商事调解走向远大的未来②。另一方面，《新加坡公约》语境下的商事调解相关术语及其内涵与我国调解实践和理论研究存在差异是不争的事实，然而对于这些差异是否亟须解决以及如何解决等问题，我国尚欠缺深入研究。正如本研究第一章第二节所述，目前国内关于《新加坡公约》的研究重技术、轻理论，并且大部分研究停留在《新加坡公约》文本以及审议文件的资料基础之上，缺乏对《新加坡公约》语境下的商事调解范式的深入挖掘。然而，想要解答前述两个问题，必须解决的首要问题是《新加坡公约》语境下的商事调解范式究竟如何。

因此，本章拟对《新加坡公约》的拟定背景和审议历程进行梳理和分析，探析《新加坡公约》拟定背后的立法逻辑。在此基础上，从《新加坡公约》的核心文本切入，对其具体条文进行解构之后，结合《新加坡公约》审议和拟定时的经验与知识语境对其核心文本进行具象化、多元化的分析，最

---

① 温先涛：《〈新加坡公约〉与中国商事调解——与〈纽约公约〉〈选择法院协议公约〉相比较》，载《中国法律评论》，2019年第1期，第198～208页。

② 范愉：《商事调解的过去、现在和未来》，载《商事仲裁与调解》，2020年第1期，第126～141页。

终分别从理论框架与程序设计两个方面对《新加坡公约》语境下的商事调解范式进行重构，从理论框架角度对《新加坡公约》语境下调解和解协议的定义与效力进行深入分析，从程序设计角度对《新加坡公约》语境下商事调解救济程序的理念与技术展开研究。

第一节 《新加坡公约》概述

《新加坡公约》语境下商事调解范式的语境资料大致可以分为三个层次。第一层语境资料即其直接的语境来源，是《新加坡公约》的文本内容。《新加坡公约》的文本内容是立法集团就该公约所欲规制的对象以及各缔约国应当如何规制等问题所形成的规则文本。第二层语境资料则源于《新加坡公约》相关的审议资料、语音记录以及参会人员提供的二手资料。第二层语境资料围绕着第一层语境资料展开，并构成了更深入也更宽泛的一层语境来源，反映了《新加坡公约》的立法目的、规则设计的目的、各方因素的权衡等内容。这也是我国目前大部分研究所止步不前的层面。被现有研究忽视的是，还存在第三层语境来源，即相关争议解决理论和政策实践所形成的理论知识与实践经验。这一层语境资料为第二层语境资料的形成提供了更深入与广泛的且易被人忽略的知识与经验语境。《新加坡公约》相关的审议资料、语音记录以及参会人员提供的二手资料的生成离不开个人对已有商事争议解决领域的理论知识与实践经验的积累。这些积累通过上述审议记录等二手资料在一定程度上得到了抽象的体现。

然而，不同层次的语境资料对于研究《新加坡公约》语境下的商事调解范式所能提供的理论支持各不相同。在《新加坡公约》语境下，商事调解相关理论和实践已经非常成熟、其核心问题已经在全球范围内达成共识，对《新加坡公约》语境下商事调解的研究自然无须展开，仅依赖第一层语境资料即可得出观点和结论。在《新加坡公约》语境下商事调解相关理论和实践已有一定发展，并且核心问题在全球范围内已形成主流观点的情况下，局限于第一层语境资料对《新加坡公约》语境下的商事调解进行研究则略显不足，第二层语境资料能够为更加契合《新加坡公约》立法精神的观点和结论提供论据。但是，如果在《新加坡公约》语境下商事调解相关的理论和实践发展不足，并且核心问题仍存在较大争议的情况下，对《新加坡公约》语境下的商事调解进行研究则需要更深层次的理论支撑。因此，对《新加坡公约》语境下的商事调解范式展开研究之前，对《新加坡公约》拟定时的全球商事争议解决背景以及审议过程中所呈现出的《新加坡公约》立法逻辑进行分析，能够为该研究应该挖掘到何种层次上的语境资料、采取何种研究思路提供更科学的指引。

一、《新加坡公约》的拟定背景

近几十年，国际商事争议解决一直由国际仲裁主导，国际商事诉讼次之，商事调解则因为调解和解协议缺乏可执行性而无法作为独立的争议解决程序在国际商事争议解决领域得到推广。首先，仲裁在国际商事争议解决领域占据主导地位。拥有168个缔约国[①]的《纽约公约》被公认为是最成功的国际公约之一。《纽约公约》通过为国际商事仲裁裁决提供跨境承认与执行的法律框架，促使仲裁成为国际商事与投资领域使用最广泛的争议解决方式，并深刻影响了不同国家的国内仲裁立法与实践[②]。其次，国际民商事诉讼在国际商事争议领域的认可度仅次于商事仲裁[③]。国际民商事诉讼虽然在商事争议解决领域的使用远少于商事仲裁，但是其同样有国际社会承认与执行的

---

① UNCITRAL, *Status*：*New York Convention*，（Aug. 19, 2021），https://uncitral.un.org/en/texts/arbitration/conventions/foreign_arbitral_awards/status2.

② Karl-Heinz Böckstiegel, *Foreword*, in Kronke H, Nacimiento P, Otto D（eds）, *Recognition and Enforcement of Foreign Arbitral Awards*：*A Global Commentary on the New York Convention*, Kluwer Law International BV, 2010.

③ SIDRA, *International Resolution Survey Report* 2020,（Nov.20, 2021），https://sidra.smu.edu.sg/sites/sidra.smu.edu.sg/files/survey/2/index.html#zoom=z.

《选择法院协议公约》《承认与执行外国民商事判决公约》作为判决的法律支撑，使得争议当事人能够依据缔约方作出的判决实现跨境救济。此外，在国际商事领域，争议主体也会通过调解达成调解和解协议，从而解决争议。但是，由于调解和解协议是基于当事人合意所形成的，其本质上仍属于协议当事人之间的契约，受合同法调整，仅产生私法上的法律效力且仅对协议当事人产生约束力。所以，在调解和解协议不能得到当事人自觉遵守和履行的情况下，通常只能通过仲裁、诉讼等程序获得最终救济，从而产生公法上的法律效力，允许当事人据此主张原有争议已经得到解决以及根据解决结果申请强制执行。然而，这与当事人通常采用调解来解决商事争议的最初出发点相背离，经过仲裁或者诉讼获得最终救济使得原本通过调解可能节省下来的时间和金钱成本得不偿失，商事合作关系也因各方再次陷入争讼程序而面临挑战。

上述观点同样得到了国际商事争议解决领域相关实证研究的支持。根据伦敦玛丽女王大学《2021年国际仲裁调查》报告，90%的受访者表示国际仲裁是其解决跨境争议的首选方法[①]。新加坡国际争议解决研究院（Singapore International Dispute Resolution Academy，SIDRA）与普华永道东南亚咨询公司在全球范围内针对2016—2018年参与国际商业争端解决机制的公司高管和内部法律顾问、律师等法律从业人员进行问卷调查，并于2020年发布《国际争议解决调查报告2020》（*International Resolution Survey Report* 2020）。调查报告同样显示，2016—2018年，有74%的受访者使用了国际商事仲裁，紧随其后的是国际商事诉讼（49%），相对来说，选择涉及仲裁和调解的混合机制（27%）和国际商事调解（26%）的受访者占比较少[②]。同时，依据该报告数据，受访者分别将可执行性、中立性/公正性和费

---

① Queen Mary University of London，2021 *International Arbitration Survey*：*Adapting Arbitration to a Changing World*，（Nov.20，2021），https://arbitration.qmul.ac.uk/media/arbitration/docs/LON0320037-QMUL-International-Arbitration-Survey-2021_19_WEB.pdf.

② SIDRA，*International Resolution Survey Report* 2020，（Nov.20，2021），https://sidra.smu.edu.sg/sites/sidra.smu.edu.sg/files/survey/2/index.html#zoom=z.

用依次列为其选择争议解决方式时所考虑的重要因素[1]，即争议解决结果的可执行性对于商事争议的当事人来说极为重要。因此，调解和解协议缺乏强制执行力，国际商事调解通常作为国际商事仲裁或者诉讼的补充机制使用。

近年来，调解在国际商事争议解决领域的作用开始得到重视。2008年，欧洲议会颁布了一项鼓励使用国际调解的指令，即《2008/52/EC号调解指令》。该指令适用于涉及民事和商事的跨境争端，并试图在整个欧盟范围内统一调解某些属性的法律效力。2012年，国际律师协会（International Bar Association，IBA）国家调解小组委员会制定了《国际律师协会投资者与国家间调解规则》，专门处理外国投资者与其投资所在主权国家之间产生的争端和冲突，旨在解决根据双边投资条约等国际投资协定和北美自由贸易协定等多边投资协定产生的投资者与国家间的争端。2013年，联合国贸易和发展会议（United Nations Conference on Trade and Development，UNCTAD）公布了投资者与国家争端解决改革的5条路径路线图，首先列出了促进替代性争端解决作为首选程序的必要性。2016年，世界银行发布了"调解系列"，即《调解要点》《综合冲突管理设计工作手册》和《制定调解法》，并提供学习资源，以协助各国决策者、组织和从业人员在本国的金融、商事和法律部门制定调解政策和法律、建立调解实践和文化。2018年，国际投资争议解决中心（International Centre for Settlement of Investment Disputes，ICSID）认识到调解的重要性，提出了《调解规则修正案》，以改进其提供的调解程序。

在上述背景下，联合国第73届大会通过的《新加坡公约》在国际商事调解发展中更是具有里程碑的意义[2]。《新加坡公约》致力于解决调解和解协议缺乏可执行性的问题，通过促进调解和解协议的跨境流通，商事调解成为

---

[1] SIDRA，*International Resolution Survey Report* 2020，（Nov.20，2021），https://sidra.smu.edu. sg/sites/sidra.smu.edu.sg/files/survey/2/index.html#zoom=z.

[2] 孙南翔：《〈新加坡调解公约〉在中国的批准与实施》，载《法学研究》，2021年第2期，第156～173页。

与仲裁和诉讼同等地位的商事争议解决方法①。其通过与生效对商事调解领域具有革新性的意义。

值得注意的是，以《新加坡公约》语境下的商事调解范式为原点，联合国国际贸易法委员会（United Nations Commission on International Trade Law，以下简称联合国贸法会）对《调解示范法》及其《颁布与适用指南》《调解规则》《调解说明》等相关文本进行了同步更新，试图通过此类法律文书的更新，推动与促进《新加坡公约》语境下商事调解范式的影响力，引导未来的国际商事调解实践乃至各国的商事调解立法与实践。

在2018年第51届会议上，联合国贸法会决定将《新加坡公约》提交到联合国大会作最后的审议，同时通过了《国际商事调解和调解产生的国际和解协议示范法》（以下简称《调解示范法》），对《国际商事调解示范法》（2002年）进行了修订。《调解示范法》对适用范围与定义、解释规则、当事人意思自治、调解程序的启动、调解员的指定、调解的进行、调解员与当事人沟通方式、信息揭露、保密性原则、其他程序中证据的可接受性、调解程序的终止、调仲合一、诉诸仲裁或司法程序、和解协议的执行力等内容作出了规定。同时，在联合国贸法会第51届会议上，联合国贸法会责成秘书处编写一份《颁布与适用指南》，作为《调解示范法》的补充，以取代2002年的《颁布与适用指南》。该指南应就如何将《调解示范法》第2节（关于调解程序）和第3节（关于国际和解协议）分别作为独立的立法文本予以颁布提供指导②。此外，联合国贸法会同时要求秘书处编写关于组织调解程序的说明，并根据委员会本届会议通过的调解框架更新《贸易法委员会调解规

---

① UNCITRAL Working Group Ⅱ, *Settlement of Commercial Disputes: Enforceability of Settlement Agreements Resulting from International Commercial Conciliation/Mediation — Revision of the UNCITRAL Notes on Organizing Arbitral Proceedings Comments Received from States* (A/CN.9/WG.Ⅱ/WP.188), (Jan. 23, 2020), https://undocs.org/en/A/CN.9/WG.Ⅱ/WP.188.

② UN, *Report of the United Nations Commission on International Trade Law* (A/73/17), para.67, (Jan. 23, 2020), https://digitallibrary.un.org/record/1640712?ln=en.

则》①。截至联合国贸法会第53届会议，秘书处已经就《调解示范法指南》提交了两次草稿，就《调解规则》《调解说明》提交了三次草稿。

二、《新加坡公约》的审议历程

2014年5月30日，美国政府代表向联合国贸法会秘书处提交的一份书面建议指出，即使调解具备诸多优势，但是其在国际商事争议解决领域的广泛适用仍然存在很大障碍②。

在该建议中，美国从现行国际商事调解立法与实践出发，指出调解具备"减少因争议导致终止商业关系的情形，便利商业当事人管理国际交易，并节省国家司法行政费用"③等优势。联合国因此制定了一系列法律文书，旨在推动调解在国际商事贸易中的运用。例如，1980年制定的《贸易法委员会调解规则》(Conciliation Rules)以及2002年制定的《贸易法委员会国际商事调解示范法》(Model Law on Conciliation)，在调解世界各地的争议解决实践中确实被越来越多地使用；又如，2008年欧盟发布的《2008/52/EC号调解指令》，要求其成员国施行一套规则，以鼓励在欧盟内部的跨境民事和商事争议中使用调解。

但是，在国际商事交往主体间推广使用调解仍有很大障碍。从国际商事争议解决实践来看，通过调解来解决国际商事争议存在双重不确定性，导致国际商事争议当事人更难通过调解最终解决争议，并因此选择更能为争议盖棺论定的仲裁或者诉讼。首先，商事争议当事人之间能否达成调解和解协议存在不确定性。通常情况下，仲裁和诉讼能够为争议的最终解决给出相应的裁决或者判决，然而调解并不能保证当事人必然获得一定的争议解决结果，

---

① UN, *Report of the United Nations Commission on International Trade Law*(A/73/17), para.254,(Jan. 23, 2020), https://digitallibrary.un.org/record/1640712?ln=en.

② UNCITRAL, *Planned and Possible Future Work — Part Ⅲ Proposal by the Government of the United States of America*: *Future Work for Working Group Ⅱ* (A/CN.9/822), (Jan. 23, 2020), https://undocs.org/en/A/CN.9/822.

③ UN, *Report of the United Nations Commission on International Trade Law on Its Thirty-fifth Session*(A/RES/57/18), (Jan. 23, 2020), https://undocs.org/en/A/RES/57/18.

调解启动协议无法强制当事人通过调解程序达成调解和解协议。其次，商事争议当事人能否通过调解和解协议获得救济存在不确定性。通常情况下，仲裁裁决和诉讼判决对纠纷的解决具有终局性，在裁决或者判决有效的情况下，该争议将被认定为已获得最终解决，争议当事人无法另行申请仲裁或者提起诉讼。然而，当事人通过调解达成的和解协议通常只能作为当事人之间的合同来救济①，调解和解协议无法被认定为最终解决了争议，只能再次进入仲裁或者诉讼等争议解决程序，从而耗费大量的时间、金钱和人力成本。因为即使商事争议当事人顺利达成了调解和解协议，也只是由此产生第二份合同。如果一方当事人不按照调解和解协议的约定履行义务，这份合同与引起争议的基础合同一样难以得到最终救济。正因调解在国际商事争议解决中的双重不确定性，导致通过调解来解决争议的吸引力大幅降低。因此，美国提出建议，联合国贸法会第二工作组应当制定一项关于国际商事调解和解协议跨境强制执行的多边公约，通过以《纽约公约》促进国际商事仲裁发展的方式，来促进国际商事调解发展。

2014年7月7—18日，在联合国贸法会第47届会议上，联合国贸法会对美国政府提出的建议进行了审议，商定由第二工作组在其第62届会议上审议国际商事调解程序所产生的和解协议的强制执行问题，并对该领域工作的可行性和可能形式等进行讨论和评估②。虽有部分参会者表示支持，但是不少参会者对该项目的可行性表示怀疑，并提出了一些问题，包括：①所设想的新的强制执行制度是否具有选择性；②《纽约公约》是否是与调解达成的和解协议有关的工作的适当模式；③将和解协议的强制执行正式化是否会在事实上降低调解达成合同协议的价值；④调解产生的复杂合同是否适合根据这一拟议条约强制执行；⑤ 将调解达成的和解协议转化为具有约束力的裁决的其他手段是否消除了这一条约的必要性；⑥类似《纽约公约》的制度

---

① UNCITRAL，*Guide to Enactment of the Model Law on International Commercial Conciliation*（*"Guide to Enactment"*），para. 89.

② UN，*Report of the United Nations Commission on International Trade Law Forty-seventh Session*（*A/69/17*），para.129，（Jan. 23，2020），https://undocs.org/A/69/17.

在调解领域可能产生的法律影响①。

2014年8月，联合国贸法会秘书处向各国分发了一份关于执行调解产生的国际和解协议的立法框架的调查问卷。该调查问卷旨在收集各国是否已经通过处理执行和解协议的立法，特别是收集以下信息：①是否已经有快速救济的程序；②和解协议是否可被视为和解裁决②；③拒绝执行和解协议的理由；④和解协议被视为有效需要满足的标准。该调查问卷所收集到的信息显示，关于调解和解协议的执行方法，各国的立法差异很大，如依据合同法展开的普通救济、作为法院判决执行、作为和解裁决执行或公证后执行、转化为法院命令后执行等③。

2015年2月，联合国贸法会第二工作组在其第62届会议上，组织与会人员对美国的建议进行讨论。然而，会上各方对任何特定法律文书的形式和内容以及可行性都有不同的看法，存在很大的分歧。时任联合国贸法会第二工作组主席的Natalie Y Morris-Sharma甚至评价到，工作组就该项工作的可取性方面达成共识的前景渺茫④。最终，该届会议认为这些问题和分歧可以通过对该议题开展进一步的工作加以解决⑤。因此，第二工作组决定建议联合国贸法会授权其就和解协议的执行这一专题开展工作，确定相关问题并制订可能的解决方案，但是应当不限制该项工作的可能形式，考虑包括拟定公

---

① UN, *Report of the United Nations Commission on International Trade Law Forty-seventh Session* (*A/69/17*), para.124, (Jan. 23, 2020), https://undocs.org/A/69/17.

② 借助仲裁裁决书之形式固定解纷合意即为和解裁决，参见黄忠顺：《和解裁决的性质及其效力探微》，载王利明主编：《判解研究》，人民法院出版社，2015年版，第206～220页。

③ UNCITRAL Working Group II, *Settlement of Commercial Disputes: Enforceability of Settlement Agreements Resulting from International Commercial Conciliation/Mediation - Note by the Secretariat* (*A/CN.9/WG. II /WP.187*), para.20, (Jan. 23, 2020), https://undocs.org/en/A/CN.9/WG. II /WP.187.

④ intervention of the Chair, in UNCITRAL Audio Recordings: Working Group II (Arbitration and Conciliation), 62nd Session, Feb. 3, 2015, 10：00—13：00, https://icms.unov.org/CarbonWeb/public/uncitral/speakerslog/f7f8fc60-434c-4965-9b2d-79dee3f85403. 转引自Timothy Schnabel, *The Singapore Convention on Mediation: A Framework for the Cross-Border Recognition and Enforcement of Mediated Settlements*, 19 Pepperdine Dispute Resolution Law Journal 1, 1～60 (2019).

⑤ UNCITRAL, *Report of Working Group II (Arbitration and Conciliation) on the Work of Its Sixty-second Session* (*A/CN.9/832*), para.58, (Jan. 23, 2020), https://undocs.org/en/ A/CN.9/832.

约、示范性条款或指导性文本等可能性①。

2015年7月，联合国贸法会第48届会议正式授权第二工作组围绕该议题展开工作，以确定调解和解协议强制执行相关问题，并考虑通过拟定一项公约、示范法或指导性文本来解决问题。但是，欧盟及其成员国仍然对在国际领域制定一项关于调解和解协议可执行性的法律文书持反对态度，认为在这个问题上，国际争议解决领域并不存在明确的对调解和解协议可执行性进行统一的需求，并认为除《调解示范法》决定将执行问题留给国内法这一处理方式之外，要求不同法域就调解和解协议的强制执行形成统一的方法是不现实的，并且这一态度延续到了《新加坡公约》之后的审议过程中②。

直到2017年2月，在联合国贸法会第二工作组第66届会议上，各国就该议题达成妥协意见，《新加坡公约》的拟定进程才取得了实质性的进展③。在该届会议上，各国终于就和解协议的法律效力如何、仲裁或者诉讼程序中所得和解协议如何处理、和解协议各方是默认适用还是默认不适用该法律文书、调解过程以及调解人的行为对执行程序的影响、法律文书该采用什么样的形式达成了妥协④。

历经4年时间和6届工作组会议，以及不同国家的代表与国际商事争议领域从业人员的讨论和博弈，终于在2018年6月25日，联合国贸法会敲定了《新加坡公约》的草案文本，并于2018年12月20日提交联合国第73届大

---

① UNCITRAL Working Group Ⅱ, *Settlement of Commercial Disputes*: *Enforceability of Settlement Agreements Resulting from International Commercial Conciliation/Mediation - Note by the Secretariat*(*A/ CN.9/WG. Ⅱ /WP.187*), para.20,（Jan. 23, 2020）, https://undocs.org/en/A.9/WG. Ⅱ /WP.187.

② intervention of the European Union, in UNCITRAL Audio Recordings: U.N. Comm'n on Int'l Trade Law, 48th Session, July 2, 2015, 9：30—12：30, https://icms.unov.org/CarbonWeb/public/ uncitral/speakerslog/f3e453 1b-7187-411c-a063-27bb8elbc546. 转引自Timothy Schnabel, *The Singapore Convention on Mediation*: *A Framework for the Cross-Border Recognition and Enforcement of Mediated Settlements*, 19 Pepperdine Dispute Resolution Law Journal 1, 1-60（2019）.

③ Timothy Schnabel, *The Singapore Convention on Mediation*: *A Framework for the Cross-Border Recognition and Enforcement of Mediated Settlements*, 19 Pepperdine Dispute Resolution Law Journal 1, 1-60（2019）.

④ UNCITRAL, *Report of Working Group Ⅱ*（*Dispute Settlement*）*on the Work of Its Sixty-sixth Session*（*A/CN.9/901*）,（Jan. 23, 2020）, https://undocs.org/en/A.CN.9/901.

会审议通过[①]。截至2024年1月31日，新加坡、日本、沙特阿拉伯、格鲁吉亚、白俄罗斯、厄瓜多尔、斐济、卡塔尔、哈萨克斯坦、土耳其、乌拉圭、尼日利亚、洪都拉斯13个国家已经批准了《新加坡公约》并在本国法域内适用该公约，另有中国、英国、美国、印度等贸易大国签署了《新加坡公约》，意欲加入该公约[②]。

三、《新加坡公约》语境下商事调解范式的解构与重构

从《新加坡公约》的拟定背景和审议历程来看，《新加坡公约》是联合国贸法会针对国际商事争议解决实践需求作出回应的国际立法。《新加坡公约》背后的立法逻辑：虽然相较于仲裁和诉讼调解在商事争议解决中独具优势，但是调解和解协议缺乏强制执行力，导致调解和解协议无法在国际上实现跨境流通，阻碍了国际商事交往主体使用调解作为商事争议解决手段，所以联合国贸法会通过国际层面立法来赋予其跨境强制执行等救济机制，补齐其不能直接获得强制执行的短板，从而促进其在国际商事争议解决领域的推广应用。

由此可见，《新加坡公约》的制定既非将成熟的国际商事调解实践通过国际立法的形式予以制度化，也非基于成熟的商事调解理论将其实践于立法之中。从国际商事调解实践来看，根据联合国贸法会设计的关于执行国际调解和解协议的立法框架调查问卷结果，世界范围内并没有形成主流的对调解和解协议直接进行强制执行的快速救济机制。各国的立法差异很大，仅有极个别国家，如印度[③]等允许依据调解和解协议申请强制执行。从国际商事调解理论研究来看，如前所述，虽然有关学者已经围绕调解和解协议的执行力

---

① UN, *Resolution Adopted by the General Assembly on* 20 *December* 2018（*A/RES/73/198*），（Jan. 23，2020），https://undocs.org/en/A/RES/73/198.

② UNCITRAL, *Status：United Nations Convention on International Settlement Agreements Resulting from Mediation*，（Jan. 31，2024），https://uncitral.un.org/en/texts/mediation/conventions/international_settlement_agreements/status.

③ 参见印度《1996年仲裁与调解法案》（*The Arbitration and Conciliation Act* 1996），第73条。

进行了相关研究，但是相关研究并未对将调解和解协议本身作为执行依据或者对其本身可执行性的来源作出深入的讨论和分析，因此该问题尚未形成成熟且主流的观点和结论。因此，作为一项国际性立法，《新加坡公约》语境下的商事调解与现阶段的国际商事调解实践和理论相比，其内容具备相当程度的前瞻性和革新性。

值得注意的是，《新加坡公约》本质上是对来自不同国家和法系的经验与知识进行重构之后所得到的法律文本。作为一项缺乏成熟的国际商事调解实践与理论支撑的国际性立法，《新加坡公约》经历了漫长的审议过程，不同国家以及国际组织的调解领域政府代表、专家学者参与了《新加坡公约》的审议，各方观点与建议在审议过程中不断碰撞、妥协，从而形成了最终的《新加坡公约》。其中，不同国家以及国际组织的调解领域政府代表、专家学者的观点通常源于其所在法域的争议解决实践和理论研究。因此，由不同国家的争议解决实践以及不同法系的理论观点所形成的经验与知识，在《新加坡公约》拟定的过程中得到了充分的讨论和博弈[1]，并通过抽象化和均质化的立法技术处理形成了《新加坡公约》的最终文本。

上述情况决定了对《新加坡公约》语境下的商事调解实践进行研究，应当关注相关争议解决理论和政策实践所形成的理论知识与实践经验。在《新加坡公约》尚未在全球范围内得到充分实践的情况下，对《新加坡公约》语境下的商事调解范式进行讨论，仅止步于文本本身或者审议资料不足以解决问题。现阶段的商事调解实践与理论所能提供的研究素材极为有限，不足以反映《新加坡公约》语境下商事调解范式的前瞻性和革新性，对《新加坡公约》语境下的商事调解范式进行分析必须深入本节开篇所提及的第三层次的语境资料来源中。因此，《新加坡公约》语境下商事调解范式的最佳研究路径，还需从《新加坡公约》的文本内容切入，对具体条文进行解构后，结合《新加坡公约》拟定和审议时的争议解决相关经验与知识语境资料进行具象

---

① Natalie Y Morris-Sharma, *The Singapore Convention Is Live, and Multilateralism, Alive*, 20 Cardozo Journal of Conflict Resolution 4, 1009 ~ 1022（2019）.

化、多元化的分析，从而重构出《新加坡公约》语境下的商事调解范式。

四、《新加坡公约》核心文本的解构逻辑

基于前述分析，本研究将"调解和解协议"作为《新加坡公约》文本中的元概念，在《新加坡公约》核心文本范围内对《新加坡公约》进行解构。

首先，本研究选定了"调解和解协议"作为《新加坡公约》文本中的元概念。选定"调解和解协议"作为《新加坡公约》文本中的元概念主要有以下两个方面考虑。其一，从立法目的来看，调解和解协议是《新加坡公约》所欲规制的核心对象。《新加坡公约》的核心目的是通过为调解和解协议的跨境执行提供确定性，从而使得商事调解成为与仲裁和诉讼同等地位的商事争议解决方法[①]。其二，从《新加坡公约》文本来看，和解协议这一术语贯穿《新加坡公约》文本始末，并且其定义构成具备理论性与技术性双重特征，在《新加坡公约》语境下的商事调解范式中调解与和解协议的固定搭配有其必然性。《新加坡公约》正文共16条规定，其中10条包含调解和解协议这一术语，出现频次高达36次。此外，《新加坡公约》中的"和解协议"实质上是作为一个通用术语应用在文本中，指向"包括与文本（《新加坡公约》和《调解示范法》）中和解协议有关的所有组成部分"[②]，并且如后文所述，调解与和解协议之间在理论与技术上的搭配均存在相当程度的必然性。

其次，本研究选定《新加坡公约》第1~8条作为核心文本进行解构。第1~8条分别对公约的适用范围、定义、当事国的救济义务、对依赖于和解协议的要求、拒绝准予救济的理由、并行申请或者请求、其他法律或者条约、

---

① UNCITRAL Working Group Ⅱ, *Settlement of Commercial Disputes*: *Enforceability of Settlement Agreements Resulting from International Commercial Conciliation/Mediation — Revision of the UNCITRAL Notes on Organizing Arbitral Proceedings Comments Received from States*（*A/CN.9/WG.*Ⅱ*/WP.188*），（Jan. 23，2020），https://undocs.org/en/A/CN.9/WG.Ⅱ/WP.188.

② 在工作组第65届会议上，有代表提出，在适用范围规定中引入一个在整个文本中通用的术语。该术语将包括与文本中和解协议有关的所有组成部分。该建议得到了普遍支持，并最终择定"settlement agreement"作为该通用术语。参见UNCITRAL, *Report of Working Group*Ⅱ（*Dispute Settlement*）*on the Work of Its Sixty-fifth Session*（*A/CN.9/896*），para.117，145，146，（Jan. 23，2020），https://undocs.org/en/ A/CN.9/896.

保留等内容进行了规定，与国际商事调解制度紧密相关。而《新加坡公约》第9~16条则是公约立法中的格式化内容，主要对公约生效的效力、公约保存人、公约的签署和批准等程序性事项、区域经济一体化组织如何适用、非统一法律制度如何适用、公约的生效时间、修正案制定、退约程序等内容进行了规定。

基于前述分析，本研究在确定了《新加坡公约》的核心文本范围以及元概念之后，通过思维导图的方式，围绕"调解和解协议"这一元概念对《新加坡公约》的文本进行解构。解构文本范围为《新加坡公约》第1~8条，由此得到图2-1。如图2-1所示，通过对《新加坡公约》文本进行解构，本研究发现以下几个方面内容。

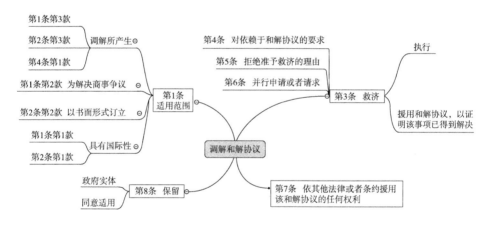

图2-1　《新加坡公约》文本的解构导图

首先，《新加坡公约》的核心条款实际上是围绕调解和解协议的范畴与效力展开的。图2-1左侧的第1条与第8条共同划定了《新加坡公约》语境下调解和解协议的适用范畴；第2条与第4条则对该范畴及其形式要件进行了补充。图2-1右侧的第3条以及第7条则规定了《新加坡公约》语境下调解和解协议可能产生的法律效力，即调解和解协议可适用的救济路径；第4条、第5条、第6条则规定了获取第3条救济的程序性要求。

其次，《新加坡公约》语境下的调解和解协议适用范畴由固定范畴与可调整范畴共同确定。从图2-1的左侧来看，如前所述，《新加坡公约》文本中的"和解协议"并非一个传统意义上的概念，而是作为一个通用术语，指向"包括与文本（《新加坡公约》）中和解协议有关的所有组成部分"。那么，根据《新加坡公约》第1条第1款的规定①，《新加坡公约》语境下的"和解协议"实质上是包含了"调解所产生""为解决商事争议""以书面形式订立""具有国际性"等"组成部分"的和解协议。上述"组成部分"从这个角度来讲，并不仅仅是《新加坡公约》适用范围的限定，而更接近《新加坡公约》语境下"和解协议"的范畴，并且该范畴是相对固定的。在签署固定范畴的基础之上，《新加坡公约》使用立法技术制定了第8条，允许缔约方作出声明，就涉及国家、政府实体的调解和解协议是否适用，以及调解和解协议是否默认适用这两个问题作出保留，赋予缔约方以调整的"和解协议"范畴的权利，允许缔约方依据和解协议当事人的性质以及是否合意选择适用公约来调整"和解协议"的范畴，从而构成了《新加坡公约》语境下和解协议的可调整范畴。

最后，《新加坡公约》第3条是其前瞻性和革新性的核心反映。从和解协议的当事人角度来看，该条赋予了当事人以和解协议作为依据申请强制执行，以及在其他程序背景下援引证明商事争议已经和解的权利。从缔约方的角度来看，该条则规定了缔约方依据《新加坡公约》所应履行的义务。第7条则明确了《新加坡公约》语境下的和解协议能够依据其他法律或国际立法寻求救济，肯定了和解协议在其他法律或国际立法中所能获得的法律效力。

综而观之，《新加坡公约》通过立法技术限制了调解和解协议的适用范围，使得调解和解协议的直接救济机制更易被接受，从而增强了不同国家或者法域加入和接受《新加坡公约》的意愿。由于《新加坡公约》为和解协议提供了特殊的直接救济路径，允许当事人以和解协议作为依据申请强制执行，以及在其他程序背景下援引证明商事争议已经和解，因此《新加坡公

---

①《新加坡公约》第1条第1款规定："本公约适用于调解所产生的、当事人为解决商事争议而以书面形式订立的协议（和解协议），该协议在订立时由于以下原因而具有国际性……"

约》语境下的商事调解相较于现阶段的国际商事调解实践和理论呈现出较强的前瞻性和革新性。所以,《新加坡公约》对和解协议的范畴进行了严格的限定,并赋予了缔约方一定的调整自由,调和了《新加坡公约》相对国际商事调解实践和理论较为激进的一面,从而使得《新加坡公约》的接受度更高。

第二节 《新加坡公约》语境下调解和解协议的定义

如前所述,调解和解协议是《新加坡公约》核心文本的元概念,科学界定调解和解协议的定义是重构《新加坡公约》语境下商事调解范式的起点。一方面,《新加坡公约》语境下商事调解范式的前瞻性和革新性要求本研究的展开必须从《新加坡公约》拟定背后的深层次语境资料切入,深入研究《新加坡公约》拟定背后的争议解决相关实践经验和理论知识。另一方面,《新加坡公约》通过立法技术,限制了调解和解协议的适用范围,使得调解和解协议的直接救济机制更易被接受,从而增强了不同国家或者法域加入和接受《新加坡公约》的意愿。因此,《新加坡公约》文本中调解和解协议的定义源于已有的争议解决经验与知识,并且经过了立法技术的处理。其中,该定义理论性的一面来源于对调解和解协议性质、构成要件及赋予其相应效力的正当性衡量;技术性的一面则来源于《新加坡公约》拟定背后的政策考量而作出的技术性限定,分别构成了《新加坡公约》语境下调解和解协议定义的外延与内涵,本节拟对二者进行研究。

一、《新加坡公约》语境下调解和解协议定义的双重性

科学合理界定调解和解协议既是《新加坡公约》的正当性来源,也是联合国贸法会提升《新加坡公约》国际接受度的重要路径。一方面,联合国贸法会基于争议解决相关理论科学界定了《新加坡公约》语境下调解和解协议

的理论外延，明确了《新加坡公约》语境下调解和解协议这一术语的定义，为《新加坡公约》语境下调解和解协议的直接救济机制提供了学理正当性。另一方面，联合国贸法会使用立法技术合理界定了《新加坡公约》语境下调解和解协议的技术内涵，明确了《新加坡公约》语境下调解和解协议直接救济机制的适用范围，从而提升了国际社会对《新加坡公约》革新性的接受度。综合《新加坡公约》审议过程中对调解和解协议的讨论来看，《新加坡公约》语境下，调解和解协议的定义和适用范围被融为一体，同时其对应的理论外延与技术内涵均在不断地明确和限缩，调解和解协议的技术性和可操作性特征被不断强化。

在工作组第63届会议上，联合国贸法会秘书处提供的说明给出了调解和解协议的原始定义。通常情况下，和解协议是指争议当事人之间为解决全部或者部分争议而达成的协议，可能源于将争议提交调解的协议，也可能是在包括仲裁或法院程序在内的争议解决过程中达成的[①]。但是，联合国贸法会第二工作组以及参会代表达成一致意见认为，拟制定法律文本中的和解协议应当限定为经由"调解所产生"的，从而能够为其救济提供确定性。如果不将和解协议限定为调解所得，会使得执行程序过于复杂。执行当局必须首先确定是否存在争议，以及协议的目的是否为解决该争议[②]。基于前述共识，《新加坡公约》语境下的调解和解协议应当至少具备两个要件。其一，以调解方式解决争议为目的；其二，和解协议的契约性质。除此之外，无论争议的性质，无论达成调解和解协议的程序背景，无论争议是得到全面解决还是部分解决，只要是争议当事人为解决争议而达成的协议即属于和解协议。这

---

① UNCITRAL Working Group Ⅱ, *Settlement of Commercial Disputes International Commercial Conciliation：Enforceability of Settlement Agreements（A/CN.9/WG. Ⅱ /WP.190）*, para.23,（Jan. 23, 2020）, https://undocs.org/en/ A/CN.9/WG. Ⅱ /WP.190.

② UNCITRAL Working Group Ⅱ, *Settlement of Commercial Disputes International Commercial Conciliation：Enforceability of Settlement Agreements（A/CN.9/WG. Ⅱ /WP.190）*, para.24,（Jan. 23, 2020）, https://undocs.org/en/ A/CN.9/WG. Ⅱ /WP.190；UNCITRAL, *Report of Working Group Ⅱ（Arbitration and Conciliation）on the Work of Its Sixty-third Session（A/CN.9/861）*,（Jan. 23, 2020）, https://undocs.org/en/ A/CN.9/861.

一共识为《新加坡公约》语境下调解和解协议的外延进行了初步界定。

在工作组第64届会议上，和解协议的定义进一步得到了明确。参会代表建议调解和解协议的定义可以是"和解协议是商事争议的当事人通过调解达成的书面协议，并且它解决了全部或部分争议"[①]，并指出，该定义可以作为调解和解协议的定义或和解协议的形式要求在《新加坡公约》文本中提供。基于联合国贸法会工作组第63届会议达成的初步共识，即联合国贸法会拟定的法律文书应当适用于通过调解达成的国际商事和解协议[②]。第64届会议上形成的定义认为调解和解协议应当具备三个要件：一是调解和解协议所要解决争议的商事性质；二是调解和解协议以调解方式解决争议为目的；三是调解和解协议应当是书面的。

在工作组第65届会议上，工作组秘书处准备的草稿从调解和解协议的定义角度对其进行界定，并与第64届会议拟定的草稿内容基本保持一致[③]。随后，在本届会议中，工作组及参会代表最终达成统一意见，将调解和解协议的定义与适用范围的草稿合并，并决定将和解协议作为《新加坡公约》文本中的通用术语赋予其特定的含义。该术语将指代"商事争议当事人通过国际调解达成的、解决全部或部分争议的书面协议"[④]。相较于工作组第64届会议上的定义，此次会议针对调解和解协议增加了调解的国际性要求。

在工作组第66届会议上，工作组秘书处准备的草稿从适用范围的角度对调解和解协议的内涵进行了界定，"本公约适用于当事人为解决商业争议而以书面形式达成的国际协议（和解协议）的当事人之间的法律效力和执

[①] UNCITRAL, *Report of Working Group II（Arbitration and Conciliation）on the Work of Its Sixty-fourth Session（A/CN.9/867）*,（Jan. 23, 2020）, https://undocs.org/en/ A/CN.9/867.

[②] UNCITRAL, *Report of Working Group II（Arbitration and Conciliation）on the Work of Its Sixty-fourth Session（A/CN.9/867）*, para.92,（Jan. 23, 2020）, https://undocs.org/en/ A/CN.9/867.

[③] UNCITRAL Working Group II, *Settlement of Commercial Disputes：International Commercial Conciliation：Preparation of an Instrument on Enforcement of International Commercial Settlement Agreements Resulting from Conciliation（A/CN.9/WG.II/WP.198）*,（Jan. 23, 2020）, https://undocs.org/ en/ A/CN.9/WG.II/WP.198.

[④] UNCITRAL, *Report of Working Group II（Dispute Settlement）on the Work of Its Sixty-fifth Session（A/CN.9/896）*, para.117, 145, 146,（Jan. 23, 2020）, https://undocs.org/en/ A/CN.9/896.

行"，并建议不再提及解决"全部或部分"争议①。工作组秘书处解释到，这是考虑被申请人对救济进行抗辩的理由之一是和解协议的非终局性，仅涉及部分争议解决的和解协议将不能获得救济，因其不是争议的最终解决方案，救济当局也很难评估和解协议所解决的争议是否是更广泛的争议的一部分②。上述意见在本届会议上，得到了工作组及与会代表的肯定。《新加坡公约》适用范围的草稿作为五大妥协议题之一得到了重新拟定，"本文书（《新加坡公约》）适用于当事人为解决商业争议而以书面形式达成的、经调解产生的国际协议（和解协议）"③。

这一文本最终在工作组第68届会议上得以敲定，最终文本在第66届草稿的基础上，将"具有国际性"的判断标准融合到一起，成为《新加坡公约》的第1条第1款。

在联合国贸法会秘书处在第63届会议上提供的调解和解协议原始定义的基础上，随后为与《新加坡公约》第5条第1款（b）项"根据和解协议条款，不具约束力或者不是终局的"的规定保持一致而增加的争议解决终局性限制，以及《新加坡公约》第5条第1款（a）（b）（c）（d）项的其他规定，与调解和解协议的性质、构成要件及赋予其相应效力的正当性衡量紧密相关，因而构成了《新加坡公约》语境下调解和解协议的理论外延。

从《新加坡公约》审议过程中对和解协议的讨论，并综合考虑《新加坡公约》其他条款的内容，"为调解所得""为解决商事争议""以书面形式订立""具有国际性"等对和解协议适用范围的限定，为《新加坡公约》的适

---

① UNCITRAL Working Group II, *Settlement of Commercial Disputes*: *International Commercial Conciliation*: *Preparation of an Instrument on Enforcement of International Commercial Settlement Agreements Resulting from Conciliation*（A/CN.9/WG. II /WP.200），（Jan. 23，2020），https://undocs.org/en/ A/CN.9/WG. II /WP.200.

② UNCITRAL Working Group II, *Settlement of Commercial Disputes*: *International Commercial Conciliation*: *Preparation of an Instrument on Enforcement of International Commercial Settlement Agreements Resulting from Conciliation*（A/CN.9/WG. II /WP.200），（Jan. 23，2020），https://undocs.org/en/ A/CN.9/WG. II /WP.200.

③ UNCITRAL, *Report of Working Group II*（*Dispute Settlement*）*on the Work of Its Sixty-sixth Session*（A/CN.9/901），（Jan. 23，2020），https://undocs.org/en/A/CN.9/901.

用设定了固定的技术范畴;《新加坡公约》第8条规定的政府主体保留以及明示适用（opt-in）保留，为《新加坡公约》的适用设定了缔约方可调整的范畴。上述范畴的限定均是出于对《新加坡公约》目的的实现作出的，即为构建国际商事调解和解协议的跨境执行机制，提升《新加坡公约》在国际社会的接受度而对其进行限定。这些范畴上的限定本质上是为达到《新加坡公约》目的所划定的技术性范畴，由此，构成了《新加坡公约》语境下和解协议的技术性内涵。

然而，值得注意的是"为调解所得"在调解和解协议的定义中既有其理论性的一面，也有其技术性的一面，后文将对此进行详细分析。

二、《新加坡公约》语境下调解和解协议的理论外延

调解和解协议究其本质是和解协议的一种，《新加坡公约》语境下调解和解协议的理论外延即在和解协议的传统理论的基础上作出调整，使得调解和解协议更具确定性与可靠性，从而为赋予其特殊的效力和直接救济机制提供正当性依据。

（一）前公约时代的和解协议理论概述

和解（transactio）是自罗马法时代即已存在的法律概念。和解在法律文本中的使用最早可以追溯到十二表法，然而，这里的和解协议是一种发生在判决之后的法律构成，因缺乏疑惑事项（res dubia）与不确定性，部分学者不认为这是真正的和解[①]。同时，因为受害方很难对强势的对手进行对等要求，和解行为最初只适用于非法行为，成为消灭义务的一般方法[②]。现代和解协议概念的雏形出现在《学说汇纂》第2卷第15题中，"进行和解之人是对于疑惑事项（res dubia）或者未完成未确定的诉讼（lis incerta nequi

---

① P Descoullayes, *De la Transaction Dans Quelques Législations Européennes：Étude De Droit Comparé*, Corbaz & Cie, 1902, 15.

② P Descoullayes, *De la Transaction Dans Quelques Législations Européennes：Étude De Droit Comparé*, Corbaz & Cie, 1902, 15.

finita）的协调。相反，如果某人以赠予为原因达成契约是慷慨地给予确定和无争议之物"①。虽然这一概念并不意味着罗马法中和解协议已经成为有名合同，但这一概念被认为至少构成对和解行为的描述（actio praescriptis verbis），代表着和解作为一种法律行为在罗马法中得以承认②。和解协议最终成为明确的合同类型（有名合同）则是在普通法领域得以实现的③。

无论是普通法系还是大陆法系，现代和解协议的基本特征均脱胎于罗马法中和解的特征：①一项契约；②它必须基于某种不确定性或争议；③其目的是解决这种不确定性或争议；④通过某种相互的让步④。然而，目前不同法域的立法例、学者对上述特征的认识和理解存在一定的差异。鉴于《新加坡公约》的拟定是基于一种均质化的理念，并不对任何理论学派或者实践立法表现出特别的偏好，不想对各国国内法进行干涉，而是兼容并蓄，那么对于不同法系背景下的和解协议的性质及构成要件进行研究就显得尤为必要。

本研究拟从以美国为代表的普通法系和以德法为代表的大陆法系切入，对不同法系的和解协议性质与构成要件进行研究，主要出于以下考虑：①美国是推动《新加坡公约》拟定的核心角色之一。《新加坡公约》的拟定源于美国的一项提议，并且《新加坡公约》的最终框架及内容与美国最初的提议中的框架保持了相当程度的一致性。②以大陆法系国家为主导的欧盟是此次《新加坡公约》拟定的主要反对意见来源之一，而德法则是大陆法系立法流派的不同代表。欧盟及其成员国自始对《新加坡公约》的拟定不抱乐观的

---

① 转引自肖俊：《和解合同的私法传统与规范适用》，载《现代法学》，2016年第38卷第5期，第67~78页。

② Geib O Der Vergleich im gemeinen Civilrecht，1896. 转引自 P Descoullayes，*De la Transaction Dans Quelques Législations Européennes：Étude De Droit Compar*é，Corbaz & Cie，1902，16.

③ P Descoullayes，*De la Transaction Dans Quelques Législations Européennes：Étude De Droit Compar*é，Corbaz & Cie，1902，16.

④ P Descoullayes，*De la Transaction Dans Quelques Législations Européennes ：Étude De Droit Compar*é，Corbaz & Cie，1902，16.

态度，曾是《新加坡公约》拟定的最大阻碍之一[①]。因此，以美国为代表的普通法系和以德法为代表的大陆法系成为《新加坡公约》拟定过程中观点冲突的两端，具备很高的代表性，对二者进行研究能够更好地理解《新加坡公约》文本背后的法理依据。

1.普通法中的和解协议

在美国，大部分案件是通过和解的方式解决的。和解协议在普通法系中具有重要的地位。在民事司法的讨论中，"大多数案件能和解"已经成为一种常见的说法[②]。一般认为，在美国民事司法系统中，案件和解率为85%~95%，在诉讼外通过和解解决的争议更是不计其数[③]。

在美国，和解协议的契约性质促使涉及和解协议形成、解释和可执行性的问题，一般应通过适用和解协议所在州的合同法以及普通法合同规则管辖[④]。因此，有效的和解协议需要具备有约束力的合同的基本要素，例如，协议具有两个及以上、具有承担合同义务的完全法律能力的当事人[⑤]；双方需要作出要约与承诺[⑥]并对协议的实质性条款表示同意，一方当事人不能单方面将和解协议或任何其他类型的合同强加给另一方[⑦]；真实且可履行的承诺，虚幻的承诺或仅是意图的声明，根据其条款，承诺人完全可以选择不履行，不构成承诺[⑧]；对价原则；错误、虚假陈述、胁迫、不当影响、公共政策限制等则可能对协议的效力或履行造成影响。

---

① Timothy Schnabel，*The Singapore Convention on Mediation*：*A Framework for the Cross-Border Recognition and Enforcement of Mediated Settlements*，19 Pepperdine Dispute Resolution Law Journal 1，1-60（2019）.

② Marc Galanter，Mia Cahill，*Most Cases Settle*：*Judicial Promotion and Regulation of Settlements*，46 Stanford L. Rev. 1339，1339-1340，1994.

③ 同②.

④ Sofco，LLC v. Nat'l Bank of Kansas City，No. 08-2366，2010 U.S. Dist. LEXIS 78823. 转引自 Richard A Rosen，Liza M Velazquez，*Settlement Agreements in Commercial Disputes*：*Negotiating*，*Drafting & Enforcement*，Wolters Kluwer，2019，§ 5.01.

⑤ American Law Institute，*Restatement*（*Second*）*of Contracts*，1981，§9，12.

⑥ Goyal v. Gas Technology Institute，718 F.3d 713，718；Reed v. Wehrmann，159 F.Supp.2d 700，705.

⑦ Rachford v. Air Line Pilots Ass'n，Intern.，375 F.Supp.2d 908，937；Rohland v. United States，136 Fed.Cl. 55，67.

⑧ In re Adirondack Ry. Corp.，95 B.R. 867，874.

　　然而，区别于普通法中的其他合同，在普通法合同规则中，和解
（settlement of claims）是指当事人为解决有争议的权利（disputed claims）
而互相妥协达成的协议①。和解是一种妥协，当事人可以以低于他们在审判
中可能得到的价格和解；当事人可以牺牲一些目标来实现其他目标，并在没
有进一步诉讼费用的情况下解决争议②。因而，普通法中的和解协议具备以
下两个方面特点：

　　（1）以有争议的权利为前提，以解决有争议的权利为目的

　　从美国案例法来看，有争议的权利是争议当事人发出和解要约的前提，
否则争议当事人之间调解或谈判将不会被认定为和解协议的开端，而只是达
成了一般意义上的合同③。值得注意的是，美国民事司法实践对有争议的权
利的界定极为宽泛，其无须"具体化到即将诉讼的地步"，只要对一方当事
人的责任或索赔金额存在"实际争议或意见分歧"，就存在争议④。然而，权
利的争议性仍然是需要由一方当事人明确地表达给另一方当事人的，未能明
确表达出的争议不能作为和解协议要约与承诺的开端⑤。

　　在普通法背景下，和解协议内容通常涉及当事人对一方放弃其起诉的能
力（如果当事人还没有寻求司法救济）或继续起诉、上诉的权利（如果原告
已经起诉），且此类内容通常被认为构成了和解协议的核心内容⑥。

---

① American Law Institute，*Restatement*（*Second*）*of Contracts*，1981，1，2，3，74，75.

② Holmes v. Godinez，991 F.3d 775（7th Cir. 2021）.

③ Profits Plus Capital Mgmt.，LLC v. Podesta，156 Idaho 873，332 P.3d 785，2014 Ida. LEXIS 186，2014 WL 3057303.

④ Dallis v. Aetna Life Ins. Co.，768 F.2d 1303，1985 U.S. App. LEXIS 21351，18 Fed. R. Evid. Serv.（Callaghan）976；Affiliated Mfrs. v. Aluminum Co. of Am.，56 F.3d 521，1995 U.S. App. LEXIS 13853，42 Fed. R. Evid. Serv.（Callaghan）509；Weems v. Tyson Foods，Inc.，665 F.3d 958，2011 U.S. App. LEXIS 25876，114 Fair Empl. Prac. Cas.（BNA）65，87 Fed. R. Evid. Serv.（Callaghan）301.

⑤ Macsherry v. Sparrows Point，LLC，973 F.3d 212，2020 U.S. App. LEXIS 27810，171 Lab. Cas.（CCH）P62，074，113；Fed. R. Evid. Serv.（Callaghan）737，107 Fed. R. Serv. 3d（Callaghan）1666，2020 WL 5200687.

⑥ Maslow v. Vanguri，168 Md.App.298，896 A.2d 408，421-422.

（2）普通法合同规则中的对价原则要求和解双方互相让步

首先，一方请求整体的、全部的放弃不构成和解[①]。然而，在和解协议中的对价原则或者说互相让步，并没有绝对的衡量标准。所谓"对价"，在法律上必须有一定的价值，但在没有欺诈或过分要求的情况下，承诺人如果有能力，可以把任何本身不违法的东西作为对价，并赋予自己的价值，而它是否相当于讨价还价的利益，是留给当事人决定的问题[②]。因此，如果一个没有义务签署放弃请求权或抗辩权的人签署了放弃请求权或抗辩权的文书，即使其没有主张请求权或抗辩权，并认为不存在有效的请求权或抗辩权，但若签署该书面文书是讨价还价的结果，则仍构成对价[③]。所以，在Profit Plus资产管理公司诉Podesta一案中，爱荷华州最高法院认为在终止合同的同时，以解除所有潜在的索赔作为交换条件的方案构成了和解协议的对价原则，即使该方案是在任何争议发生之前提出的[④]。其次，在和解协议中，暂时不主张或者放弃主张被证明是无效的请求权或抗辩不是对价，除非由于事实或法律的不确定性，该请求权或抗辩事实上是真伪不明的，或者放弃的一方认为该请求权或抗辩可能被公平确定为有效[⑤]。

值得注意的是，普通法合同规则原则上并不对和解协议的格式有任何限制。这是因为和解协议的达成通常伴随互相让步和妥协，是通过对原有权利的处分，如请求权的抛弃、不行使或抗辩的不主张等来实现的，其本身并不是创造权利的协议，因而其形式要求区别于其他协议。在法学家富勒看来，它类似于动产的简易交付。如果动产已经在对方当事人的手中，仅是捐赠意思的表达，就足以让当事人产生一种剥夺感，从而完成交付，形式要求的警示功能在无须额外附加形式要求的情况下即得到满足。和解协议的达成，使

---

① Dattani v Trio Supermarket Ltd 1998 ICR 872.

② Weisel v. Beaver Springs Owners Ass'n, Inc., 152 Idaho 519, 526, 272 P.3d 491, 498（2012）.

③ American Law Institute, *Restatement（Second）of Contracts*, 1981, §74.

④ Profits Plus Capital Mgmt., LLC v. Podesta, 156 Idaho 873, 332 P.3d 785, 2014 Ida. LEXIS 186, 2014 WL 3057303.

⑤ Profits Plus Capital Mgmt., LLC v. Podesta, 156 Idaho 873, 332 P.3d 785, 2014 Ida. LEXIS 186, 2014 WL 3057303.

得当一方当事人放弃或者不行使请求对方当事人履行应履行而未履行的义务时，同样无须额外附加形式要求即可实现①。

然而，法律著作中经常表达的观点是，适用于合同的对价原则一般能达到与书面要求相同的目的②。普通法中的对价原则的作用主要体现在，在履行没有付出任何代价的承诺的情况下，作为证据来消除错误或伪证的危险③。此外，在普通法中，无偿的承诺往往发生在未经适当考虑的情况下，冲动作出的通常认为不应当具备约束力，对价作用可避免此种情况的发生④。对价原则的这些功能被认为是可以通过书面、签章等格式性要求所能实现的。因此，美国立法实践中出现了以和解协议的格式性要求替代对价原则在和解协议中适用的情况。例如，美国《统一商法典》在第1—306节中规定"因指称的违约行为而产生的索赔或权利，可由受害方在经认证的记录中同意全部或部分解除，而无须对价"⑤，也就是说，存在可能违约的情况下若想放弃因违约产生的权利或索赔，且齐全协议被记录在由受害方认证的记录中，则不需要遵循对价原则。此外，美国一些州的立法中同样存在类似的规定⑥。

---

① Lon L Fuller, *Consideration and Form*, 41 Columbia Law Review 5, 799-824（1941）.

② Harold C Havighurst, *Problems Concerning Settlement Agreements*, 53 Northwestern University Law Review 3, 283-313（1958～1959）.

③ Mansfield C J, in Pillans v. Van Mierop, 3 Burr. 1663, 1669, 97 Eng. Rep.1035, 1038（K. B. 1765）；Sharington v. Strotton, 1 Plow. 297a, 302, 75 Eng. Rep. 454, 459-460（K. B. 1565）（argument of counsel）；Whittier, The Restatement of Contracts and Consideration（1930）18 Calif. L. Rev. 611, 613.

④ Wilmot J, in Pillans v. Van Mierop, 3 Burr. 1663, 1670, 97 Eng. Rep. 1035, 1038（K. B. 1765）；Davis v. Morgan, 117 Ga. 504, 507, 43 S. E. 732, 733（1903）.

⑤ 修改前为"任何由指称的违约行为引起的索赔或权利都可以通过受害方签署和交付的书面放弃或放弃来全部或部分解除，无须对价"。这一修订反映的是电子商务的发展，规定在认证的记录中进行纪念。在这种情况下，一方当事人可以通过以下方式"认证"记录：（i）签署属于书面形式的记录；（ii）在非书面形式的记录上附加电子声音、符号或程序，或在逻辑上与之相关联，以表明采用或接受该记录的当前意图。

⑥ 具体参见 Harold C Havighurst, *Problems Concerning Settlement Agreements*, 53 Northwestern University Law Review 3, 283-313（1958～1959）.

2. 大陆法中的和解协议

在大陆法系国家中，和解协议是当事人约定互相让步，以终止争执或排除法律关系不明确之状态的合同①。不少立法例将其作为有名合同写入民法典中。例如，《德国民法典》在第779条规定，和解协议是"约定以互相让步的方式解决当事人双方关于一项法律关系的争执或者不确定状态的合同"。《法国民法典》第十五章和解共计17条，其中2016年修订后的《法国民法典》第2044条规定"和解是一种协议，双方通过对等的让步（par des concessions réciproques），结束争议或防止争议的发生。该协议必须以书面形式拟定"。

因此，大陆法系中的和解协议同样需要满足合同的基本构成要件，但是，相较于普通法系国家，对于和解合同所特有的构成要件的理解与应用有其独特性。

（1）以有争议或不明确的法律关系构成和解的前提，并以终止争议或不明确的法律关系为目的

大陆法系中的和解协议须以有争议或不明确的法律关系构成和解的前提，并以终止争议或不明确的法律关系为目的。至于如何认定争议或不明确的法律关系，不同的大陆法学者和立法实践对其有不同的观点。

首先，有争议的法律关系构成和解的前提得到了大陆法系各国学者以及立法例的默认。所谓有争议的法律关系，是指当事人之间就某法律关系持相互对立的或者相反的主张。法律关系是否有争议并不以诉讼程序的启动与否为标志，争议既可以出现在诉讼中，也可能出现在诉讼之外②。

其次，法律关系并无对立之主张，但不明确的情形是否成立和解，各国立法例并不一致。《法国民法典》第2044条指明，和解的目的在于"结束争议或防止争议的发生"。其国内学说认为，单纯法律关系的不明确不足以构

---

① 黄立：《民法债编各论（下册）》，中国政法大学出版社，2003年版，第830~831页。转引自李双元、黄为之：《论和解合同》，载《时代法学》，2006年第4期，第14~22页。

② 郑玉波：《民法债编各论（下册）》，三民书局．1980年版，第803页。转引自陈自强：《和解与计算错误》，元照出版社，2014年版，第44页。

成和解的前提[①]。日本学说与立法例与法国态度相似。《日本民法》第695条明文规定和解以终止争执为必要；主流学说同样有认为法律关系如仅欠明确，但未生争执，不得为和解的课题；但当事人就此种法律关系成立契约，该契约为无名契约的准用民法和解之规定[②]。德国普通法时代，对此种情形是否构成和解的前提也存有争议[③]，但最终得到了德国民法立法的明文承认。《德国民法典》第779条第1项所指法律关系不明确，可能是将来法律发展上的不明确（如将来是否有增加给付之立法），也可能是针对所附条件或期限是否发生不明确的附条件或期限的请求权，还可能是针对虽然经过确定终局判决但是对判决的解释有疑义的情形。

最后，法律关系无对立的主张也无不明确的情形是否亦得成立和解，目前仅德国民法典对此予以承认。依《德国民法典》第779条第2项的规定，"法律关系虽非有争执，亦非不明确，但其请求权实现不确定者，与法律关系不明确者同"，将权利实现不确定（unisicherheit）与法律关系不明确（ungewiBheit）二者相提并论。依照其立法解释，这一规定是为了澄清，从而避免解释上的疑义，而不是为了将二者进行区别。即第2项规定既不是为了扩张第1项和解的范畴，也不是第1项和解的特殊形式，而是意在指明，权利实现与否的不确定属于法律关系上的不明确，其法律适用完全相同。依德国学者解释，如果一方当事人对另一方当事人是否自愿履行，或通过强制履行是否能够实现其权利存有疑虑，即为权利实现的不确定。该疑虑可能出于经济上的因素，如质疑债务人的支付能力，也可能出于诉讼上的考量，如证明其困难度。在这些情况下，双方当事人均可通过和解协议来解除上述权

---

① Kubler，Feststellung und Garantie，Tubingen 1967，S. 33. 转引自陈自强：《和解与计算错误》，元照出版社，2014年版，第48页。

② 史尚宽：《债法个论》，1960年版，第811页，转引自陈自强：《和解与计算错误》，元照出版社，2014年版，第46页。

③ Vgl. Bork，Der Vergleich，Berlin 1988，S. 234，转引自陈自强：《和解与计算错误》，元照出版社，2014年版，第46页。

利实现的不确定①。

（2）当事人之间的互相让步

在大陆法系国家，和解协议被认为是不起诉合意（pactum de non petendo）的一种。不起诉合意的特点是，缔结协议是为了换取被告的赔偿。此种契约在古希腊末期分裂成两个子类：赠予协议和和解协议，二者的核心差异之一即在于互相的让步②。如前所述，德、日、法、意民法典均对和解中当事人的互相让步进行了规定。

然而，在大陆法系国家也有少数观点认为，和解协议的成立无须对等让步或者互相妥协。法国学者多玛（Domat）认为，和解应是以解决争议为目的，即便有一方放弃了所有的权利，也算达到了和解协议的目的③。1804年版《法国民法典》的起草者之一普提耶（Portier）与多玛观点一致，因此，1804年版的《法国民法典》第2044条同样未包含对等让步这一要件，而规定"和解是一种合同，双方据此结束已经出现的争议，或防止即将出现的争议。该合同必须以书面形式拟定"④。然而，1804年版的《法国民法典》第2044条被法国学者及司法判例认为是立法的疏漏之一⑤。在2016年对《法国民法典》第2044条进行修订之前，最高法院即已开始对和解合同中的"相互让步"要件进行审查，微不足道的让步（concession derisoire）被视为撤销和解合同的条件⑥。

---

① Vgl. Bork, Der Vergleich, Berlin 1988, S. 234, 转引自陈自强：《和解与计算错误》，元照出版社，2014年版，第46页。

② D Risch C, *Die Lehre vom Vergleiche mit Ausschluss des Eides und Compromisses*, Enke, 1855, p.28~31, 转引自陈自强：《和解与计算错误》，元照出版社，2014年版，第46页。

③ Jean Domat, *Les Loix Civiles Dans Leur Ordre Naturel*, Vol.premier, Nyon, 1767, p.124. 转引自肖俊：《和解合同的私法传统与规范适用》，载《现代法学》，2016年第38卷第5期，第67~78页。

④ Code civil, Titre XV : Des transactions, 2044："La transaction est un contrat par lequel les parties terminent une contestation née, ou préviennent une contestation à naître.Ce contrat doit être rédigé par écrit."

⑤ P Descoullayes, *De la Transaction Dans Quelques Législations Européennes：Étude De Droit Comparé*, Corbaz & Cie, 1902, p.15.

⑥ Cass. Soc., 19/2/1997, Bull. civ. V, No. 74. 转引自周建华：《法国民法典中的和解合同》，载《人大法律评论》，2012年第1期，第109~129页。

（二）《新加坡公约》语境下的调解和解协议

综合《新加坡公约》审议过程中对调解和解协议的讨论以及文本内容来看，《新加坡公约》语境下和解协议定义的外延适宜界定为当事人之间为最终解决争议通过调解而达成的协议。同时，相较于传统意义上的和解协议，《新加坡公约》语境下的和解协议应具备以下特征：契约性质；以争议的存在为前提；以终局解决争议为目的；无须当事人之间互相让步或妥协。其中，由于以争议的存在为前提，以终局解决争议为目的的构成要件实则通过"调解所产生的"这一形式来得以保障。因此，在《新加坡公约》语境下和解协议必然是调解和解协议，"调解所产生的"这一要件与其性质、构成要件以及可能获得的效力紧密相关。

1.契约性质

《新加坡公约》语境下的和解协议是私人契约的一种①。通过尊重和保护当事人意思自治原则、设定与契约有效构成要件相一致的抗辩事由等方式，《新加坡公约》尊重并保持了调解和解协议的契约性质，从而与传统意义上的和解协议性质保持了一致。

首先，《新加坡公约》以尊重和保护当事人意思自治原则为核心，维护了和解协议作为契约的核心精神。《新加坡公约》的适用与否、救济与否、如何救济均以当事人意思自治为前提。其一，《新加坡公约》的适用以当事人意思自治为前提，当事人不仅可以以适用《新加坡公约》对和解协议救济将有悖协议条款为由，拒绝《新加坡公约》的适用②，在《新加坡公约》第8条第1款（b）项中，甚至允许缔约方就《新加坡公约》的默认适用与默认不适用作出保留，而该声明保留事项的设计最初也源于对当事人意思自治原则的尊重③。其二，《新加坡公约》的救济以及部分拒绝救济申请权均以当事

---

① Jean-Christophe Boulet，*The Singapore Convention and the Metamorphosis of Contractual Litigation*，20 Cardozo Journal of Conflict Resolution 4，2019：1209-1234.

②《新加坡公约》第5条第1款（d）项。

③ UNCITRAL，*Report of Working Group II（Arbitration and Conciliation）on the Work of Its Sixty-second Session（A/CN.9/832）*，（Jan. 23，2020），https://undocs.org/en/ A/CN.9/832.

人意思为准。依据《新加坡公约》第4条的规定，针对调解和解协议设计的特殊救济机制以当事人自愿申请为前提。同时，《新加坡公约》第5条规定则将大部分拒绝救济的事由分配给了调解和解协议被申请人，仅允许相关主管部门依据公共政策或者违反强制性法律法规等事由驳回救济申请。其三，虽然和解协议内容灵活性可能对后续的救济程序造成困难，但是《新加坡公约》仍予以保留，尊重当事人私法自治，允许当事人通过和解协议对法律关系作出任意合法有效的安排。和解协议内容可以包括互附义务、附条件的义务、金钱义务与非金钱义务、救济条款等[①]。

其次，通过《新加坡公约》获得特殊救济的前提是和解协议具备一般契约的有效构成要件。《新加坡公约》第5条第1款（a）（b）（c）项的规定中，赋予被申请人的抗辩事由包括了当事人缺乏行为能力、协议效力瑕疵、协议条款不具有约束力、协议内容被修改、协议义务已履行或义务不清等在合同法领域常见的抗辩事由。第5条第2款（a）项中的公共政策抗辩则是大多数国内立法中会规定的合同无效事由。事实上，上述抗辩事由涉及和解协议作为合同生命的所有阶段，从其缔结的时间和可能影响其有效性的缺陷，直到其基于各种法律理由而不再具有效力，从而导致合同的终止[②]。

最后，依据《新加坡公约》第1条以及第4条的规定，当事人意欲依赖于和解协议适用《新加坡公约》寻求救济的，和解协议必须是由当事人共同签署的书面协议。该要求同样反映了和解协议的契约性质。

2.以争议的存在为前提，以终局解决争议为目的

不同于传统意义上的和解协议构成要件，《新加坡公约》语境下的和解协议不仅要求和解以争议的存在为前提、以争议的解决为目的，而且要求争议解决的终局性，并且以争议的存在为前提，以终局解决争议为目的的构成要件实则通过"调解所产生的"这一形式来得以保障。

---

① UNCITRAL, *Report of Working Group II（Arbitration and Conciliation）on the Work of Its Sixty-third Session（A/CN.9/861）*, para.48,（Jan. 23, 2020）, https://undocs.org/en/ A/CN.9/861.

② Jean-Christophe Boulet, *The Singapore Convention and the Metamorphosis of Contractual Litigation*, 20 Cardozo Journal of Conflict Resolution 4, 2019: 1209-1234.

（1）以争议的存在为前提

依据《新加坡公约》第1条适用范围的规定，和解协议是商事争议当事人为解决争议进行调解所达成的书面协议。商事争议的存在是当事人进行调解的前提；然而对于争议，《新加坡公约》仅针对争议的商事性质作出限定，并且这一限定是与其拟定目的紧密相关的技术性限定。

至于什么样的情形属于《新加坡公约》所规定的争议，如是否局限于有争议的权利或者法律关系，还是包括法律关系不明确或权利实现与否不确定的情形，对此《新加坡公约》并未给出明确的规定。一方面，这体现了《新加坡公约》不欲对国内立法进行干预的态度[①]；另一方面，这为和解协议当事人依据《新加坡公约》申请救济增强了不确定性。如前所述，"争议或不确定性"构成了大部分国家和解协议的达成前提与目的。然而，不同国家对该构成要件的理解并不一致。例如，德国民法的和解范围较广，包括法律关系的争执、法律关系的不明确以及权利实现与否的不确定。然而，如前所述，能够作为德国和解协议构成要件的"争议或不确定性"，依照日本民法规定却无法作为和解协议对号入座，而只能作为一般的合同类推和解规定进行救济。那么，依据日本民法对法律关系的不明确以及权利实现与否的不确定的情形经过调解达成的"和解协议"，作为合同本身有效，但是依据日本民法却不属于和解协议范畴。这样的"和解协议"如果满足《新加坡公约》其他适用条件，救济被申请方是否得以援引《新加坡公约》第5条第1款（b）项主张抗辩？尤其在德国等认为上述情况足以作为和解协议达成前提与目的的国家，该如何处理？从《新加坡公约》相关规定及审议记录材料中无法得出明确的结论，对于缔约方负责救济的当局来说无疑增加了适用的困难。

（2）以终局解决争议为目的

从前述围绕和解协议展开的审议来看，和解协议应当以终局解决争议为目的。然而，依据和解协议传统理论观点，当事人就算仅对诸多争议中某部

---

① UNCITRAL, *Report of Working Group* II（*Arbitration and Conciliation*）*on the Work of Its Sixty-third Session*（*A/CN.9/861*），para.65，（Jan. 23，2020），https://undocs.org/en/ A/CN.9/861.

分达成和解，法律也应当尊重当事人的意思自治，不能以争议未能得到全部的、整体的解决而否定和解协议的效力①。

但是，如何理解争议的最终解决？依据《新加坡公约》第5条第1款（b）项第（二）目的规定，和解协议应当是具有约束力并且具有终局性的。约束力与终局性规定究其国际法根源，最初实为规制仲裁裁决的规则术语②。1927年《关于执行外国仲裁裁决的日内瓦公约》（以下简称《日内瓦公约》）第1条规定，"为获得承认或执行，仲裁裁决应进一步满足……在作出裁决的国家已成为终局裁决，也就是说，如果可以提出异议、上诉或撤销裁决（在有这种程序形式的国家），或证明为质疑裁决的有效性而进行的任何诉讼正在进行，则该裁决将不被视为终局裁决"。终局裁决，意味着必须在作出裁决的国家获得执行许可，然后才能在外国寻求执行，即所谓"双重执行许可"，被申请方只要在作出裁决的国家提起诉讼，要求撤销裁决，就可以防止或至少推迟执行③。这一机制设计被认为是烦琐且低效的，并对仲裁裁决的跨境救济产生了"实质性的障碍"④。因此，《纽约公约》第5条⑤取消了终局性要求，采用"约束力"要求来限定裁决的效力。该举措被认为是"极具进步性的"⑥。在"约束力"标准下，当原争议诉诸法院的普通路径不再可用时，仲裁裁决就是具有"约束力"的。这排除了仅是有潜在可能再次进入诉讼的情况，如申请撤销裁决等。"约束力"标准要求在拒绝执行之前证明裁决已在裁决地国家被撤销⑦。

---

① 王利明：《论和解协议》，载《政治与法律》，2014年第1期，第49～57页。

② Hector Flores Senties, *Grounds to Refuse the Enforcement of Settlement Agreements under the Singapore Convention on Mediation：Purpose，Scope，and Their Importance for the Success of the Convention*，20 Cardozo Journal of Conflict Resolution 4，2019：1235-1258.

③ Pieter A Sanders, *Twenty Years' Review of the Convention on the Recognition and Enforcement of Foreign Arbitral Awards*，13 INT'L L. 269，272～273（1979）.

④ 同②。

⑤《纽约公约》第5条规定，"该裁决尚未对各方当事人产生约束力，或已被作出该裁决的国家的主管当局或根据其法律撤销或中止"。

⑥ 同③。

⑦ Pieter A Sanders, *Twenty Years' Review of the Convention on the Recognition and Enforcement of Foreign Arbitral Awards*，13 INT'L L. 269，276（1979）.

　　来源地与救济地的双重审查，或者说前文提及的"双重执行许可"，与
《新加坡公约》所欲达到的目的相违背。这正是《新加坡公约》拟定过程中
意图避免的一种局面①。仲裁裁决的"约束力"标准也难与和解协议的性质
相洽，对于约束力与终局性规定的理解还需从和解协议的性质出发，结合
《新加坡公约》背后的拟定理念展开。其中，"约束力"作何理解，从和解
协议的契约性质进行解释即可，即协议当事人之间达成了受协议约束的合
意，和解协议因此能够对当事人之间产生契约效力，争议存在的空间较小。
不具有约束力的情况，通常指向"无权代理/代表人签订协议"②等无法表明
当事人愿意受协议约束的情况。但是，该如何理解"终局性"这一规定，依
据工作组的说明，这一事由应当严格地限制在和解协议条款本身，无须考虑
其他外部证据或准据法，包括和解协议为"草稿并非争议最终解决方案"③
等情况。结合前述围绕和解协议展开的审议来看，只解决了部分争议的和解
协议无法适用《新加坡公约》获得特殊救济。那么，这是否意味着和解协议
中需要当事人明确地声明争议已经得到最终解决，还是只要协议内容没有说
明或者无法推定出该协议并非争议最终解决方案即可？对于当事人来说，前
者在某种程度上无异于"opt-in"条款，而"opt-in"机制受到诟病的弊端在
于"过于复杂而且可能会导致文书《新加坡公约》不被普遍使用"④。后者显
然更符合《新加坡公约》推广商事调解的意图，因而更为可行。综上所述，
《新加坡公约》语境下和解协议争议解决终局性特征的判断是以尊重当事人

---

　　① UNCITRAL，*Report of Working Group* Ⅱ（*Arbitration and Conciliation*）*on the Work of Its Sixty-third Session*（*A/CN.9/861*），para.81-83，（Jan. 23，2020），https://undocs.org/en/ A/CN.9/861.

　　② UNCITRAL，*Report of Working Group* Ⅱ（*Dispute Settlement*）*on the Work of Its Sixty-seventh Session*（*A/CN.9/929*），（Jan. 23，2020），https://undocs.org/en/ A/CN.9/929.

　　③ UNCITRAL，*Report of Working Group* Ⅱ（*Dispute Settlement*）*on the Work of Its Sixty-fifth Session*（*A/CN.9/896*），（Jan. 23，2020），https://undocs.org/en/ A/CN.9/896.

　　④ UNCITRAL，*Report of Working Group* Ⅱ（*Arbitration and Conciliation*）*on the Work of Its Sixty-third Session*（*A/CN.9/861*），para.62，（Jan. 23，2020），https://undocs.org/en/ A/CN.9/861；UNCITRAL，*Report of Working Group* Ⅱ（*Arbitration and Conciliation*）*on the Work of Its Sixty-fourth Session*（*A/CN.9/867*），para.92，（Jan. 23，2020），https://undocs.org/en/ A/CN.9/867；UNCITRAL，*Report of Working Group* Ⅱ（*Dispute Settlement*）*on the Work of Its Sixty-fifth Session*（*A/CN.9/896*），para.131，（Jan. 23，2020），https://undocs.org/en/ A/CN.9/896.

意思自治为标准的，因而区别于国际法中对仲裁裁决终局性的规定。

那么，相较于传统意义上的和解协议，《新加坡公约》语境下的和解协议为什么要求具备争议解决终局性特征？在法学家富勒看来，商事和解协议原本应当是排斥法律强制力对当事人的履行进行强制干涉的，其中很重要的一个原因在于，商事活动需要一个"自由保留"关系的领域①。因为商事争议的和解往往只能从一系列的谈判中产生。在这些谈判中，每一步都包含足够的保证，使进一步的意见交流变得有价值，但又保持足够的灵活性，以允许对新情况进行彻底的重新调整。商事争议的和解如果用严格的法律强制力来包围甚至是第一次探索性的意向表达，不仅会给商事和解带来不愉快的气氛，而且会阻碍商事关系的长期发展。《新加坡公约》的革新性恰恰在于其为当事人提供了申请法律强制力对和解协议进行强制干涉的机会，然而如何避免富勒所说的法律强制干涉对商事和解当事人自由表达空间和商事关系的负面影响？《新加坡公约》通过对和解协议的附加争议解决终局性特征的要求，将当事人意思自治作为该特征的判断标准，给予和解协议以相应的救济。其背后体现出这样一种理念：在尊重当事人意思自治的前提下，就当事人对和解协议的合理信赖给予直接救济。

（3）"调解所产生"为争议的存在和终局解决提供了确定性

在《新加坡公约》最终文本中，并无条文直接要求和解协议必须"以争议的存在为前提，以终局解决争议为目的"，对此该作何理解？根据《新加坡公约》审议过程中对是否将和解协议限定为经由"调解所产生"该问题的讨论，将和解协议限定为经由"调解所产生"能够为其救济提供了确定性。如果不对和解协议的程序背景进行限定则会使得执行程序过于复杂。执行当

---

① Lon L Fuller，*Consideration and Form*，41 Columbia Law Review 5，799～824（1941）.

局必须首先确定是否存在争议，以及协议的目的是否是解决该争议①。因而在《新加坡公约》文本中，和解协议以争议的存在为前提，以终局解决争议为目的这一构成要件，实质上是通过调解和解协议这一外观来体现的。

固然，《新加坡公约》要求和解协议是"调解所产生"，其背后也有其政策考量。《新加坡公约》的主要目的是促进使用调解作为解决跨国界商业争议的手段。针对调解制定《新加坡公约》将确保调解相对于其他形式的争议解决方式，如仲裁或诉讼（分别由《纽约公约》和正在进行的海牙会议关于判决的工作处理）不会处于不利地位，将范围扩大到这种解决方式之外，将使就有关承认和执行的规则达成共识更加困难②。对于各国国内法是否针对经由调解以外的争议解决程序所产生的和解协议设计专门的快速救济机制，联合国贸法会对此并不反对③。这一举措同样从侧面表明了对"调解所产生"这一适用要求的设计实为政策考量的结果。但是，"调解所产生"的和解协议是适用《新加坡公约》的客观要求，当事人无法通过合意约定适用来规避这一适用条件④。

①《新加坡公约》语境下的调解

《新加坡公约》第2条第3款规定："'调解'不论使用何种称谓或者进行过程以何为依据，指由一名或者几名第三人（'调解员'）协助，在其无权对争议当事人强加解决办法的情况下，当事人设法友好解决其争议的过程。"该规定对调解的定义是宽泛且极具包容性的，充分考虑到争议解决实践的灵

---

① UNCITRAL Working Group Ⅱ, *Settlement of Commercial Disputes International Commercial Conciliation: Enforceability of Settlement Agreements* (A/CN.9/WG. Ⅱ /WP.190), para.24, (Jan. 23, 2020), https://undocs.org/en/ A/CN.9/WG. Ⅱ /WP.190; UNCITRAL, *Report of Working Group Ⅱ (Arbitration and Conciliation) on the Work of Its Sixty-third Session* (A/CN.9/861), (Jan. 23, 2020), https://undocs.org/en/ A/CN.9/861.

② UNCITRAL Working Group Ⅱ, *Settlement of Commercial Disputes: International Commercial Conciliation: Comments by Israel and the United States of America* (A/CN.9/WG. Ⅱ /WP.192), (Jan. 23, 2020), https://undocs.org/en/ A/CN.9/WG. Ⅱ /WP.192.

③ UNCITRAL, *Report of Working Group Ⅱ (Dispute Settlement) on the Work of Its Sixty-seventh Session* (A/CN.9/929), para.68~71, (Jan. 23, 2020), https://undocs.org/en/ A/CN.9/929.

④ UNCITRAL, *Report of Working Group Ⅱ (Arbitration and Conciliation) on the Work of Its Sixty-fourth Session* (A/CN.9/867), para.115, (Jan. 23, 2020), https://undocs.org/en/ A/CN.9/867.

活性与多样性。该定义具备以下几个方面特征。

a. 以程序特征而非特定术语来对调解进行定义。无论是调解（mediation）、调停（conciliation）还是其他术语，只要满足《新加坡公约》第2条第3款规定的程序特征，即由第三方协助争议当事人合意达成和解协议，便属于《新加坡公约》语境下的调解。这对于推动争议解决领域的发展有两个方面的意义。

其一，促进调解的多样化发展，保留调解的灵活性特征。无论是促进型调解、评价型调解还是转化型调解①，均被包含在《新加坡公约》语境下的调解范畴内，并且《新加坡公约》不欲对某一特定法律制度中的调解或传统中已知的调解概念表现出特别的倾向性，也不以对调解实践、技术、规则或程序进行统一为目的②。

在《新加坡公约》审议过程中，欧盟等曾多次提出应当将公约中的调解限定为结构化的（structured）调解程序，即排除非正式的调解，只有在《调解示范法》等规范调解的国内法律框架内进行的调解才会被涵盖③。目前，"结构化的（structured）调解"这一表述确已出现在欧盟《2008/52/EC号调解指令》第3条④、澳大利亚《2005年民事诉讼法》（新南威尔士州）⑤。然而，这一要求被认为这种限定可能会引入其国内要求⑥，因而被否决。

其二，促进调解以外的能够友好解决争议的程序发展。该定义使得除调

①　Z Zumeta, *Styles of Mediation*：*Facilitative，Evaluative，and Transformative Mediation*，National Association for Community Mediation Newsletter, 5（2000）.

②　UNCITRAL, *Report of Working Group* Ⅱ（*Dispute Settlement*）*on the Work of Its Sixty-seventh Session*（*A/CN.9/929*），para.103,（Jan. 23, 2020），https://undocs.org/en/ A/CN.9/929.

③　Timothy Schnabel, *The Singapore Convention on Mediation*：*A Framework for the Cross-Border Recognition and Enforcement of Mediated Settlements*，19 Pepperdine Dispute Resolution Law Journal 1，1-60（2019）.

④　欧盟《2008/52/EC号调解指令》第3条规定："'调解'是指一个结构化的过程，无论如何命名或提及，争端的两个或多个当事方在自愿的基础上试图在调解员的协助下就解决其争端达成协议。"

⑤　澳大利亚《2005年民事诉讼法》（新南威尔士州）规定："一个结构化的谈判过程中，调解员作为中立和独立的一方，协助争端各方实现他们自己对争端的解决。"

⑥　UNCITRAL, *Report of Working Group* Ⅱ（*Dispute Settlement*）*on the Work of Its Sixty-fifth Session*（*A/CN.9/896*），para.166,（Jan. 23, 2020），https://undocs.org/en/ A/CN.9/896.

停和调解之外，能够满足由第三方协助达成和解协议的程序均可归入《新加坡公约》中的调解范畴内，如中立评估、小型审判等①，为商事争议当事人提供了更多友好解决争议的选择。

b. 规制的核心对象为调解第三方，规制目的在于确保当事人意思自治。首先，一个或者多个第三方的参与对于调解来说是必需的。在《新加坡公约》审议过程中，曾有与会代表建议，应当更广泛地界定当事人达成和解协议的过程，使第三人的协助不成为一项要求或前提条件。因为在某些情况下，第三方的参与可能是昂贵而复杂的②。然而，这一建议被驳回，《新加坡公约》所设想的执行机制只应适用于通过调解达成的和解协议，因此必须是在第三方的协助下达成的③，从而排除了通过谈判所得的和解协议以及依据谈判所得的和解协议作出的合意裁决或合意判决。但是，《新加坡公约》并未对调解员的参与程度作出任何要求，无论调解员对争议的调解是全程参与还是仅在初期参与，均属于《新加坡公约》语境下的调解范畴。

其次，调解应当尊重当事人意思自治，第三方应当是当事人友好解决争议的协助性角色。这意味着第三方即调解员无法向争议当事人强行附加争议解决方案。但是，对于调解员的协助方式，如促进沟通、善意引导或提供专业性意见，以及调解员协助行为与和解协议达成的联系程度，《新加坡公约》并未做任何要求。

再次，《新加坡公约》并未对第三方的身份与资质做任何要求。无论是个人调解员还是受到调解机构管理的调解员，无论其具备什么样的调解资质或者完全不具备任何有关的资质，甚至仲裁员或法官作为调解员或单纯涉入（mere involvement）调解，都未被《新加坡公约》排除在调解第三方的范围之外。

---

① Ellen E Deason, *What's in a Name：The Terms Commercial and Mediation in the Singapore Convention on Mediation*，20 Cardozo Journal of Conflict Resolution 4，1149～1172（2019）.

② UNCITRAL, *Report of Working Group Ⅱ（Dispute Settlement）on the Work of Its Sixty-fifth Session（A/CN.9/896）*，para.40,（Jan. 23, 2020），https://undocs.org/en/ A/CN.9/896.

③同②。

但是，仲裁员或法官作为调解员或单纯涉入调解需要在满足调解员前述角色定位的前提下，才是被允许的。对于该问题的判断还需结合具体的调解过程背景来考虑是否有"强加"的嫌疑。譬如，调解法官与主审法官重合时，可能对当事人产生事实上的影响力，导致当事人违背自己意愿达成协议①。

最后，《新加坡公约》对调解规制对象与目的的设定，同样体现在《新加坡公约》第5条第1款第（e）（f）项中。

②调解与和解协议的因果关系

《新加坡公约》语境下的和解协议应当是"调解所产生的"。它要求调解程序与和解协议的达成之间存在因果关系。然而，何种情况能够被认定为"调解所产生的"和解协议，《新加坡公约》并未明确说明。

结合和解协议构成要件以及《新加坡公约》审议过程中的讨论来看，"调解所产生的"适宜解释为，争议当事人使用调解程序是为了解决争议。然而，依据这样的标准进行判断，可能会导致类似于《纽约公约》背景下基于合意的仲裁裁决产生的适用空白②。如果争议当事人在未提交调解前即已经通过谈判自行达成和解协议，后又希望通过启动调解程序来给该和解协议附加一定的强制执行力和援用效力，那么该和解协议内容很可能因为与后来才发生的调解过程本质上并不存在因果关系，被排除在公约的适用范围之外。

也有学者认为，调解的保密性原则会大幅降低调解与和解协议因果关系

---

① 公约对调解的定义通常并不包含正在进行诉讼的同一争议的主审法官兼任调解员的调解。这一标准是避免法官迫使当事人达成协议所必需的。参见 Timothy Schnabel, *The Singapore Convention on Mediation: A Framework for the Cross-Border Recognition and Enforcement of Mediated Settlements*, 19 Pepperdine Dispute Resolution Law Journal 1, 1-60（2019）。国内也有类似观点，如"正因为法官的双重身份容易给当事人造成无形的压力，就容易产生'以劝压调''以拖压调''以判压调'等违背当事人自愿意志的现象和嫌疑"。参见台建林、刘文鼎：《调审适度分离巧避"以判压调"嫌疑》，《法制日报》2010年10月25日第5版。

② 例如，根据《纽约公约》第Ⅱ（1）条的规定，"当事方在启动仲裁时，双方之间存在争议并意图通过仲裁解决该争议"，这一条款对当事方在启动仲裁时的争议状态和目的作出了明确的限定。因此，"如果当事人在达成调解协议后才达成诉诸仲裁的合意，以此缔结的仲裁协议其目的并不是解决争议"。参见 B L Steele, *Enforcing International Commercial Mediation Agreements as Arbitral Awards Under the New York Convention*, 54 UCLA Law Review 5, 1385-1412（2006）.

判断的门槛。因为救济当局出于调解的保密性原则的考虑，不会详细地去了解调解是否以及在多大程度上成功地促进了和解协议的达成，而只需确信各方使用了调解并达成了和解。

3. 无须当事人之间互相让步或妥协

区别于大部分国家立法例中对和解协议构成要件的规定，《新加坡公约》语境下的和解协议并不要求当事人之间相互让步或者妥协①。结合《新加坡公约》第1条第1款对和解协议的书面性要求及第4条第1款（a）项对当事人签章的要求、第4条第1款（b）项对调解第三方提供的调解证明的要求，可以借鉴美国《统一商法典》拟定第1—306节的立法逻辑对此进行解释。即上述三个方面的格式要求足以证明当事人通过调解达成了和解协议，并且当事人有意受到和解协议的约束，为保护当事人对和解协议的信赖提供了基本的证据支撑，足以为和解协议的救济提供确定性。

加之，《新加坡公约》语境下和解协议的当事人被限定为商事争议的当事人，一般均具备较丰富的谈判资源与能力，足以支撑己方在调解这种第三方无法强加解决方案的程序中充分表达己方的意思、保护己方的权利。因此，对于商事争议当事人来说，尊重当事人意思自治即意味着商事调解程序的公正②。

三、《新加坡公约》语境下和解协议的技术性内涵

如前所述，"为解决商事争议""以书面形式订立""具有国际性"等对和解协议的限定，为《新加坡公约》的适用设定了固定的范畴；《新加坡公约》第8条规定的政府主体保留以及opt-in保留，为《新加坡公约》的适用设定了缔约方可调整的范畴。上述范畴与其被看作和解协议的效力构成要件，倒不如被看作联合国贸法会为实现《新加坡公约》目的和提升《新加坡

---

① Jean-Christophe Boulet，*The Singapore Convention and the Metamorphosis of Contractual Litigation*，20 Cardozo Journal of Conflict Resolution 4，2019：1209-1234.

②"尊重当事人的选择就是最大的公平公正"，参见温先涛：《调解产业论——兼与仲裁、诉讼比较》，载《商事仲裁与调解》，2021年第3期，第3～15页。

公约》在国际社会的接受度所作出的适用范围上的技术性限定。此外，《新加坡公约》语境下的调解和解协议须经由"调解所产生的"，这一要求在构成《新加坡公约》语境下调解和解协议理论外延的同时，其中与仲裁调解、法院调解等程序相关的范畴限定同样呈现出较强的技术性倾向。联合国贸法会对上述范畴的设计，更多是出于政策上的考量与权衡，是为实现推广商事调解这一政策目标所作出的一种立法技术上的调整。因而，上述范畴的本质是为达到《新加坡公约》的目的所划定的技术性范畴，并由此构成了《新加坡公约》语境下和解协议的技术性内涵。

（一）法院或仲裁相关"调解所产生的"调解和解协议排除

从1980年的《调解规则》到2018年之后以《新加坡公约》为核心构建的商事调解范式，联合国贸法会对于法院调解、仲裁调解的态度越发包容。1980年《调解规则》第19条规定："各方当事人和调解人承诺，调解人将不担任仲裁员或作为一方当事人的代表或律师参与有关调解程序所涉争议的任何仲裁或司法程序。各方当事人还承诺，他们不会在任何此类程序中把调解人作为证人。"这完全否定了仲裁员主持的调解程序持仲调分离的立场。然而，2002年《调解示范法》审议过程中，示范法草案包含了这样一条规定，"如果仲裁员提出可能进行调解的问题，并在各方当事人同意的范围内，参与达成协议解决办法的努力，这与仲裁员的职能并无冲突"[①]。虽然该规定未能出现在2002年《调解示范法》终稿中，但是联合国贸法会声明，示范法并"无意表明仲裁员是否可以采取行动或参与与争议有关的调解，这一事项应由当事人在适用法律范围内酌情处理"[②]。2018年《新加坡公约》对仲裁调解持更加开放的态度。《新加坡公约》未对调解程序的启动方式进行限制，无论当事人是依据调解启动协议进入调解，还是在审判程序或者仲裁程序中

---

① UNCITRAL, *Report of the Working Group on Arbitration on the Work of Its Thirty-fourth Session* (*A/CN.9/487*), para.151, (Jan. 27, 2022), https://undocs.org/en/A/CN.9/487.

② UNCITRAL, *Guide to Enactment of the Model Law on International Commercial Conciliation* (*"Guide to Enactment"*), para. 89.

自愿或者被强制进入调解程序，均在《新加坡公约》第2条第3款规定的调解范畴之内[1]。

然而，在现行国际法体系下，已经有《纽约公约》《选择法院协议公约》《承认与执行外国民商事判决公约》等公约相应地为仲裁裁决、司法协议、法院判决当事人提供救济。这些公约中有一部分是与满足上述适用要求的和解协议相重叠的，如不加以区分排除，可能会导致公约适用的复杂化，以及当事方挑选法院（forum shopping）等滥用行为[2]。同时，如果满足上述要求的和解协议既不能依据《新加坡公约》，也不能依靠其他公约得以实现其跨国法律效力，也与《新加坡公约》的最初立意相背离，因而如何在适用的重叠或空白之间进行衡量，成为公约必须解决的重要问题之一。

《新加坡公约》第1条第3款[3]将应被排除的和解协议分为两类，分别与法院程序以及仲裁程序相关，并从两个维度上将两类和解协议的范围加以限定：一个维度是协议与法院或仲裁等程序背景的联系，另一个维度是协议的可执行性。和解协议需要同时满足这两个维度上的要求，才能满足《新加坡公约》的排除标准。同时，这两个维度的查明和评估均由救济地主管部门依据其国内程序法来进行。

1.法院批准或法院程序中订立的调解和解协议

在程序背景维度上，《新加坡公约》要求此类和解协议须经法院批准或在法院程序中订立，如当事方达成和解协议后经由法院批准的协议，法院程序启动后，当事方在法院程序内或法院程序外达成的和解协议。但这不包括法官对调解的单纯涉入，比如，法官同当事方一起启动调解过程，或者作为

---

① UNCITRAL，*Report of Working Group* Ⅱ（*Arbitration and Conciliation*）*on the Work of Its Sixty-third Session*（*A/CN.9/861*），para.24，（Jan. 23，2020），https://undocs.org/en/ A.CN.9/861.

② UNCITRAL，*Report of Working Group* Ⅱ（*Arbitration and Conciliation*）*on the Work of Its Sixty-fourth Session*（*A/CN.9/867*），para.166，（Jan. 23，2020），https://undocs.org/en/ A.CN.9/867.

③ 参见《新加坡公约》第1条第3款："本公约不适用于：（a）以下和解协议：（一）经由法院批准或者系在法院相关程序过程中订立的协议，和（二）可在该法院所在国作为判决执行的协议；（b）已记录在案并可作为仲裁裁决执行的协议。"

调解员参与调解，或者只是单纯地促进合意的形成①。然而，仅满足这些条件并不意味着此类和解协议足以依据其他公约得到救济。

为避免适用空白，《新加坡公约》结合相关公约的救济条件②，对此类和解协议作出了额外的要求，即可执行性维度的评价。需要注意的是，这里说的可执行性指的是"是否有执行的可能（potentially enforceable），而不是此项协议最终得到执行的可能性"③，即当事人是否能够依据程序法和协议享有强制执行的程序请求权。结合公约内容，与法院程序相关的和解协议的可执行性评价，应当取决于协议当事人是否能够依据来源国的程序法，依据该协议在来源地法院享有同判决一样的强制执行程序请求权。但是，对当事人是否具备这一请求权的判断，是应该在和解协议满足上述联系要求具备行使这一权利的可能性时，即被排除，还是在当事人请求救济时再做考察，工作组并未作出明确说明。但是，考虑《新加坡公约》对协议是否符合适用要求的判断，仅在对判断有特殊时间要求时明确提出，如协议缔结时须具备国际性，同时考虑当事人力图在尽可能多的法域内求得救济以保证义务实现的需求④，在当事人请求救济时对其是否具备这一权利进行考察更加合理。因此，如果作为判决在来源国得到执行的和解协议，在经过执行时效之后当事人权

---

① UNCITRAL, *Report of Working Group II（Dispute Settlement）on the Work of Its Sixty-sixth Session*（A/CN.9/901），（Jan. 23，2020），https://undocs.org/en/A/CN.9/901.

② 参见《海牙选择法院公约》第8条第3款："一项判决只有在原审国是有效的才应得到承认，并且只有在原审国是可执行的才应得到执行。"《承认与执行外国民商事判决公约》第4条第3款："判决只有在原审国是有效的，才应该被承认；并且只有在原审国是可执行的，才应得到执行。"

③ UNCITRAL. *Settlement of Commercial Disputes：International Commercial Conciliation：Preparation of an Instrument on Enforcement of International Commercial Settlement Agreements Resulting from Conciliation*（A/CN.9/WG. II /WP.202），（Jan. 23，2020），https://undocs.org/en/ A/CN.9/WG. II / WP.202.

④ "对'经法院认证'的解纷结果的排除，并不包括和解协议依据公约请求救济。如果这一排除包含上述例子，那么和解协议只能在一个法域请求救济，之后就无法再依据公约流通。这与当事人力图在尽可能多的法域内求得救济，以保证义务实现的需求相背。相反，对司法协议的排除只包含了这样的例子，即当事人在他们接受并不寻求救济时，寻求法院批准这一解纷结果。准予依据公约请求救济并不被认为是'批准'。另外，和解协议并不被排除在适用范围之外，只要它在来源地不可执行。"参见Timothy Schnabel, *The Singapore Convention on Mediation：A Framework for the Cross-Border Recognition and Enforcement of Mediated Settlements*，19 Pepperdine Dispute Resolution Law Journal 1，1-60（2019）.

利消灭，不满足可执行性的排除标准，不应当被排除在适用范围之外。

然而，上述排除标准的制定实际上并未完全实现《新加坡公约》避免适用重叠或空白的目的。如果协议在来源国具备可执行性，当事方欲寻求救济的国家却因未签署或作出保留等原因，无法依据其他公约及其国内法施予救济，这样的协议是否还可以依照公约执行呢？《新加坡公约》的答案是否定的。虽然《新加坡公约》规定了更优权利（more-favourable-right）条款[1]，但是依据工作组的说明，该条款并不允许缔约方将《新加坡公约》适用于已经被《新加坡公约》草稿第1条第3款排除的协议[2]。因此，调解和解协议一旦满足了第1条第3款（a）项所规定的排除标准，即使其无法依据其他国际公约在他国寻求救济，该协议也不会因此被重新划入《新加坡公约》的适用范围。

2.记录为仲裁裁决的调解和解协议

在程序背景维度上，《新加坡公约》要求此类和解协议需记录在案，主要是指基于合意的仲裁裁决（consent awards），包括：当事方先行通过调解达成和解协议后启动仲裁程序，以获得记录该协议的仲裁裁决；仲裁程序启动后，当事方在仲裁程序内或程序外达成和解协议，协议内容记入成为仲裁裁决等。同与法院相关的和解协议一样，此类协议不包括仲裁员对调解的单纯涉入。但是，与法院相关的和解协议不一样，此类协议要求协议被记录、转换为仲裁裁决。因此，某些法域依据国内法把和解协议与仲裁裁决效力等同的做法，并不满足此类和解协议的排除标准。

与法院程序相关的协议不同，被记录为仲裁裁决的"和解协议"的可执行性考虑，工作组认为应当涵盖"基于合意的仲裁裁决不能依靠其他制度得

---

①《新加坡公约》第7条规定："本公约不应剥夺任何利害关系人，可以寻求依赖和解协议所在公约当事方的法律或者条约所许可的方式，在其许可限度内，援用该和解协议的任何权利。"

② UNCITRAL, *Report of Working Group II（Dispute Settlement）on the Work of Its Sixty-seventh Session（A/CN.9/929）*, para.68-71,（Jan. 23, 2020）, https://undocs.org/en/ A/CN.9/929.

到跨国救济的适用空白"①，即前文所说的依据《纽约公约》所可能造成的适用空白。如果依据裁决地法来验证可执行性，基于合意的仲裁裁决就存在不能借助《纽约公约》实现跨国救济的可能。如果依据执行地法来验证其可执行性，就可能导致当事方针对相同的内容分别按照和解协议和仲裁协议申请救济②。所以，工作组通过指明该条款意欲涵盖的情况，避免在《新加坡公约》中对此类仲裁裁决的可执行性评价标准进行限定，从而留给各缔约方的主管机关决定其可执行性的裁量权。

最后，根据工作组说明，《新加坡公约》第1条第3款的内容不应当被解释为"允许寻求执行和解协议所针对的一方当事人在这一阶段寻求一项合意裁决或者向法院申请批准和解协议"③，也就是说，上述两类和解协议的排除标准需要在一方当事人申请救济之时就已经满足，才可以被排除在条约的适用范围之外。但是，依据《新加坡公约》第6条的规定④，如果在一方当事人申请救济后，出现了指向法院、仲裁庭或其他主管机关的并行申请，这一申请虽然不能直接使得协议被排除在适用范围之外，但是仍然可能导致实际上中止救济的结果。这一裁量权在被寻求救济地的主管机关手中。至于什么情况才可能影响到根据第4条正在寻求的救济，工作组给出了3类情况以供参考：关于和解协议实质或内容的并行请求或申请；废除该和解协议的并行请求或申请；当事人对同一和解协议的重复申请救济或协议另一当事人对同一和解协议的申请执行⑤。

---

① UNCITRAL, *Report of Working Group* II (*Dispute Settlement*) *on the Work of Its Sixty-sixth Session* (*A/CN.9/901*), para.59, (Jan 23, 2020), https://undocs.org/en/A/CN.9/901.

② UNCITRAL, *Report of Working Group* II (*Dispute Settlement*) *on the Work of Its Sixty-seventh Session* (*A/CN.9/929*), para.26, (Jan. 23, 2020), https://undocs.org/en/ A/CN.9/929.

③ UNCITRAL, *Report of Working Group* II (*Dispute Settlement*) *on the Work of Its Sixty-seventh Session* (*A/CN.9/929*), para.28, (Jan. 23, 2020), https://undocs.org/en/ A/CN.9/929.

④ 参见《新加坡公约》第6条："如果已经向法院、仲裁庭或者其他任何主管机关提出了与一项和解协议有关的申请或者请求，而该申请或者请求可能影响到根据第4条正在寻求的救济，寻求此种救济所在公约当事方的主管机关可在其认为适当的情况下暂停作出决定。"

⑤ UNCITRAL, *Report of Working Group* II (*Dispute Settlement*) *on the Work of Its Sixty-fifth Session* (*A/CN.9/896*), (Jan. 23, 2020), https://undocs.org/en/ A/CN.9/896.

（二）"具有国际性"的调解和解协议

从联合国贸法会对该议题的审议来看，《新加坡公约》之所以将适用范围限定为"具有国际性"的调解和解协议，背后的政策考量如下所述：①《新加坡公约》的拟定不欲以对国内立法进行统一为目的，限定为"具有国际性"的和解协议更有助于打消加入《新加坡公约》对各国国内法产生重大影响的顾虑，从而增强各国加入公约的意愿[①]。②鉴于和解协议的跨国救济是目前国际商事领域中使用调解的主要障碍。而对于和解协议满足"具有国际性"的判断标准是客观的，不同于2002年《调解示范法》第1条第6款[②]的规定，《新加坡公约》不允许当事人依据共同的合意认定和解协议具有国际性，从而规避《新加坡公约》适用要求。

在国际争议解决背景下，对于如何认定争议解决结果国际性，目前存在争议解决结果的外国性（foreign）标准与国际性（international）标准两种方式。外国性标准是以争议结果地与救济地国之间的地理位置关系来判断的。《纽约公约》即采取外国标准，若仲裁裁决的裁决签发地处于救济地国境外，那么就是外国作出的仲裁裁决即可适用公约寻求承认与执行。然而，不同于仲裁裁决，和解协议与具体的调解地点或其他法定地点的连接点通常很难确定，因此，《新加坡公约》采取的是国际性标准[③]。

出于对国际商事调解难以确定调解地的顾虑[④]，《新加坡公约》并没有将

---

① UNCITRAL Working Group Ⅱ, *Settlement of Commercial Disputes：Enforceability of Settlement Agreements Resulting from International Commercial Conciliation/Mediation - Note by the Secretariat*（A/CN.9/WG.Ⅱ/WP.187）, para.20,（Jan. 23, 2020）, https://undocs.org/en/A/CN.9/WG.Ⅱ/WP.187.

② 2002年《调解示范法》第1条第6款规定："当事人共同同意该调解为国际调解或同意适用本法时，本法也适用于商事调解。"该规定的目的是扩大国际性的概念，为当事人提供灵活性。

③ UNCITRAL, *Report of Working Group Ⅱ（Arbitration and Conciliation）on the Work of Its Sixty-third Session*（A/CN.9/861）, para.36,（Jan. 23, 2020）, https://undocs.org/en/ A/CN.9/861.

④ UNCITRAL Working Group Ⅱ, *Settlement of Commercial Disputes International Commercial Conciliation：Enforceability of Settlement Agreements*（A/CN.9/WG.Ⅱ/WP.190）, para.35,（Jan. 23, 2020）, https://undocs.org/en/ A/CN.9/WG.Ⅱ/WP.190; UNCITRAL, *Report of Working Group Ⅱ（Arbitration and Conciliation）on the Work of Its Sixty-third Session*（A/CN.9/861）, para.35,（Jan. 23, 2020）, https://undocs.org/en/A/CN.9/861.

调解过程的国际性考虑在内，而将判断时间点放在了协议达成之时，将关注点放在了协议的当事方及协议的内容所可能包含的国际性因素之上。原则上，当事人的营业地不在同一国才满足国际性要求。此外，对于协议当事人营业地均在同一国并想在另一个国家寻求救济的情况，《新加坡公约》虽然持否定态度，但是作出仅有的两项例外，即当事人营业地在同一国，但是协议的实质义务履行地或协议主要内容最密切联系地在他国的和解协议，也视为满足了国际性要求。对于其他国际性元素，如母公司、持股人在其他国家的[1]，负责调解的机构在另一国家，协议内容是关于国际贸易的[2]，当事人合意认为和解协议具备国际性元素[3]等，工作组均持否定态度。

对于当事人有多个营业地的，《新加坡公约》要求依据和解协议最密切联系地来确定，没有营业地的则依据习惯居住地来确定。对于习惯居住地的保留，是考虑到自然人或者非商事主体（如公共实体等）也有可能参与国际商事活动。需要注意的是，对于什么是营业地，《新加坡公约》并未作出规定。工作组认为在公约提供的规则之下，由救济地主管部门来确定具体的营业地更合适[4]。

（三）"为解决商事争议"的调解和解协议

从联合国贸法会对该议题的审议来看，《新加坡公约》之所以将适用范围限定为"为解决商事争议"的调解和解协议，背后的政策考量如下所述：①避免与各国国内强制性法律产生冲突，造成《新加坡公约》适用的复杂性。现代国家民事立法出于对弱者利益的保护，对当事人的意思自治原则进行了相应的限制。在特定的领域，如消费者合同、劳动合同、住房合同（租

---

① UNCITRAL, *Report of Working Group* II（*Dispute Settlement*）*on the Work of Its Sixty-seventh Session*（*A/CN.9/929*）, para.68-71,（Jan. 23, 2020）, https://undocs.org/en/ A/CN.9/929.

② UNCITRAL, *Report of Working Group* II（*Dispute Settlement*）*on the Work of Its Sixty-fifth Session*（*A/CN.9/896*）,（Jan. 23, 2020）, https://undocs.org/en/ A/CN.9/896.

③ UNCITRAL, *Report of Working Group* II（*Dispute Settlement*）*on the Work of Its Sixty-seventh Session*（*A/CN.9/929*）, para.36,（Jan. 23, 2020）, https://undocs.org/en/ A/CN.9/929.

④ UNCITRAL, *Report of Working Group* II（*Dispute Settlement*）*on the Work of Its Sixty-fifth Session*（*A/CN.9/896*）, para.28,（Jan. 23, 2020）, https://undocs.org/en/ A/CN.9/896.

金）等，颁布或制定了强制性的法律法规或者政策①。《新加坡公约》的拟定基础是当事人对调解启动协议和调解和解协议的完全当事方自主权，包括在相关情况下对适用法律的选择，因此，其范围必须仅限于"为解决商事争议"的和解协议，否则会产生严重的冲突。②增强各国加入公约的意愿②。

对于和解协议的商事性限定，《新加坡公约》采取的是一种负面清单的形式，将两类和解协议排除在适用范围之外。一类是从和解协议的当事方身份出发，将为解决消费者争议而达成的和解协议排除在外。这是囿于消费者争议中当事方谈判能力悬殊、地位不平等，难以在调解中达成公平的协议。此类争议依据现行消费者保护的相关法律或政策处理更合适。《新加坡公约》参照了《选择法院协议公约》对消费者的排除③，以一方当事人为实现"个人、家庭或家居"的目的所进行的交易作为此类争议的基本判断标准，又在此基础上强调了当事人的消费者身份，从而避免了因为不同法域对消费者这一术语理解的差异所导致的适用标准不一。另一类是从和解协议的内容，将与家庭法、继承法以及就业法等有关的和解协议排除在外。这类法律关系涉及社会公共价值，争议当事方意思自治的能力和范围受到各国强制性法律以及公共政策的规制；此外，也避免与海牙私法会议在家事法领域的自愿协议相冲突④。

《新加坡公约》为避免对商事性作出明确的定义，通过对应当排除适用的和解协议进行穷尽式列举，"而不对这些协议中所规定的救济或义务的性

---

① UNCITRAL Working Group II，*Settlement of Commercial Disputes：Enforceability of Settlement Agreements Resulting from International Commercial Conciliation/Mediation — Revision of the UNCITRAL Notes on Organizing Arbitral Proceedings Comments Received from States*（*A/CN.9/WG. II /WP.188*），（Jan. 23，2020），https://undocs.org/en/A/CN.9/WG. II /WP.188.

② UNCITRAL Working Group II，*Settlement of Commercial Disputes：Enforceability of Settlement Agreements Resulting from International Commercial Conciliation/Mediation - Note by the Secretariat*（*A/CN.9/WG. II /WP.187*），para.20，（Jan. 23，2020），https://undocs.org/en/A/CN.9/WG. II /WP.187.

③ 参见《选择法院协议公约》第2条："公约不适用于下列排他性选择法院协议：（一）自然人主要为个人、家庭或者家务目的（消费）作为协议的一方……"

④ Timothy Schnabel，*The Singapore Convention on Mediation：A Framework for the Cross-Border Recognition and Enforcement of Mediated Settlements*，19 Pepperdine Dispute Resolution Law Journal 1，1-60（2018）.

质作出任何限制"①。这一方面保证了《新加坡公约》适应国际商事实践发展的灵活性，促进了调解手段在国际商事中的使用；另一方面划定了适用《新加坡公约》的和解协议范围，并通过公共政策抗辩条款，允许各执行地国家利用公共政策对非商事性的、不应使用调解方式解决的和解协议予以拒绝。

（四）"以书面形式订立"的和解协议

《新加坡公约》为和解协议提供的特殊救济渠道，使得协议当事人可以依据协议直接请求强制执行和援引协议作为抗辩。但是，主管部门救济工作的展开是建立在对和解协议内容高度信赖和依赖的基础之上的。当事人在调解过程中达成了什么合意，需要如何救济，都需要相应的证据和固定的内容作为前提，因此一定程度的形式上的确定性要求是必需的。但是，考虑到过于严格的形式要求与调解的灵活性特征相背，不利于调解在国际商事争议领域的运用，因此，公约将书面性要求既作为能够提供和解协议获得特殊救济所需确定性的最低限度，也作为和解协议适用公约的要求之一。

《新加坡公约》所说的书面性，是指"和解协议的内容以任何形式记录下来"。当事方的合意可以是通过口头、行为或其他方式达成。只要这一合意被记录下来，便可供日后查询使用。所以，考虑到商事实践的灵活性和时代性要求，以及现代电子通信在国际商事领域的广泛应用，《新加坡公约》在书面性要求上，与贸易法委员会电子商业示范法所体现的功能等同原则保持了一致。《新加坡公约》允许基于电子通信手段达成协议适用该公约。只要电子通信所含的信息能够记录合意、可供日后查询调取即可。这里所说的电子通信，工作组认为可以包括"当事人以数据电文方式发出的任何通信；'数据电文'是指经由电子手段、磁化手段、光学手段或类似手段生成、发送、接收或储存的信息。这些手段包括但不限于电子数据互换、电子邮件、

---

① UNCITRAL Working Group Ⅱ, *Settlement of Commercial Disputes*: *International Commercial Conciliation*: *Enforceability of Settlement Agreements* (*A/CN.9/WG. Ⅱ /WP.195*), (Jan. 23, 2020), https:// undocs.org/en/ A/CN.9/WG. Ⅱ /WP.195.

电报、电传或传真"①。

（五）和解协议的可调整范畴

对于《新加坡公约》第8条，联合国贸法会围绕缔约方的保留声明事项作出了规定，允许缔约方就政府主体以及opt-in进行两项且仅此两项作出保留，为《新加坡公约》的适用设定了缔约方可调整的范畴。

首先，就调解和解协议当事人的身份，各缔约方可通过声明保留，使得一方当事人是国家、政府机构或政府机构行事代表的和解协议排除在公约适用范围之外。鉴于将这3类当事人排除在《新加坡公约》适用范围之外，直接否定了他们的救济权利，所以《新加坡公约》采取了更灵活的规定，在第8条规定的范围内赋予缔约方自己选择的权利，选择保留上述3类当事人的全部还是部分，是不适用直接执行还是援引抗辩，均由各当事国规定限度作出声明。

其次，围绕当事人的合意，《新加坡公约》采取的是默认适用的规则，符合《新加坡公约》意图推广调解手段在商事领域运用的目的。同时《新加坡公约》允许缔约方作出保留，将《新加坡公约》的适用转变为声明适用、默认不参与，并且仅在当事人适用公约的合意程度内适用，相当于允许缔约方对《新加坡公约》的第4条作出调整，要求协议当事人请求救济时作出额外的适用《新加坡公约》的合意表示。

---

① UNCITRAL Working Group II , *Settlement of Commercial Disputes：International Commercial Conciliation：Preparation of an Instrument on Enforcement of International Commercial Settlement Agreements Resulting from Conciliation*（*A/CN.9/WG. II /WP.198*），（Jan. 23，2020），https://undocs.org/ en/ A/CN.9/WG. II /WP.198.

第三节　《新加坡公约》语境下调解和解协议的法律效力

　　围绕调解和解协议这一元概念，《新加坡公约》不仅对调解和解协议的定义进行了重构，而且其语境下调解和解协议的法律效力同样发生了变化。然而，《新加坡公约》并未直接对调解和解协议的效力作出明确的阐释，而是通过赋予其特殊的救济机制来体现的，因此，本节拟从和解协议的传统效力与救济方式入手，反观《新加坡公约》语境下调解和解协议的救济机制，从而为认识《新加坡公约》语境下调解和解协议的法律效力提供初步的尝试。

一、前公约时代和解协议的效力与救济方式

　　如前所述，无论是在大陆法系还是普通法系，和解协议的契约性质都是予以承认的，因而也具备合同的一般效力。然而，和解协议又因其特殊的标的而区别于一般的合同，以争议或不确定性的存在为前提，以争议或不确定性的和解为目的，使得其处于"程序法与实体法交叉的十字口"[①]。

（一）和解协议实体法效力之争

　　契约作为当事人私法自治的产物，一经有效成立即在当事人之间产生法律效力。当事人之间的法律关系因和解协议的达成得以产生、变更与消灭。双方当事人应当依据契约内容行使权利和履行义务，若一方当事人出现违约行为，则可依据契约内容和法律规定寻求救济。

　　和解协议作为有名合同之一，也具备契约的上述效力。然而，区别于一般的契约，和解协议的标的为解决有争执或不确定的法律关系[②]，因此，和

[①] Jarrosson C, *Les Concessions Réciproques Dans la Transaction*，Recueil Dalloz 32，267（1997）. 转引自周建华：《法国民法典中的和解合同》，载《人大法律评论》，2012年第1期，第109～129页。

[②] 周建华：《和解：程序法与实体法的双重分析》，载《当代法学》，2016年第30卷第2期，第126～134页。

解协议的实体法效力还将关涉原有法律关系与和解协议之间的关系协调。围绕原有法律关系与和解协议之间的关系，学界与实践领域就和解协议所欲实现的实体法效力存在3种学说：创设效说、认定效说以及确定效说。

1.创设效说

所谓创设效力，是指和解协议的达成意味着新的法律关系得以创设，因此，原有法律关系得以消灭[1]。也就是说，当争议当事人就有争议或者不明确的法律关系达成和解协议之后，争议当事人之间基于和解协议形成了新的法律关系，原有的有争议或者不明确的法律关系得以消灭。所以，即使一方争议当事人随后发现了新的证据，能够证明基于和解协议所形成的新的法律关系与原有的法律关系之间存在不一致，和解协议的效力也不会受到影响。由于原有的有争议或者不明确的法律关系已经消灭，从属于原有法律关系的保证或担保等同样随之消灭，除非担保人或物权担保提供者针对和解协议所形成的新的法律关系，再次达成相应的从合同。美国判例法即采取创设效说。和解协议有时被称为"替代协议"，因有效的和解协议替代了先前的索赔或权利，当事人的权利和责任由新的协议条款来衡量[2]。

2.认定效说

所谓认定效力，是指和解协议的内容只是对原有的法律关系予以明确和认定，和解协议的达成并不会产生新的法律关系[3]。这意味着，如果发现新的证据能够证明以前的法律关系与和解所建立的法律关系不一致，那么和解协议就应当是无效的。同时，因为经过确认的原有法律关系仍继续存在，从属于原有法律关系的保证或担保也不会因和解协议的达成而消灭。

法国主流观点认为，和解协议仅具有认定效力，故而不对和解协议的互相让步构成要件予以承认。因为如果权利已经存在，和解协议仅对其作出单

---

[1] 郑玉波：《民法债编各论（下册）》，1980年版，第812页。转引自陈自强：《和解与计算错误》，元照出版社，2014年版，第87页。

[2] Protective Closures Co. v. Clover Indus., Inc., 394 F.2d 809（2d Cir. 1968）.

[3] 同①。

纯的承认与澄清，对该行为做对待给付是不道德的①。然而，这只是一种原则性认识，并不意味着法国不承认和解协议对新的法律关系的创设。法国最高法院认为"除另有意图之外，当事人之间实现和解并不引起债的更新"②。

3.确定效说

确定效说，又称折中说。我国台湾地区学者陈自强持此观点。所谓确定效力，是指和解协议一经有效成立，协议当事人即应受到协议的约束，即使一方因此得不到利益，也属于让步的当然结果，当事人不得反悔，更不能就和解前的法律关系再行主张权利③。那么，如果争议当事人就争议提出诉讼，法院也应将和解所确定的法律关系作为裁判基础。此外，和解协议既然是当事人通过意思自治形成私权的结果，那么就是以合同法规则重新调整原有法律关系，和解协议的客体应当是该法律关系本身。因此，该法律关系的同一性当然维持不变，从属于原有法律关系的保证或担保也不会因和解协议的达成而消灭。至于和解协议是否创设出新的债权债务，则应根据个案情况具体认定。

（二）调解和解协议程序法效力探析

目前，主流观点以及立法例仍认为调解和解协议仅产生实体法上的效力，并不会对程序法产生任何影响。依我国台湾地区司法实践，民法上的和解协议仅能发生实体法上的效力，而不能产生直接诉讼效力，当事人不得以合同方式放弃其不可剥夺的诉诸司法的权利。例如，台湾地区最高法院1931年的第1586号裁决书裁定："法外和解除对当事人有实际约束力外，不具有诉讼效力，也不存在重新审理的问题。"台湾地区最高法院1958年第196号裁定："即使债权人在执行诉讼中与债务人达成和解，也不妨碍债务人

---

① 依史尚宽观点，法国学者多认和解原则上仅有认定的效力。转引自陈自强：《和解与计算错误》，元照出版社，2014年版，第86页。

② 罗结珍译：《法国民法典（下册）》，法律出版社，2005年版，第1497页。转引自李双元、黄为之：《论和解合同》，载《时代法学》，2006年第4期，第14～22页。

③ 陈自强：《和解与计算错误》，元照出版社，2014年版，第87页。

继续执行诉讼；如果和解是债权人债权消灭的原因或障碍，债务人只能根据《执行法》第14条提出异议，而不能主张和解具有阻止判决执行的效果。"此外，诉讼外的和解在终止全部或部分诉讼方面与诉讼中的和解不具有相同的效力，而只能通过独立于诉讼的和解行为，如撤回诉讼或撤回上诉。在这方面，台湾地区最高法院裁定："当事人在庭外和解后，撤回诉讼，从而结束诉讼，应受和解合同的约束，并对和解前的法律关系不再提出要求。"德国民法传统也认为和解协议仅能发生债权债务效果。

然而，在法国民法中，和解究竟在诉讼上为之或在诉讼外为之，并无区分①。依据《法国民法典》第2052条的规定，"和解阻止了双方当事人以相同的目标发起或继续进行法律诉讼"，和解于当事人之间，发生与确定却决之即判力相同之效力。法国学者谓该条使和解处于实体法与诉讼法交接之处。依法院的一贯见解，和解使系属中之诉讼，发生终结之效果，而且和解契约成立时，诉讼纵然尚未系属于法院，当事人亦因和解之成立，取得妨诉抗辩。他方面，对和解亦得主张债权人撤销权；和解若不履行，得请求和解之解消。该条被认为赋予了和解合同以"在当事人之间最后定案的权力"（un tel contrat de transaction a entre les parties l'autorité de chose jugée en dernier ressort）②。

此外，在普通法背景下，调解和解协议内容因通常涉及当事人对一方放弃其起诉的能力（如果当事人还没有寻求司法救济）或继续起诉、上诉的权利（如果原告已经起诉），且此类内容通常被认为构成了和解协议的核心内容③。在Morris v. Gaspero一案中，美国联邦法院法官Raymond Broderick认为，放弃诉讼权利协议的效果是消灭所宣称的诉因，并根据和解协议确定了各方的权利、所有权和利益。

---

① 陈自强：《和解与计算错误》，元照出版社，2014年版，第39页。

② S Moutouallaguin, *Note sous Tribunal administratif de Saint-Denis de La Réunion*, Société de transport de marchandises contre Préfet de la Réunion, Revue juridique de l'Océan Indien 15, 190-192（2012），https://hal.univ-reunion.fr/hal-02622949/document.

③ Maslow v. Vanguri, 168 Md.App.298, 896 A.2d 408, 421-422.

（三）调解和解协议现行救济实践考察

鉴于主流观点以及立法例仍认为调解和解协议仅产生实体法上的效力，大部分国家并没有针对调解和解协议的快速救济制度进行设计，仅有极少数国家针对调解和解协议设置了快速的救济制度，如印度。调解和解协议在这些国家当中一般可以通过以下几种路径得到救济。

其一，依据合同法救济。大部分国家对这种调解和解协议的可执行性没有特别规定，其结果是适用一般合同法。

其二，转化为仲裁裁决。某些司法管辖区的法律授权已经解决争议的当事人指定一个仲裁庭，其具体目的是根据当事人的协议，按约定条件作出裁决。在调解程序过程中达成协议后，当事人可以同时设立一个临时仲裁庭，并指定调解人作为唯一的仲裁员。在这种情况下，当事人能够将其和解协议转化为仲裁裁决，以便执行。这种做法在某些司法管辖区是被禁止的。此外的一种可能性是当事人要求仲裁庭起草和解记录，然后根据国家法律执行。也可以要求仲裁庭以商定条款的仲裁裁决的形式记录和解。这不仅可以在奥地利执行，也可以根据《纽约公约》在国际上执行［《奥地利民事诉讼法》第605条，《奥地利执行法》（Exekutionsordnung）第1条第16款］。可以指出的是，在一些法域，如果和解协议得到了外国法院裁决的确认，那么这种裁决就可以根据有关承认和执行外国判决的法律得到承认和执行。同样，如果为执行目的对和解协议进行了公证，则可根据现有的多边或双边公约进行跨国界执行。

其三，公证。一些司法管辖区采用了要求公证处对和解协议进行公证的做法。例如，在奥地利，当事人在可执行的公证文书中确认和解［《奥地利公证法》（Notariatsordnung）第3条，《奥地利执行法》第1条第17款］[1]。

其四，转化为法院判决。其他国家规定将和解协议作为法院判决来执行，经法院批准的和解协议被视为相关法院的命令，并可相应执行。这种程

---

① Marianne Roth, *The Proposal for an EU Directive on Certain Aspects of Mediation in Comparison with the Austrian Mediation Law*, Journal of International Dispute Resolution, 120-122（2005）.

序可能包括（也可能不包括）具体的快速执行机制。例如，在一些司法管辖区，只要和解协议由调解员或代表各方的法律顾问签署，并且和解协议中包含了表达各方寻求简易执行协议的意向声明，就可以以简易方式执行。其他司法管辖区则选择了在法院取证或登记的方法，作为使和解协议可以执行的方式。

调解后达成的协议的地位有时取决于调解是否是在法院系统内作为法律程序进行的。值得注意的是，在一些司法管辖区，情况可能有所不同，这取决于和解协议是否是通过合格的仲裁员调解达成的。例如，在一个司法管辖区，在身为合格仲裁员的调解员面前达成的调解协议，具有与商定条款的裁决相同的效力和作用。

值得注意的是，某些国家倾向于将各种手段结合起来，以使和解协议可以执行（如允许和解协议作为合同或仲裁裁决提交执行，或以公证契约的形式转换为执行，或以特定的法院命令的形式转换）。

二、《新加坡公约》中的调解和解协议特殊救济机制

《新加坡公约》的首要目的在于，提升调解在国际商事争议解决中的竞争力，为此，公约为调解和解协议提供更为直接、快速的国际救济制度，使得调解和解协议同仲裁裁决一样，可以在缔约方之间得到直接救济。

根据《新加坡公约》第3条的规定[①]，调解和解协议的使用既是一把"剑"，当事人可以通过执行请求对和解协议进行攻击性使用，以迫使对方履行和解协议中的义务，又是一面"盾牌"，当事人能够使用和解协议作为抗辩保护自己的合法权益。

---

①《新加坡公约》第3条规定："1.本公约每一当事方应按照本国程序规则并根据本公约规定的条件执行和解协议。2.如果就一方当事人声称已由和解协议解决的事项发生争议，公约当事方应允许该当事人按照本国程序规则并根据本公约规定的条件援用和解协议，以证明该事项已得到解决。"

（一）强制执行

《新加坡公约》第3条第1款要求缔约方依照本国的程序法，依据公约的规定条件执行和解协议，当事方可直接依据和解协议向缔约方的主管部门申请执行，并不因此排除主管部门对于和解协议是否满足公约规定的条件作出审议。公约要求主管部门不以和解协议来源地的认证作为其执行的前提，主要是出于以下几个方面考虑：根据联结点的不同确定规则，和解协议的来源地很难确定；来源地的审查或认证可能导致和解协议的双重审查，与公约所欲提供的高效且简便的执行机制的目标相左；对协议有效性的质疑等，通过申请救济之后的抗辩机制即可对此作出补救[①]。

该规定不仅要求缔约方的主管部门根据和解协议救济申请签发可执行文书（将私人文件转化为可执行文书），要求缔约方据该可执行文书展开实际执行[②]。

但是，强制执行制度并未剥夺来源地或者其他与和解协议相连接地区的法院对协议的管辖权。这些地区法院依然可以对和解协议的有效性问题进行审查。如果法院对协议的有效性审查可能影响到执行结果，那么依据平行请求条款，执行地法院有依具体情况中止执行的自由裁量权；如果法院对协议的效力审查后作出无效确认，那么被执行的当事方可以据此提出抗辩，以此来阻止执行行为的展开。

（二）援引抗辩

《新加坡公约》在第3条第2款规定缔约方应当允许当事方援用和解协议作为抗辩，证明其所指向的争议已解决。这一规定考虑到"和解协议当事方

---

① UNCITRAL, *Report of Working Group* II（*Arbitration and Conciliation*）*on the Work of Its Sixty-third Session*（*A/CN.9/861*）, para.81,（Jan. 23, 2020）, https://undocs.org/en/ A/CN.9/861.

② Jean-Christophe Boulet, *The Singapore Convention and the Metamorphosis of Contractual Litigation*, 20 Cardozo Journal of Conflict Resolution 4, 2019：1209-1234.

不予执行的情况下，在其他程序背景中企图依赖和解协议的问题"[1]，如以和解协议已经解决争议为由驳回一项主张，或者达到抵消目的[2]。可见，援引和解协议作为抗辩的效力与协议的证据效力并不等同。普通法学者认为这赋予了当事人通过援引调解和解协议作为完全抗辩（complete defense）的权利[3]。同执行救济一致，援引抗辩效力的实现还需符合救济地的程序法，如在什么程序背景下可以提起，通过什么动议提出，对于是否允许作为对抗依据《新加坡公约》执行和解协议请求的抗辩，应当持肯定态度。

不同于其他商事争议解决领域的其他国际公约，《新加坡公约》未采用"承认"（recognition）这一术语，也不同于《调解示范法》，公约未采用"有约束力"（binding）这一概念，而是直接对和解协议可依据公约实现的法律效力作出描述。这主要是出于以下考虑。

首先，"承认"在不同的法域有着不同的含义，和解协议的私人契约性质使得这一术语的使用复杂化。虽然在有的法域"承认是启动执行程序的一个必要的程序步骤……在考虑执行和解协议之前即赋予其法律效力……有些情况可能是当事人要求对含有非金钱义务的和解协议给予承认，而不一定继续要求加以执行"[4]。但有些法域认为"承认"具有定案效力（res judicata），"和解协议并不具有定案效力，如果在文书中就承认作出规定，有可能在某些法域中使其具有此种定案效力或排除效力"[5]。

其次，与执行程序中相同的辩护效力。在"承认"这一术语的使用得到

---

① UNCITRAL Working Group Ⅱ, *Settlement of Commercial Disputes International Commercial Conciliation: Preparation of an Instrument on Enforcement of International Commercial Settlement Agreements Resulting from Conciliation* (A/CN.9/WG. Ⅱ/WP.202), para.31, (Jan. 23, 2020), https://undocs.org/en/ A/CN.9/WG. Ⅱ/WP.202.

② UNCITRAL, *Report of Working Group Ⅱ (Arbitration and Conciliation) on the Work of Its Sixty-third Session* (A/CN.9/861), para.74, (Jan. 23, 2020), https://undocs.org/en/ A/CN.9/861.

③ 参见本节第三部分的分析。

④ UNCITRAL, *Report of Working Group Ⅱ (Arbitration and Conciliation) on the Work of Its Sixty-third Session* (A/CN.9/861), para.73, (Jan. 23, 2020), https://undocs.org/en/ A/CN.9/861.

⑤ UNCITRAL, *Report of Working Group Ⅱ (Dispute Settlement) on the Work of Its Sixty-fifth Session* (A/CN.9/896), para.78, (Jan. 23, 2020), https://undocs.org/en/ A/CN.9/896.

强烈反对后，有建议提出，可以责成各国在提出和解协议作为辩护时，给予其在执行程序中相同的效力。虽然这种方法可能是有效的，但当它被附加了一个警告，即"相同的效力"规则只适用于国家法律规定的这种辩护时，就不能吸引足够的支持。这种做法将使这种形式的救济的可用性取决于每个国家的国内法的选择[①]。

最后，"有约束力"的定义过于狭窄。虽然这一概念"确认了拟执行的和解协议的私人性质"，可以"顾及各种不同的程序。这些程序存在于执行前的各种不同的国内程序法律中，其目的是保护或确认当事人的权利"，但是，有约束力这一性质是和解协议本身所固有的，这一概念"不一定是指当事人可以援用该协议作为一种抗辩"[②]。

通过《纽约公约》和《新加坡公约》的比较不难发现，满足适用条件的仲裁裁决可以获得缔约方的承认与执行，但是满足相应条件的调解和解协议在缔约方可以获得救济，却是执行以及援用和解协议以证明该事项已得到解决。

这不仅是《纽约公约》和《新加坡公约》的核心差异之一[③]，而且是《新加坡公约》审议过程中的核心争点之一。以德国、瑞士等为代表的大陆法系国家代表认为"承认"只能适用于公共行为，如法院的判决等，但调解和解协议作为纯粹的当事人意思自治的结果，不应当产生"承认"的法律效力。这会相应地产生既判力，阻碍法院对该争议的审理，剥夺当事人对该争议进一步寻求法院救助的权利。但是，普通法系国家代表认为，《纽约公约》中的仲裁裁决不是公法行为，完全是法律拟定的。然而在《纽约公约》的影

---

① intervention of the European Union, in UNCITRAL Audio Recordings: Working Group II (Dispute Settlement), 65th Session, Sept. 20, 2016, 9: 30-12: 30, https://icms.unov .org/CarbonWeb/public/uncitrallspeakersiog/0c295bca-1470-41cc-b7f-9fb9c672228c，转引自 Timothy Schnabel, *The Singapore Convention on Mediation: A Framework for the Cross-Border Recognition and Enforcement of Mediated Settlements*, 19 Pepperdine Dispute Resolution Law Journal 1, 1-60 (2019).

② UNCITRAL, *Report of Working Group II (Dispute Settlement) on the Work of Its Sixty-fifth Session (A/CN.9/896)*, para.51, (Jan. 23, 2020), https://undocs.org/en/ A/CN.9/896.

③ 温先涛：《〈新加坡公约〉与中国商事调解——与〈纽约公约〉〈选择法院协议公约〉相比较》，载《中国法律评论》，2019年第1期，第198~208页。

响下，仲裁裁决在大部分国家可以得到承认与执行，所以和解协议也是可以得到相应待遇的[1]。

因此，《新加坡公约》中和解协议的效力规定经历了从"承认"到"约束"，最终采取了一种功能描述的方式，规定当事人可以"援引和解协议证明争议已经和解"，并成为极大地推动《新加坡公约》审议进程的五大妥协事项之一，在大陆法系国家和普通法系国家的不同意见之间取得了共识。

为了促进调解手段在国际商事争议解决中的运用，公约赋予了和解协议特殊的救济制度。当事方的和解协议无须经来源地审查或认证，可直接依据和解协议向救济地主管机关申请实现强制执行和援引抗辩。

三、《新加坡公约》语境下和解协议的效力认定

如前所述，调解和解协议与其他合同不同，其以争议的终局解决为目的，即定分止争，在这个角度上看其类似于判决或仲裁裁决。正是调解和解协议的这一特殊性，使它在执行时应享有适当的地位。然而，因为《新加坡公约》的革新性，目前针对《新加坡公约》语境下和解协议的效力认定仍然缺乏研究。该部分拟就已有研究和结论作出分析后，根据《新加坡公约》文本提出相应的效力认定观点。

（一）功能等同修正说

该学说[2]认为商事调解同民商事诉讼、商事仲裁一样，功能在于确认双方当事人的权利和义务，从而解决争议、停止争议，但定分止争功能的实现最终还需依赖公力救济，因此，《新加坡公约》通过第3条规定赋予了调解和解协议直接执行力，从而促使其能够跨境流通，那么根据功能等同原则，

---

[1] Timothy Schnabel, *Recognition by Any Other Name：Article* 3 *of the Singapore Convention on Mediation*，20 Cardozo Journal of Conflict Resolution 4，1181-1196（2019）.

[2] 持该观点的主要是许军珂教授。参见许军珂：《〈新加坡调解公约〉框架下国际商事和解协议效力问题研究》，载《商事仲裁与调解》，2020年第3期，第3～15页。

作为商事调解所得的争议解决结果，和解协议理应具备民商事判决、商事仲裁裁决的同等效力。但是，考虑到调解程序的特点，调解和解协议是当事人意思自治的结果，其本质上仍然是一种契约，其法律效力源于当事人在公共政策和强制法律允许的情况下对私权利进行的自主处分，以及当事人之间的相互信赖，因此调解和解协议的效力不可能完全等同于民商事判决、商事仲裁裁决，而只能是一种经过修整的功能等同。

按照上述逻辑，该学说认为《新加坡公约》背景下调解和解协议的效力包括有效性、既判力以及执行力3个方面。详述如下：

首先，和解协议的有效性要求和解协议必须满足一般合同的有效要件，如当事人的行为能力要求、意思表示真实自由、不损害公共利益或第三人利益等；此外，要相应满足《新加坡公约》前述书面性要求和调解性要求。然而，持该观点的学者还认为对和解协议的效力不应当纳入合同法范畴进行规制①。

其次，和解协议的既判力表现在和解协议的相对终局性和内容的确定性。所谓和解协议的相对终局性，源于《新加坡公约》第5条第1款（b）项第（二）（三）目的规定，即和解协议是非终局的或被修改的，执行机关可以拒绝执行，并且相对终局性是《新加坡公约》赋予和解协议具有直接执行力的必要条件的推导。所谓和解协议内容的确定性，是指和解协议中对当事人权利和义务的处分应当是明确且唯一的。不同于一般合同中可能存在的附条件、附期限，或选择性履行的情况，和解协议必须要有唯一且明确的执行标的和被执行主体，也就是既判力的主客观效力范围，从而便于相关主管机关的执行。

最后，和解协议的执行力则表现为通过强制执行实现和解协议中给付义务的效力。这源于《新加坡公约》第3条的规定。

然而，该学说存在以下几个方面的不足。第一，该学说中功能等同原则

---

① 许军珂:《〈新加坡调解公约〉框架下国际商事和解协议效力问题研究》，载《商事仲裁与调解》，2020年第3期，第13页。

是否可参考适用于民商事诉讼、商事仲裁与商事调解程序之间欠缺充分的论证。在法学领域，功能等同原则的应用主要集中在电子商务法及相关领域。该原则由联合国贸法会率先提出[1]，通过分析传统的纸质文件资料的要求的目的和功能，从而确定这些目的或功能如何能够通过电子商务技术得以实现[2]。例如，纸质文件的功能中所有人都是可读的，文件随着时间的推移保持不变，可允许复制文件、允许通过签名认证数据，可以被公共当局和法院接受等[3]。但是，数据信息本身不能被视为等同于纸质文件，不一定能实现纸质文件所有可实现的功能，因此，考虑纸质环境中现有的各种层次的要求，功能等同原则提供了一种更灵活的方式，跳出了纸质形式要求的基本功能，以期提供一些标准；一旦数据信息满足这些标准，就能享有与履行相同功能的相应纸质文件相同的法律承认[4]。

同理，如果想要将功能等同原则适用于诉讼、仲裁、调解等争议解决程序之间，还需从民商事诉讼、商事仲裁程序的目的与功能入手，获得可供参考的标准，进而判断调解是否满足了这些标准，从而最终判断商事调解程序是否能够得到相同的法律承认。仅以定分止争的功能断定三者功能相同，因此三者所得争议解决结果的法律效力也应该相同，逻辑推理链条过于简单直接。

其一，从程序构造来看，民商事诉讼、商事仲裁程序的目的与功能，与商事调解程序的目的与功能存在的差异较大，且该差异不应当通过程序技术的改革来同质化，使调解和解协议具备与民商事判决、商事仲裁裁决同等效力。商事调解所特有的目的和功能是其能够作为独立的争议解决程序发展的基础，三者的差异也迎合了不同争议解决当事人的喜好与需求，对商事调

---

① 刘品新：《论电子证据的原件理论》，载《法律科学（西北政法大学学报）》，2009年第27卷第5期，第119~127页。

② UNCITRAL，*UNCITRAL Model Law on Electronic Commerce with Guide to Enactment* 1996 *with additional article 5 bis as adopted in* 1998，para.15-18，（Jan. 29，2022），https://uncitral.un.org/sites/uncitral.un.org/files/media-documents/uncitral/en/19-04970_ebook.pdf.

③ 同②。

④ 同②。

解程序进行技术性改革，从而使其实现商事诉讼、商事仲裁程序的目的与功能。

其二，从《新加坡公约》审议过程来看，调解的灵活性也是被公认的、应当最大限度地保留的、区别于民商事诉讼和商事仲裁的一点。从工作组第62届会议上，加拿大代表团提交书面建议，指出和解协议的格式要求应当得到最大限度地限制，从而保证调解的灵活性①，到工作组第63届会议上，保留调解程序的灵活性、避免过度的形式要求成为参会人员的主流意见，对调解的灵活性，各国均予以承认。

第二，该学说虽然承认了和解协议必须满足作为一般合同的有效要件，但是忽略了商事调解作为商事争议的解决方式之一，实质上是"实体法与程序法共同作用的'场'"②。和解协议作为民法法系传统的有名合同之一③，具有横跨实体法和程序法双重领域的特殊性。和解协议在实体法领域的意义，不仅关涉和解协议的生效要件，还关涉该类协议的实体法效力、履行、保全、违约责任，以及法律关系的发生、变更或消灭等问题。这些问题难以仅通过程序法来解决。因此，和解协议的效力问题必然是同时涉及实体法和程序法两个维度的，对其的规定必然也要分散在实体法和程序法范畴上。

从《新加坡公约》第5条来看，《新加坡公约》对和解协议的契约性同样给予了充分肯定。根据联合国贸易法委员会第二工作组秘书意见，拒绝执行和解协议的理由根据所选择的执行方式而有所不同。当和解协议被置于判决地位时，这些理由与拒绝执行法院判决的理由相似，包括公共政策、管辖权测试和缺乏正当程序等。当合同法原则适用时，质疑和解协议有效性的理由将包括考虑当事人的能力，以及协议是否是通过虚假陈述、胁迫或不正当

---

① UNCITRAL Working Group Ⅱ, *Settlement of Commercial Disputes: Enforceability of Settlement Agreements Resulting from International Commercial Conciliation/Mediation — Revision of the UNCITRAL Notes on Organizing Arbitral Proceedings Comments Received from States* (A/CN.9/WG. Ⅱ/WP.188), (Jan. 23, 2020), https://undocs.org/en/A/CN.9/WG. Ⅱ/WP.188.

② 江伟：《市场经济与民事诉讼法学的使命》，载《现代法学》，1996年第3期，第4~13页。

③ 王利明：《论和解协议》，载《政治与法律》，2014年第1期，第49~57页。

影响获得的[①]。那么，《新加坡公约》第5条所包含的拒绝执行事由，表明了《新加坡公约》不仅从执行力的角度将和解协议置于判决的地位，还从和解协议的有效性角度承认其契约的性质。

第三，和解协议应当具备既判力这一认定存在极大的争议。其也违背了《新加坡公约》的立法精神。既判力作为民事诉讼法上的经典概念之一，指的是"判决的实体确定力在诉讼程序中对后诉法院的拘束力"[②]。既判力表现为在判决决定后，当事人以及法院必须尊重判决的内容，一方面，不能就判决决定的法律关系另行起诉和重复审判；另一方面，不得在其他诉讼中就同一法律关系提出与本案诉讼相矛盾的主张或者相异的判决[③]。因此，既判力只能发生在依诉讼程序审理所作的判决中[④]，其作用主要体现在前诉与后诉关系的协调之中。一方面，既判力禁止当事人在后诉中提出与产生了既判力的前诉判断相反的矛盾主张、请求，要求法院排斥违反既判力的当事人的主张和提出的证据；另一方面，既判力要求后诉法院在后诉判断中必须将产生既判力的前诉判断作为前提[⑤]。

赋予《新加坡公约》语境下调解和解协议既判力或将无法平衡程序公正和实体公正的关系。《新加坡公约》的立法逻辑是将部分理论构成要件通过一定的形式要件来表达并附加了若干其他技术构成要件；司法逻辑是主管部门就当事人的申请是否符合前述理论构成要件转换后的形式要件，以及其他技术构成要件作出形式审查之后即可决定是否救济，即无论调解和解协议实体情况如何，若满足形式审查标准即推定能够适用《新加坡公约》获得救济。这种救济程序是不完善的程序公正，是"客观真实"情况不易达到时所

---

① UNCITRAL Working Group Ⅱ, *Settlement of Commercial Disputes: Enforceability of Settlement Agreements Resulting from International Commercial Conciliation/Mediation - Note by the Secretariat*（A/CN.9/WG. Ⅱ/WP.187）, para.20,（Jan. 23, 2020）, https://undocs.org/en/A/CN.9/WG. Ⅱ/WP.187.

② 江伟：《市场经济与民事诉讼法学的使命》，载《现代法学》，1996年第3期，第4～13页。

③ 王甲乙、杨建华、郑建材：《民事诉讼法新论》，第506～507页。转引自江伟主编：《民事诉讼法学原理》，中国人民大学出版社，1999年版，第282～283页。

④ 江伟：《市场经济与民事诉讼法学的使命》，载《现代法学》，1996年第3期，第4～13页。

⑤ 江伟主编：《民事诉讼法学原理》，中国人民大学出版社，1999年版，第288页。

采取的拟制规定①。若缺乏足够的程序保障来确保当事人能够对客观真实情况进行陈述和抗辩就确定调解和解协议具备既判力，将会使得有关实体问题无法得到公正裁判，进而影响实体公正。从《新加坡公约》第5条第1款的规定来看，即使被申请人提出抗辩，主管部门仍然有权依据其自身的判断认定调解和解协议符合形式审查的要求给予救济，即当事人提出的协议存在实体抗辩或者程序抗辩均有可能无法得到充分审议即被驳回，尚不足以为确定调解和解协议具备既判力提供充分的程序保障。

（二）援引抗辩即承认说

目前，无论是普通法系国家还是大陆法系国家，对于《新加坡公约》语境下的调解和解协议可以具备执行力并不存在不可弥合的观点差异。然而，就给予调解和解协议在其他程序背景下是何种救济，普通法系国家和大陆法系国家存在相当大的差异。最后，就调解和解协议在其他程序背景下的救济力，普通法系国家与大陆法系国家达成一致意见，认为当事人应当能够依据调解和解协议，在其他程序背景下援引证明纠纷已经得到解决。这一做法乍看之下，是概括地采纳了前述调解和解协议的实体法效力学说，其实不然，详述如下。

普通法系国家主流观点认为，《新加坡公约》第3条第2款的规定实为"承认"的概念，只不过是采用了功能描述的方式对其进行了技术性处理，因此，调解和解协议能够为基于基本争端的索赔提供完整的辩护（complete

---

① 肖建国：《程序公正的理念及其实现》，载《法学研究》，1999年第8期.

defense，absolute defense）①。所谓完全抗辩，是指这样一套潜在的事实和法律，而非由申诉或起诉书提出的，即使申诉书中的事实指控是真实的，也会要求被告撤诉②。即《新加坡公约》语境下的调解和解协议并非作为反请求提出，但是具备比一般证据更高的效力，裁判者能够据此驳回对方当事人基于基础争议提出的任何请求。这一规定要求当事国提供不同于调解和解协议的依据其合同效力能够得到的救济。也就是说，如果一个国家仅为协议的解释提供了诉诸法院的机会——即使在双方都没有肯定地寻求执行协议，也没有寻求依靠协议来抵御索赔的情况下，该程序也不属于本公约的范围。

然而，这样的观点并未得到大陆法系国家主流观点的赞同。在大陆法系国家，当事人能够依据一份法律文书所获得的保护性救济有两种，一种是法院接受一份文件将完全阻止法院立案，另一种是将该文件视为法院在裁决案件时可以考虑的许多证据中的一个证据③。承认的效力往往指向前者。在大陆法系国家，《新加坡公约》第3条第2款的规定实则拟制了一种新的保护性

---

① 持此观点的有美国参会代表Timothy Schnabel、Harold Abramson，新加坡学者Alexander，以及新加坡国会。参见Timothy Schnabel，*Recognition by Any Other Name：Article 3 of the Singapore Convention on Mediation*，20 Cardozo Journal of Conflict Resolution 4，1181-1196（2019）；Harold Abramson，*New Singapore Convention on Cross-Border Mediated Settlements：Key Choices*，Mediation in International Commercial and Investment Disputes，in Catharine Titi，Katia Fach Gómez（eds），*Mediation in International Commercial and Investment Disputes*，Oxford University Press，2019；Nadja Marie Alexander，*Ten Trends in International Commercial Mediation*，31 Singapore Academy of Law Journal Special Issue，405-447（2019）；Singapore Parliament. *Official Reports of Singapore Convention on Mediation Bill-Second Reading*，（Aug.15，2021），https://sprs.parl.gov.sg/search/sprs3topic?reportid=bill-426.

② Legal Information Institute of Cornell Law School，*WEX-Complete Defense*，（Feb.14，2022），https://www.law.cornell.edu/wex/complete_defense.

③ intervention of Denmark，in UNCITRAL Audio Recordings：Working Group Ⅱ（Arbitration and Conciliation），63ʳᵈ Session，Sept. 9，2015，14：00-17：00，https://icms.unov.org/ CarbonWeb/public/uncitral/speakersog/cOba5de5-130e-4672-9ab8-2f514121df77；intervention of Denmark，in UNCITRAL Audio Recordings：Working Group Ⅱ（Arbitration and Conciliation），64ᵗʰ Session，Feb. 4，2016，10：00-13：00，https://icms.unov.org/CarbonWeb/public/uncitrall speakerslog/c6fbafcc-d219-4d96-a5cO-b72884881b06，转引自Timothy Schnabel，*The Singapore Convention on Mediation：A Framework for the Cross-Border Recognition and Enforcement of Mediated Settlements*，19 Pepperdine Dispute Resolution Law Journal 1，1-60（2019）.

救济效力，即和解协议不仅是其他证据中的一个，而且是争端得到解决的决定性证据，同时不妨碍法院开庭审理抗辩①。

（三）多层次效力拟制说

综合前述关于《新加坡公约》语境下调解和解协议理论内涵的分析，以及调解和解协议传统效力与《新加坡公约》语境下调解和解协议效力的学说观点的分析，笔者认为，调解和解协议实则被《新加坡公约》赋予了一种多层次的拟制效力。

首先，之所以称其为多层次的效力，原因在于《新加坡公约》对调解和解协议的合同性质与效力给予了最基础的认同和保护。《新加坡公约》在此基础上赋予其强制执行力以及援引抗辩的效力。其一，《新加坡公约》语境下调解和解协议的第一层效力即基础效力为其实体法效力。如前所述，《新加坡公约》通过第2条第3款、第4条第1款、第5条第1款中的多项抗辩内容对调解和解协议的契约性质进行了承认与保护，并且其实体法上的有效性为其获得了《新加坡公约》所提供的特殊救济的前提条件。然而，《新加坡公约》为何种实体法效力学说进行背书，第3条规定并未明确留待，各国依据其国内学说与立法来解决。其二，《新加坡公约》语境下调解和解协议的第二层效力为其程序法效力。《新加坡公约》通过第3条赋予了调解和解协议特殊的救济方式。当事人能够依据调解和解协议向救济当局申请强制执行，并在其他程序背景下，援引和解协议证明原有商事争议已经得到和解的抗辩权利。具体来说，调解和解协议一方面被赋予了强制执行力；另一方面被赋予了一种新的保护性救济效力，即援引抗辩效力。

其次，之所以称其为拟制效力，原因在于《新加坡公约》第3条赋予了调解和解协议当事人的救济方式，并且与现行的和解协议效力理论与救济实践存在相当大的差异，进而导致调解和解协议效力呈现出一种法律拟制的特

---

① Timothy Schnabel, *Recognition by Any Other Name：Article 3 of the Singapore Convention on Mediation*，20 Cardozo Journal of Conflict Resolution 4，1181-1196（2019）.

征。如前所述，现行调解和解协议效力仅对调解和解协议的合同效力予以承认，并存在不同学说的观点差异，但是独立调解程序所得调解和解协议的程序性效力并未得到普遍性的承认，相应的独立调解程序所得调解和解协议往往仅能通过合同法进行救济。然而，《新加坡公约》第3条改变了这一局面，对调解和解协议的救济方式进行了革新。为达到立法目的，联合国贸法会通过公约的形式赋予其强制执行力以及援引抗辩的效力。因此，《新加坡公约》语境下调解和解协议的效力正当性主要来自法律的拟制。

究其法律拟制的合理性，则源于《新加坡公约》的拟定目的——通过为调解和解协议提供可靠的救济方式而促进调解的广泛使用。《新加坡公约》在原有和解协议定义与构成的基础之上，对调解和解协议的理论外延与技术性内涵进行了重构，一方面，使用调解所得这一特征对调解和解协议原有的构成要件进行了重构，从而强化了调解和解协议的可靠性，为其赋予调解和解协议以新的救济方式提供了法理基础；另一方面，通过对调解和解协议的内涵进行技术性限定，促使这一新的救济方式能够得到相当程度的接受。

第四节 《新加坡公约》语境下商事调解的救济程序

如前所述，《新加坡公约》语境下的商事调解范式对调解和解协议的定义与法律效力进行了重构与革新。一方面，在和解协议的传统构成要件与效力的理论基础上，《新加坡公约》对调解和解协议的理论外延进行了重构，从而为其革新性地赋予调解和解协议以多层次的拟制效力提供了法理上的逻辑性和合理性，在承认和保留调解和解协议契约效力的基础上，赋予其强制执行力与援引抗辩效力，以便协议当事人能够依据调解和解协议申请特殊的救济。另一方面，《新加坡公约》通过为调解和解协议划定技术性内涵，提升《新加坡公约》对调解和解协议理论外延与多层次拟制效力及相应的特殊救济模式的接受度和普及性；通过理论上的革新，促进商事调解实践的发展；并通过商事调解实践的发展，为《新加坡公约》语境下商事调解范式的发展提供理论上的正当性。然而，对于上述理论框架如何通过具体的程序设计得以实现，《新加坡公约》语境下商事调解救济程序的理念与技术同样提供了实践性的参考。

一、《新加坡公约》语境下的商事调解救济程序理念

（一）当事人意思自治原则

如前所述，《新加坡公约》对调解和解协议的合同性质与效力得到最基础的认同和保护，并在此基础上赋予其强制执行力以及援引抗辩的效力。但在合同法的基本概念中，最普遍和不可或缺的是当事人自治原则[①]。因此，尊重当事人意思自治可谓《新加坡公约》的核心原则。

《新加坡公约》第2条第3款明确规定，调解第三方并无将和解方案强加给商事争议当事人的权力，意在指明在调解过程中调解员应当尊重当事人意思自治，和解协议应由当事人自愿达成。第5条第1款（d）项规定，如果依据《新加坡公约》对调解和解协议进行救济违背了和解协议条款，当事人可以据此主张申请救济当局不予救济，意在指明调解和解协议的强制执行与援引抗辩权利的行使同样应当以当事人意愿为准。第5条第1款（e）（f）项规定，如果调解第三方的不端行为或者未履行揭露义务的行为，足以导致当事人违背其原本意思达成和解协议，当事人同样可以据此主张申请救济当局不予救济，指明调解程序的正当性即源于当事人的意思自治。第8条第1款（b）项的设定如前所述，更是集中体现了《新加坡公约》对当事人意思自治原则的尊重。

---

① Lon L Fuller，*Consideration and Form*，41 Columbia Law Review 5，799-824（1941）.

（二）灵活性与正式性相平衡原则

众所周知，商事调解程序的活力与生命力在于灵活性，然而为调解和解协议提供特殊的救济不得不依赖于一定程度的正式性，否则调解和解协议会因缺乏必要的确定性而无法获得强制执行或作为抗辩。因此，在《新加坡公约》审议过程中，调解的灵活性与正式性的平衡反复得到讨论和强调。比如，对调解和解协议可能包含的各种权利义务类型。出于为救济当局承担强制执行义务的考虑，曾有代表提出，应当将可予救济的调解和解协议内容限制于金钱给付义务中，排除较为复杂的权利义务关系，如协议当事人互负义务、义务履行附条件或附时间①。然而，最终《新加坡公约》选择保留调解和解协议的灵活性与创新性，不对其中的权利义务类型作出限制。又如，当事人必须提供"由调解产生的和解协议"的证据，这一证据要求经过数次会议的大量讨论，反映了《新加坡公约》对商事调解救济程序设计基本理念，即"一方面是确定调解产生的和解协议所需的手续，另一方面是公约草案需要保持调解过程的灵活性"②。

二、《新加坡公约》语境下的商事调解救济程序技术

《新加坡公约》语境下的商事调解救济程序作为调解和解协议当事人获得真正救济的必经程序，其中程序技术的设计，同样反映了《新加坡公约》对调解和解协议理论外延的重构与调解和解协议多层次拟制效力的逻辑关系。《新加坡公约》语境下的商事调解救济程序包含程序性要求与救济抗辩事由两部分。其中，《新加坡公约》第4条第1款围绕救济申请当事人所需完

---

① UNCITRAL Working Group Ⅱ, *Settlement of Commercial Disputes: Enforceability of Settlement Agreements Resulting from International Commercial Conciliation/Mediation — Revision of the UNCITRAL Notes on Organizing Arbitral Proceedings Comments Received from States* (*A/CN.9/WG. Ⅱ /WP.188*), (Jan. 23, 2020), https://undocs.org/en/A/CN.9/WG. Ⅱ /WP.188.

② UNCITRAL, *Settlement of Commercial Disputes: International Commercial Mediation: Draft Convention on International Settlement Agreements Resulting from Mediation* (*A/CN.9/942*), (Jan. 23, 2020), https://undocs.org/en/ A/CN.9/942.

成的程序性要求进行规定，要求救济申请当事人必须提交由各方当事人签署的和解协议、调解因果性的证据，对应了《新加坡公约》语境下调解和解协议经过重构的理论外延，即调解和解协议的契约性与以"调解所产生"为争议的存在和终局解决提供确定性的逻辑。《新加坡公约》第5条第1款规定了被申请救济的当事人对救济所能使用的抗辩事由，同样是集中在调解和解协议的契约性质以及调解程序的正当性之中。

虽然调解和解协议的技术性内涵并没有在《新加坡公约》第4条与第5条中明文提及，但是同样可以作为申请所必需的程序性要求或抗辩事由使用。正如《新加坡公约》审议过程中与会代表所指出的，《新加坡公约》中的不同部分（如范围、定义、形式要求、适用于执行、拒绝执行的理由）应被理解为是相互关联的，不满足《新加坡公约》适用条件的调解和解协议不应依据《新加坡公约》得到救济，因此，这些内容并没有通过明文规定的形式引入《新加坡公约》第4条与第5条中①。

（一）申请救济的程序

为避免公约所提供的特殊救济制度被滥用，有关机关应当对和解协议是否适用于公约作出评估，并且这一评估的标准应当足以"清晰且客观地将和解协议区别于其他协议"②，因而公约将申请机制背景下审核和解协议适用性的重心放在了形式要求和审核之上。但是，调解独具特色的灵活性要求，使得其在各个法域下存在着不同的表现形式和可能结果，同时，"较为严格的形式要求可能损害调解过程的非正式性质和友好气氛"③，所以，如何对意欲申请特殊救济的当事方作出最低限度的形式要求，从而在确保和解协议适用于公约的同时，并不因此限制调解手段的灵活性和当事人实现特殊救济的门

---

① UNCITRAL, *Report of Working Group II（Dispute Settlement）on the Work of Its Sixty-fifth Session（A/CN.9/896）*, para.114-117,（Jan. 23, 2020）, https://undocs.org/en/ A/CN.9/896.

② UNCITRAL, *Report of Working Group II（Arbitration and Conciliation）on the Work of Its Sixty-third Session（A/CN.9/861）*, para.51,（Jan. 23, 2020）, https://undocs.org/en/ A/CN.9/861.

③ UNCITRAL, *Report of Working Group II（Arbitration and Conciliation）on the Work of Its Sixty-third Session（A/CN.9/861）*, para.65,（Jan. 23, 2020）, https://undocs.org/en/ A/CN.9/861.

槛，就成了公约应当予以平衡考量的问题。为解决这一问题，《新加坡公约》第4条针对意欲申请特殊救济的当事人和有关机关作出了若干要求。

1. 申请救济时当事方应满足的形式要求

依据《新加坡公约》第4条的规定，当事方在请求救济时应当满足的形式要求包括由各方当事人签署的和解协议、调解因果性的证据；并依据救济地主管部门的要求，以及当事人可能需要满足的要求，包括翻译件及其他必需文件。

（1）由各方当事人签署的和解协议

调解的核心优势在于，当事方之间可以通过第三方的介入进行友好沟通，最终达成符合自己意思的争议解决方案，并达成受该方案约束的合意。因而当事方对合意的证明颇为关键，实践中多以协议当事方的签章作为其自愿性的证明。公约因此要求当事方意欲申请救济时，向有权机关提交的和解协议之上必须有当事方的签名，从而证明该和解协议双方当事人的身份，以及愿意受协议约束的合意。

《新加坡公约》第4条第1款（a）项所说的，当事方（parties）签署默认包含了当事方本人以及当事方授权代理/代表（representatives）在和解协议上的签署[①]。

在如何构建关于和解协议特殊救济制度讨论之初，考虑到特殊救济对协议的确定性要求，工作组认为和解协议应当满足最低限度的形式要求（minimum form requirements），即和解协议应当"是书面的并在其中指明当事人愿意受和解条款约束（如通过签字或通过订立协议）的约定"[②]。但是，公约中和解协议的形式要求并未单独成章。书面性是和解协议是否可适用于公约的要求之一，而且当事方的签署成为申请救济的要求之一。一方面，其降低了公约适用的门槛，符合调解手段的灵活性要求，有利于促进调解手段在国际商事争议中的运用；另一方面，相对于书面性，当事方的签署为有关

---

① UNCITRAL, *Report of Working Group II（Dispute Settlement）on the Work of Its Sixty-seventh Session（A/CN.9/929）*, para.50,（Jan. 23, 2020）, https://undocs.org/en/ A/CN.9/929.

② UNCITRAL, *Report of Working Group II（Arbitration and Conciliation）on the Work of Its Sixty-third Session（A/CN.9/861）*,（Jan. 23, 2020）, https://undocs.org/en/ A/CN.9/861.

机关正式启动特殊救济程序提供了更高程度的确定性，是有关机关展开救济所必需的。在对当事方合意作出最低限度形式的保障时，也给了当事方补救的机会，以免错失机会不能援用公约的特殊救济制度来保护自己的权利。

（2）调解因果性的证据

调解因果性是和解协议适用于公约的根本要求，"通过证明调解员的参与和调解与协议的因果关系，可以使和解协议与其他的协议或者合同加以区分，并提供了一定程度的法律确定性，便于执行程序的开展，预防可能的滥用等优势"[①]。《新加坡公约》第4条第1款（b）项针对如何证明调解因果性列出了一份证据列表，包含3类证据和一个兜底条款，供意欲申请特殊救济的当事方参考。

第一类证据为调解员在和解协议上的签字。这个方法看起来最简单，但是在一些法域，由于潜在的责任问题等，调解员签字不是通常的做法。有的法域不建议调解员在和解协议上签字，以免"调解员的责任承担问题，与其专业义务产生冲突，或者被质疑协议当事人的真实意向等问题"[②]。在有的法域中，调解员为尊重当事方的意思自治和避免局面复杂化，如被传唤为争议解决协议的证人等，甚至不参与协议的准备或起草，因而很难要求调解员对一份自己并不承担个人责任的协议进行签署[③]。第二类证据为调解员另附文件的签字表明，在避免调解员对承担责任有所顾虑时，也足以证明调解的发生。第三类证据是由负责调解的机构提供的证明。考虑实践中各种情况导致无法追寻到调解员获得证明，或调解员无法签署或提供一项单独声明的情况，如时间间隔过久调解员死亡失踪等情形，而负责调解的机构则更容易追寻到，因而由负责调解过程的机构（或者证人）出具证明看起来也颇为可行。

---

① UNCITRAL, *Report of Working Group* Ⅱ（*Dispute Settlement*）*on the Work of Its Sixty-fifth Session*（*A/CN.9/896*）, para.70,（Jan. 23, 2020）, https://undocs.org/en/ A/CN.9/896.

② UNCITRAL, *Report of Working Group* Ⅱ（*Dispute Settlement*）*on the Work of Its Sixty-fifth Session*（*A/CN.9/896*）, para.71,（Jan. 23, 2020）, https://undocs.org/en/ A/CN.9/896.

③ UNCITRAL, *Report of Working Group* Ⅱ（*Arbitration and Conciliation*）*on the Work of Its Sixty-third Session*（*A/CN.9/861*）, para.50,（Jan. 23, 2020）, https://undocs.org/en/ A/CN.9/861.

兜底条款的规定表明这一证据列表是"启示性的（illustrative）、无优先性"①。所谓启示性，意在指明证据包含但不限于公约所列举出的这3类，但是当事方提供的其他证据应当像这3类证据一样起到同样的证明效果。无优先性是指当事方无论采用列表中哪种证据，都不需要以列表中其他证据或证明方法不可得为前提②。但是，对于其他证据类型，工作组认为，应当在列表中3类证据均不可得的情况下，提出请求的当事方才被允许提供其他证据③。至于还有哪些证据足以被接纳认可，工作组认为由主管机关自由裁量更加合适。但是，对于"提交调解解决争议的合意"（the agreement to conciliate）这一证据，工作组持反对态度④。此外，在实践中，调解员的身份并不是和解协议的通常要求。调解员的资质各个法域也情况不一，因而为了避免执行地有关机关依照其国内法对调解的要求影响和解协议的特殊救济制度，公约对此未做要求⑤。

（3）电子通信

同协议的书面性要求一样，功能对等原则同样在当事人申请救济中适用。但是与书面性要求不一致的地方在于，当事人申请救济中采用的电子通信手段，应当有方法足以"识别当事人或者调解员的身份，并表明当事人或者调解员关于电子通信所含信息的意图"，且对这种方法提出了可靠性和适当性要求，或者可通过其他途径证明满足上述功能。

2.主管机关的权力及责任

当事方请求救济时应满足的形式要求如上所述，关注点在于和解协议

---

① UNCITRAL, *Report of Working Group II（Dispute Settlement）on the Work of Its Sixty-eighth Session*（A/CN.9/934），（Jan. 23, 2020），https://undocs.org/en/ A/CN.9/934.

② UNCITRAL, *Report of Working Group II（Dispute Settlement）on the Work of Its Sixty-seventh Session*（A/CN.9/929），para.58，（Jan. 23, 2020），https://undocs.org/en/ A/CN.9/929.

③ UNCITRAL, *Report of Working Group II（Dispute Settlement）on the Work of Its Sixty-eighth Session*（A/CN.9/934），para.38，（Jan. 23, 2020），https://undocs.org/en/ A/CN.9/934.

④ UNCITRAL, *Report of Working Group II（Dispute Settlement）on the Work of Its Sixty-fifth Session*（A/CN.9/896），para.72，（Jan. 23, 2020），https://undocs.org/en/ A/CN.9/896.

⑤ UNCITRAL, *Report of Working Group II（Arbitration and Conciliation）on the Work of Its Sixty-third Session*（A/CN.9/861），para.57-59，（Jan. 23, 2020），https://undocs.org/en/ A/CN.9/861.

合意性和调解因果性的证明，对于公约规定的其他条件并不一定有充分的反映，不足以使收到救济请求的主管部门依据公约和国内法作出决定。但是，公约考虑到其目的仅在于为和解协议提供特殊救济而非对各国司法实践进行统一化，"结合执行或审议机制考虑某些形式要求或要素可能更好些"①，因此，公约选择"给予执行地有关机关以要求必需文件的权力，但是应是实现救济所必需的文件"②，在赋予主管部门自由裁量权的同时，又对主管部门这一权力作出约束，避免其变相地将国内法的形式要求强加于当事人之上。从而平衡救济所必需的确定性与避免过多形式要求导致救济难以实现的问题。

至于哪些文件属于"实现救济所必需的"，《新加坡公约》第4条第4款要求以"以核实本公约的要求已得到遵守"为衡量标准，即通过有关机关索要文件的目的来对这一权力行使的必须性进行评价和限定。那么公约对于和解协议有哪些要求，以及有关机关要求提交的文件与"核实"目的的必要性，就成为有关机关在可自由裁量范围之内应当考虑和平衡的问题。此外，作为例证，工作组提出，主管机关可以要求提供：当事人代表以其名义签署和解协议的，当事人代表的授权证据；证明和解协议国际性的证据等文件③。

最后，为避免主管机关面对当事方的请求不置可否，久拖不办，公约要求有关机关接受申请后应加速执行（act expeditiously）。虽然其没有提供明确的时间框架，但是可以此督促主管部门在合理时间内作出决定。

（二）拒绝救济的事由

同《纽约公约》一样，《新加坡公约》第5条列举了若干允许当事方拒绝执行的理由，可分别由当事人申请提出和救济地主管部门依职权提出。这

---

① UNCITRAL, *Report of Working Group II（Arbitration and Conciliation）on the Work of Its Sixty-third Session（A/CN.9/861）*, para.66,（Jan. 23, 2020）, https://undocs.org/en/A/CN.9/861.

② UNCITRAL Working Group II, *Settlement of Commercial Disputes：Enforceability of Settlement Agreements Resulting from International Commercial Conciliation/Mediation - Note by the Secretariat（A/CN.9/WG. II /WP.187）*, para.20,（Jan. 23, 2020）, https://undocs.org/en/A/CN.9/WG. II /WP.187.

③ UNCITRAL, *Report of Working Group II（Dispute Settlement）on the Work of Its Sixty-seventh Session（A/CN.9/929）*, para.64,（Jan. 23, 2020）, https://undocs.org/en/A/CN.9/929.

一列举是穷尽式的，救济国拒绝救济和解协议的理由仅限于规定，从而限制救济地缔约方的自由裁量权，避免将其国内法对调解的要求强加于当事人，以此拒绝执行。

需要注意的是，虽然公约并未明确指出，但是当事人请求救济所依据的和解协议如果不满足公约的其他条件，如适用要求、排除标准、申请条件等，也能作为抗拒执行的事由提出。但是与公约其他条件不同的是，抗拒救济的理由是建议性的，而非强制性的[①]，缔约方可依据本国实际情况进行取舍。

1.由当事方提出的抗辩理由

和解协议的调解性使得调解员无权力将自己的判断意见强加于各方当事人，和解协议的达成只能是当事人自愿达成、合意达成，而调解过程的保密性使得负责救济的主管部门难以对达成和解协议的合意加以判断，只有参与调解的各方当事人最清楚和解协议的达成是否符合自己的意思表示，是否受到了其他因素的影响导致和解协议并不符合自己的意愿。因此，公约允许救济针对的当事人提出的抗辩理由的核心关注点即在于和解协议的合意性，主要涉及当事人、和解协议以及调解员三个方面。

（1）当事人

和解协议是当事人意思自治的结果。当事人意思自治的前提是具备相应的行为能力，行为能力不相符可能导致和解协议的效力出现瑕疵。因此《新加坡公约》第5条第1款（a）项规定，如果当事人可以证明"和解协议一方当事人处于某种无行为能力状况"，主管部门即可依据请求拒绝救济。依据公约立法文件的解释，无行为能力涵盖各种情形（如在破产时的无行为能力状态）[②]，与我国实体法上对当事方行为能力的认知并不一致，是否可取还应

---

① interventions of the United States and Belarus, in UNCITRAL Audio Recordings: U.N. Comm'n on Int'l Trade Law, 48th Session, July 2, 2015, 9: 30-12: 30, https://icms.unov.org/CarbonWeb/public/ uncitral/speakerslog/f3e453 lb-7187-411 c-a063-27bb8elbc546. 转引自 Timothy Schnabel, *The Singapore Convention on Mediation: A Framework for the Cross-Border Recognition and Enforcement of Mediated Settlements*, 19 Pepperdine Dispute Resolution Law Journal 1, 1-60（2019）.

② UNCITRAL, *Report of Working Group II（Arbitration and Conciliation）on the Work of Its Sixty-fourth Session*（A/CN.9/867）, para.152,（Jan. 23, 2020）, https://undocs.org/en/ A/CN.9/867.

当衡量。

（2）和解协议

①协议无效失效（null and void）或无法履行

为限制救济地主管机关通过对效力抗辩理由作出解释来强加国内法中要求的能力，避免其国内法对协议的形式要求作为衡量和解协议的有效性①，根据《新加坡公约》第5条第2款（a）项的规定，对和解协议效力的判定应当"根据当事人有效约定的和解协议管辖法律，如果当事人未成功指明的情况下（failing any indication），根据在第4条下寻求救济所在公约当事方主管机关认为应予适用的法律"。但是什么情况属于"当事人未成功指明"的情况呢？根据工作组会议记录，当事人未能协商选定准据法，或者当事人协商选定准据法的行为无效的情况下，主管机关都可以依法确定应当适用的法律，而对于选定准据法的行为有效性的评估，"可以由主管机关依据可适用的强制性法律以及公共政策来衡量"②。

效力抗辩是和解协议所具备的通类性质（generic nature），不仅包含影响合同效力的因素如欺诈、错误、虚假表述、胁迫和欺骗情形，还包含《新加坡公约》第5条第1款中所列举的其他可能导致协议无效的情形③。

②根据协议条款，协议不具有约束力，不具有终局性

这一事由严格地将约束力和终局性的判断局限在了和解协议条款本身，无须考虑其他外部证据或准据法，根据工作组说明，可能包括无权代理/代

---

① UNCITRAL, *Report of Working Group* II（*Dispute Settlement*）*on the Work of Its Sixty-fifth Session*（*A/CN.9/896*），para.99，（Jan. 23，2020），https://undocs.org/en/ A/CN.9/896；UNCITRAL, *Report of Working Group* II（*Arbitration and Conciliation*）*on the Work of Its Sixty-fourth Session*（*A/CN.9/867*），para.152，（Jan. 23，2020），https://undocs.org/en/ A/CN.9/867.

② UNCITRAL, *Report of Working Group* II（*Dispute Settlement*）*on the Work of Its Sixty-seventh Session*（*A/CN.9/929*），para.94，（Jan. 23，2020），https://undocs.org/en/ A/CN.9/929.

③ UNCITRAL, *Report of Working Group* II（*Dispute Settlement*）*on the Work of Its Sixty-eighth Session*（*A/CN.9/934*），para.43，62，（Jan. 23，2020），https://undocs.org/en/ A/CN.9/934.

表人签订协议[1]，提交请求的协议为草稿并非争议最终解决方案[2]等情况。

③ 随后被修改过

这里所说的不要求是实质性修改，只要求请求救济所依据的版本有改动。这一事由要求当事人提交救济的协议，应当是修改后的版本。

④协议义务已经履行，协议义务不清楚或者无法理解

这两类情况导致主管部门无法依据协议给予救济时主管部门可依申请拒绝救济。在公约拟定过程中，虽然欧盟曾提出应当将和解协议的救济限定在金钱义务上，但是这一提议被工作组否决了[3]。

⑤ 准予救济将有悖和解协议条款

这一规定的核心在于强调救济的给予应当尊重当事人自治。考虑到现实情况中，和解协议的契约性质以及调解的灵活性，使得和解协议的内容涵盖了合同的复杂义务，如附条件、附期限的义务、互附义务等情况，甚至有的和解协议当事方在调解后无意执行其中义务，而只是将和解协议作为塑造今后关系和澄清相互义务的框架[4]。这些情况下，对和解协议的救济，如执行等，是违背协议条款、违背当事人双方的意愿的。因而如果出现当事方条件未实现或期限未到或未履行自己义务的情况，救济针对的当事人应当有权利以准予救济将有悖和解协议条款这一理由，对救济申请进行抗辩和阻挠。《新加坡公约》第5条第1款（d）项即是对此类情形的规定。

同时，根据工作组意见，这一规定"应当作宽泛解释，涵盖各式各样实

---

① UNCITRAL, *Report of Working Group* Ⅱ（*Dispute Settlement*）*on the Work of Its Sixty-seventh Session*（*A/CN.9/929*），para.83,（Jan. 23, 2020），https://undocs.org/en/ A/CN.9/929.

② UNCITRAL, *Report of Working Group* Ⅱ（*Dispute Settlement*）*on the Work of Its Sixty-fifth Session*（*A/CN.9/896*），para.88-89,（Jan. 23, 2020），https://undocs.org/en/ A/CN.9/896.

③ 参见 intervention of the European Union，in UNCITRAL Audio Recordings：Working Group Ⅱ（Arbitration and Conciliation），63rd Session, Sept. 8, 2015, 9：30-12：30, https://icms.unov.org/CarbonWeb/public/uncitral/speakerslog/6a94blc8-3 1e4-44ba-9345-bb106caa53a2. 转引自 Timothy Schnabel, *The Singapore Convention on Mediation*：*A Framework for the Cross-Border Recognition and Enforcement of Mediated Settlements*，19 Pepperdine Dispute Resolution Law Journal 1，1-60（2019）.

④ UNCITRAL, *Report of Working Group* Ⅱ（*Dispute Settlement*）*on the Work of Its Sixty-eighth Session*（*A/CN.9/934*），para.46,（Jan. 23, 2020），https://undocs.org/en/ A/CN.9/934.

际存在情形"①。但是，对于争议解决条款是否可援用该项理由作为抗辩，如仲裁条款，公约持否定意见，因为争议解决条款的目的一般是处理与履行和解协议中与义务有关的事项，而非与执行有关的事项，如果和解协议中有仲裁条款，执行机关一般会根据《纽约公约》第2条第3款提请当事人诉诸仲裁②。

（3）调解员

调解员虽然没有权力将自己的判断强加于当事人，但是其在当事方协议达成过程中有着举足轻重的作用，然而不同于仲裁，调解程序中并没有质疑这一过程或调解人行为的手段③。因此，《新加坡公约》第5条第1款（e）（f）项针对调解员行为影响到正在订立协议的当事人，或可导致协议无效的情形做了规定，本质上虽然是第5条第1款（b）项第（一）子项的延伸，但侧重强调调解员的道德和行为，为协议当事方提供了程序性问题救济路径。

首先，这两项规定分别关注调解员在调解过程中对行为准则的违反，以及调解员的不揭露义务。这两类行为并非相互独立，而是有所重叠。前者需要依据不同的可适用的标准来确定，不仅包括适用于调解员的标准，也包括适用于调解程序的标准，可以是关于调解的法律和行为守则，包括专业协会制定的行为守则，至于是根据调解员的资质管理地、调解地还是当事方约定适用的标准，具体需要由主管机关来确定④。通常情况下，后者被包含在上述可适用标准之中，公约对不履行揭露义务另行规定。一方面强调了这一义务在调解过程中的重要性；另一方面在适用的准则不包含披露义务时允许主管部门依据该条件拒绝执行，为当事人提供了更全面的保护和监督机制。

---

① UNCITRAL, *Report of Working Group II（Dispute Settlement）on the Work of Its Sixty-eighth Session（A/CN.9/934）*, para.57,（Jan. 23, 2020）, https://undocs.org/en/ A/CN.9/934.

② UNCITRAL, *Report of Working Group II（Dispute Settlement）on the Work of Its Sixty-fifth Session（A/CN.9/896）*, para.94-95,（Jan. 23, 2020）, https://undocs.org/en/ A/CN.9/896.

③ UNCITRAL, *Report of Working Group II（Dispute Settlement）on the Work of Its Sixty-fifth Session（A/CN.9/896）*, para.193,（Jan. 23, 2020）, https://undocs.org/en/ A/CN.9/896.

④ UNCITRAL, *Report of Working Group II（Dispute Settlement）on the Work of Its Sixty-sixth Session（A/CN.9/901）*, para.87,（Jan 23, 2020）, https://undocs.org/en/A/CN.9/901.

其次，公约为这两类行为设定了一个客观的门槛，将不至于对当事人造成严重影响的类似行为排除在外。比如，调解员的不端行为需达到严重背离行为标准的程度。此外，调解员未履行揭露义务，是指"能对调解员公正性或者独立性产生正当怀疑的情形"。"正当怀疑"为此类情形增加了较为客观的评价标准，从而排除了当事人的一面之词。同时，未履行揭露义务还需在对当事方"有实质性影响或者不当影响"时才可成为抗辩理由。如果调解员未披露可能对调解员公正性或者独立性产生正当怀疑的情况，但是当事方对此已经有所了解，这种情况下调解员的未履行披露义务很难对当事方产生实质影响或不当影响。

最后，公约要求调解员的这两种行为须达到"若无该行为，则该当事人不会订立和解协议"[①]，即调解员的这两类行为在达到上述门槛之后，还需与当事方达成和解协议的合意有直接的因果关系，才可以作为当事方阻挠救济的抗辩理由。否则，即使调解员严重违背自己应当尊重的行为准则，或者未履行自己的揭露义务，只要这些行为没有直接导致当事人订立这些协议，那么就难以认定当事人解纷合意因此受到影响。

2.由主管部门依职权提出的拒绝理由

《新加坡公约》第5条第2款规定了两类允许主管部门依职权提出的拒绝理由，分别是准予救济违背依据公共政策，以及依据本国法律争议的事项不能以调解解决。对这两类事由的适用和解释，各国依据《纽约公约》已有大量实践，无须赘述。此处仅需注意两点，首先，工作组认为应由各缔约国来确定何以构成公共政策[②]。通常来说，公共政策包含实质性和程序性两个方

---

① 参见《新加坡公约》第5条第1款："……（e）调解员严重违反适用于调解员或者调解的准则，若非此种违反，该当事人本不会订立和解协议；或者（f）调解员未向各方当事人披露可能对调解员公正性或者独立性产生正当怀疑的情形，并且此种未予披露对一方当事人有实质性影响或者不当影响，若非此种未予披露，该当事人本不会订立和解协议。"

② UNCITRAL, *Report of Working Group II（Dispute Settlement）on the Work of Its Sixty-eighth Session*（*A/CN.9/934*），para.67，（Jan. 23, 2020），https://undocs.org/en/ A/CN.9/934.

面，调解的灵活性使得其很容易因为不符合程序性公共政策而得到拒绝[①]，主管机关对这一事由的适用，不应当成为其规避公约规定的途径。其次，后者是参考了《纽约公约》第5条第2款甲项而作出的。依据Gary Born的解释，"对这一例外的适用应当谨慎，仅限于法律条款明确禁止的特定争议或请求的仲裁"[②]，因而这要求对于公约中的这一事由，也应当仅能在法律明确禁止使用调解手段解决特定的争议时援引。

第五节　《新加坡公约》语境下商事调解范式的理论革新与实践启示

和解协议作为实体法领域的概念，虽然是争端解决的结果，但是其法律效力始终仅存在于实体法领域，其救济只能参照合同依附于其他争端解决机制。然而，《新加坡公约》语境下调解和解协议的法律效力则从实体法领域拓展到了程序法领域，并拥有了独立于诉讼判决、仲裁裁决等争端解决机制的特殊救济机制。本研究认为这是《新加坡公约》为了推广商事调解作为国际商事争端解决路径而作出的法律拟制，是《新加坡公约》的革新之处。究其特殊救济机制的合理性和法律拟制的正当性，则源于《新加坡公约》对调解和解协议构成要件的调整。在原有和解协议定义与构成要件的基础之上，《新加坡公约》对调解和解协议的定义和构成要件进行了重构。

一方面，《新加坡公约》通过调整调解和解协议的理论构成要件及其形式表达路径来提高协议的可靠性和确定性，为调解和解协议的特殊救济和多层次法律拟制效力提供形式上的正当性。《新加坡公约》通过规避和解协议在实体法领域对其理论构成要件解释和实践的分歧，为不同的构成要件提

---

① UNCITRAL, *Report of Working Group II (Arbitration and Conciliation) on the Work of Its Sixty-fourth Session (A/CN.9/867)*, para.156, (Jan. 23, 2020), https://undocs.org/en/ A/CN.9/867.

② Gary Born, *International Commercial Arbitration*, Wolters Kluwer Law & Business, 2014, 3009.

供了形式上的判断基础，为调解和解协议的法律效力从实体法领域拓展到程序法领域提供了形式上的确定性和可靠性。例如，通过各方当事人共同签署了协议，推定调解和解协议是各方当事人意思自治的结果，协议最终解决了当事人之间存在的争议；通过调解员或调解机构提供的协议是调解所得的证明，推定协议的达成是以争议的存在为前提的，并且经过了调解程序才达成；通过书面形式等格式要求，来避免救济当局过度关注当事人之间是否互相让步或者妥协。

另一方面，《新加坡公约》通过设定技术性构成要件来限缩《新加坡公约》的适用范围，为构建调解和解协议特殊救济机制提供了实践上的可行性。为最大可能地推动大部分国家和地区加入《新加坡公约》，从而形成全球性的商事调解和解协议跨境救济机制，《新加坡公约》通过尽可能减少其革新性对和解协议理论和实践的冲击，提高各国的接受程度。例如，通过限定在国际调解和解协议，避免对各国国内法的直接干预，为各国灵活制定本国规则提供空间；通过限定为商事调解和解协议，平衡和解协议各方当事人的谈判能力和地位；通过限定在非诉讼和仲裁相关调解所得的调解和解协议，避免对现有国际争端解决及机制造成冲击和当事人滥用救济机制。

事实上，《新加坡公约》语境下，调解和解协议从实体法向程序法领域效力扩张的逻辑已经不同程度地影响到各国的立法例。例如，法国通过了第2021-1729号法律，规定经各方律师会签并由主管法院登记处执行的交易和证明调解、和解或参与程序达成协议的文书可作为强制执行的申请依据[①]。《德国民事诉讼法》（Zivilprozessordnung）新增第796a条规定，律师以其所代表的当事人的名义并经其授权而达成的和解，如债务人在和解中同意立即强制执行，且该和解在达成时已交存于其中一方当事人的一般管辖地的地方法院，则应根据其中一方当事人的请求，宣布该和解具有可执行性。

那么，在联合国贸法会通过《新加坡公约》引导未来的国际商事调解实

---

① https://www.legifrance.gouv.fr/jorf/id/JORFTEXT000044545992/#JORFARTI000044546051.

践乃至各国的商事调解立法与实践背景下，我国商事调解实践应当作出以下几个方面努力。

首先，明确和规范我国相关术语的概念和使用。《新加坡公约》语境下的"调解和解协议"这个术语的使用习惯源于西方法律术语体系。这套术语体系下存在和解协议、调解协议等相关概念，并且用法和指向区别于我国民商事司法领域目前存在的和解协议、调解条款、调解协议等相关概念，导致在统筹该领域国内外理论讨论和规则衔接时，存在术语使用上的障碍。因此，有必要从法律层面和司法层面对相关术语的概念和使用进行明确和规范，进而带动理论研究领域的明确和统一。

其次，完善我国和解协议相关实体法规则和理论研究。和解协议是《新加坡公约》语境下调解和解协议概念的起源，但是目前在我国实体法领域并不是有名合同，且缺乏相关规则的明确界定。我国大陆实体法理论研究中并未对此形成广泛讨论，仅部分台湾学者对该问题进行了深入讨论，而在程序法领域被规制和讨论较多的则是执行和解问题。但是，《新加坡公约》语境下调解和解协议的多层次法律拟制效力是以和解协议的有效性为前提的，并且如前所述和解协议的有效性构成要件及效力有其本身的特殊性，因此有必要关注和解协议理论并完善相关规则，在此基础上展开调解和解协议相关理论研究和实体法规则制定才具备合理性。

最后，完善我国商事调解相关程序法规则和理论研究。《新加坡公约》的革新性在于，脱离了成熟的理论研究和实践经验，将调解和解协议的法律效力从实体法领域拓展到了程序法领域，并且德国、法国等国家已开始在其国内通过立法来跟随这一趋势。因此，为统筹推进国内外法治，我国应当参考借鉴《新加坡公约》的立法逻辑，统筹推进国内和国际商事调解领域相关程序规则的制定和研究，从而为我国把握时机加入《新加坡公约》奠定理论和实践基础，为参与国际商事争端解决领域规则制定贡献中国智慧。

第三章 》》》

商事调解制度的域外考察

如前所述，我国商事调解发展水平仍然较低、制度建设并不完善，就如何发展我国商事调解、如何推进我国商事调解实践的制度化进程等问题，目前尚未形成完善可行的制度路径。那么，在对我国商事调解制度发展进行分析之前，从比较法领域对商事调解制度实践的发展搭建理论框架就显得极为重要。这不仅是全面认识我国商事调解制度发展不完善之处的必由之路，也是我国科学构建商事调解制度框架的理论基础。

在本章研究内容正式展开之前，对何为制度、何为商事调解制度进行基本的界定极为必要。在制度经济学家霍奇森看来，制度是型塑（structure）社会互动的既定和普遍的综合性社会规则系统[1]。那么，商事调解活动作为社会互动的一种，商事调解制度即为型塑商事调解活动的既定和普遍的综合性社会规则系统。从微观层面来看，商事调解制度是对商事争议当事人在第三方协助之下自愿和解争议这一社会互动的型塑；从宏观层面来看，商事调解制度则是转介机构（referring bodies，如调解服务提供机构）、调解员、专业顾问（如律师）、调解的重复使用者（如保险公司等商业实体）、专业组织（如律师协会和法律协会）、行业协会（如电信协会、银行业协会、证券协会）、政策制定者（如政府司法部门）与立法者[2]等主体之间社会互动的型塑。鉴于本研究是从制度设计者的角度来看待商事调解制度，即从宏观层面政策制定者与立法者的角度对商事调解制度如何构建进行讨论，那么问题就转变为如何设计综合性的规则系统对商事调解活动进行型塑，或者说商事调

---

[1] G M Hodgson, *What are Institutions?*, 40 Journal of Economic Issues 1, 1-25（2006）.

[2] Hopt Klaus, Felix Steffek, *Mediation：Comparison of Laws, Regulatory Models, Fundamental Issues*, in Hopt K, F Steffek（eds）, *Mediation：Principles and Regulation in Comparative Perspective*, Oxford University Press, 2013, 114.

解规制（regulation）的问题①。这里所说的规制不仅包括实证主义的法律概念，如立法、法令、判例法和实践指南，还包括软性规制的形式，如调解员和其他专业人士的行为守则、行业标准、调解先例、争端解决条款和调解启动协议，以及私人合同的规制和供求的市场规律②。

关于商事调解制度如何实现对商事调解活动的规制问题，可以从3个方面进行认识。其一，商事调解制度的规制工具有哪些，其优势与局限性如何。其二，商事调解制度的规制内容通常有哪些，即商事调解制度通常对哪些商事调解活动进行规范以及如何规范的问题。其三，商事调解制度作为一个综合性的规则系统，不同的规制制度工具都有与规制内容的搭配密度以及相应的利弊。本章围绕国际调解与国内商事调解制度拟对上述3个问题从比较法的角度做梳理与分析。然而笔者在研究过程中发现，在国内制度层面大多数国家或调解机构并不对民事与商事调解进行严格的区分，并分别设计相应的制度。因此，本研究对上述3个问题的讨论并不严格限定在《新加坡公约》语境下或我国民事司法语境下的商事调解范畴内，而是从广泛意义上的调解的范畴对上述3个问题进行讨论，因为此类调解制度通常并不排斥商事争议当事人的争议解决需求。

然而，在我国民事司法语境下，已将商事调解作为调解的一种类型进行发展③，并且主张借助《新加坡公约》在全球范围内生效的国际背景大力发展国内商事调解制度已经成为国内学界主流观点和本研究的观点④。这使得

---

① 在调解的比较研究领域已有诸多学者将规制理论应用于调解制度研究中，本章即参考借鉴此类学者的做法，从规制的角度对调解的规则系统进行分析和研究。相关研究参见 Najia Marie Alexander, S Walsh, M Svatos, *EU Mediation Law Handbook*：*Regulatory Robustness Ratings for Mediation Regimes*, Kluwer Law International BV, 2017. Hopt Klaus, Felix Steffek, *Mediation*：*Comparison of Laws*, *Regulatory Models*, *Fundamental Issues*, in Hopt K, F Steffek（eds）, *Mediation*：*Principles and Regulation in Comparative Perspective*, Oxford University Press, 2013, 1-205. Najia Marie Alexander, *Mediation and the Art of Regulation*, 8 QUT Law Review1, 1-23（2008）.

② Najia Marie Alexander, *Harmonisation and Diversity in the Private International Law of Mediation*：*The Rhythms of Regulatory Reform*, in Hopt K, F Steffek（eds）, *Mediation*：*Principles and Regulation in Comparative Perspective*, Oxford University Press, 2013, 132.

③ 参见本章第一节。

④ 参见本研究第四章第一节。

对上述问题的研究虽然能够为我国构建商事调解制度提供一定的理论基础，但并不足以为我国商事调解制度在国内调解制度中的定位问题提供参考，也不足以为弥合国内与国际商事调解制度差异以及兼顾国内本土需求与国际化需求提供经验借鉴。

因此，本章最终选择规制模式以及系统政策两个维度对商事调解制度的构建进行比较研究。从规制模式的角度，从商事调解制度可用规制工具、规制内容以及规制模式角度，对全球范围内的调解实践进行研究。从系统政策的角度，择定与我国共享中国式调解传统文化的新加坡，对其国内商事调解制度的发展定位以及本土化与国际化需求如何调和进行研究。

第一节　商事调解制度的规制工具

从全球调解实践角度来看，当代商事调解的制度工具主要有5种，依其对商事调解活动当事人的约束力从弱到强分别是市场调节、行业自律、示范性规则、框架性规则及法律法规。其中，市场调节、行业自律、示范性规则因缺乏法的抽象强制性[1]，通常被认为属于软性规制工具；框架性规则及法律法规通常由立法机关或者有相关立法权的实体颁布，因而具备法的抽象强制性，通常被划入硬性规制工具范畴。这些规制工具在对商事调解活动进行型塑的过程中，各有利弊，本节将结合商事调解实践对此进行分析。

一、市场调节

所谓商事调解的市场调节，是在古典自由主义哲学下发展起来的一种规制工具。它的核心特征在于，通过自由市场和私人合同安排对商事调解活动

---

[1] 所谓法的抽象强制性，表明实在法律规范应当得到遵守的一种必然性。参见顾培东：《社会冲突与诉讼机制》，法律出版社，2016年版，第180页。

进行规制[①]。在自由市场中，商事调解作为法律服务的一种，其价格由买方和卖方在没有任何市场性胁迫的情况下在一个开放的市场中进行谈判而自我调节[②]。这意味着：其一，商事调解市场处于完全竞争状态，商事调解服务的供需规模、质量以及价格受到市场供需关系的调整，通过市场竞争实现优胜劣汰，进而实现商事调解资源的分配效率。其二，商事调解服务的交易基于私法自治的原则开展，争议解决需求者可以任意选择调解服务供应方，与其通过签订协议等形式进行调解服务的交易，从而确保交易的自由。商事调解的启动、进行、终止及争议解决结果的产生均受到私法自治原则的约束。其三，由于商事调解市场的低准入门槛，任何人都可以从事任何形式的调解服务，从而确保服务价格不会受到不完全市场竞争的扭曲[③]。

在商事调解市场上，主要的规制机制是重复交易的潜力、声誉以及通过私人合同提供的个性化安排[④]。首先，为促进和保障重复交易，商事调解服务供应方会针对市场发展趋势与消费者的需求，不断发展和完善内部自律标准，从而提升自身的竞争力。与已有客户进行重复交易的需求以及不断开拓商事调解服务市场的需求，必然促使调解服务供应方通过收集商事调解服务市场信息，对市场发展趋势以及争议当事人的争议解决需求进行调查和研究，并设计出相应的商事调解服务标准进行自律，如调解程序规则、调解员守则等内部自律规则，以节省交易成本和保障调解服务质量，通过低廉的价格和专业性的服务等优势提升自身的市场竞争力，从而吸引更多的商事争议解决需求者。其次，有关商事调解服务供应方的商事调解服务质量的信息将会形成其声誉，并通过市场在目标客户群体中得到传播。如果商事争议当事人能够获得准确信息，上述信息必然影响其对调解人的选择。那些表现不佳

---

① Najia Marie Alexander, *Mediation and the Art of Regulation*, 8 QUT Law Review1, 1-23（2008）.

② Karl Popper, *The Open Society and Its Enemies*, Routledge Classics, 1994, 712.

③ Baumol W J, Willig R D, *Fixed Costs*, *Sunk Costs*, *Entry Barriers*, *and Sustainability of Monopoly*, 96 The Quarterly Journal of Economics 3, 405-431（1981）.

④ D Charny, *Nonlegal Sanctions in Commercial Relationships*, 104 Harvard Law Review 2, 373-467（1990）.

的商事调解服务供应方将逐渐被挤出市场，从而实现商事调解服务的优胜劣汰。最后，商事调解对于当事人意思自治原则的推崇，会促使调解服务供应方通过私人合同提供的个性化调解服务来吸引商事争议解决需求者，使得商事争议能够得到个性化、创造性的解决。然而，出于对交易成本和重复交易的综合考虑，将商事调解服务进行标准化的自律行为必然是商事调解服务市场发展的必由之路。

从机构层面来看，美国仲裁协会（American Arbitration Association，AAA）在商事调解领域的发展为市场调节作用提供了良好的示范。于1926年成立的AAA，最初的争议解决服务提供主要集中在仲裁领域。随着商事争议解决市场对调解需求的不断发展，AAA围绕商事调解服务不断发展和完善内部的标准和规则，从而提升自己在该领域的竞争力。在2011年，AAA受理了93件调解案件（占所有案件申请的9%），比2010年增加了60%，进而意识到调解作为首选的商事争议解决方式正在爆炸性增长，因此于同年在建筑工程部门首先试验性地推出了新的快速调解计划；[1]于2012年开始设计新的调解平台——mediation.org，并于2013年4月4日正式推出，在之后的每年对调解员提供相应的调解技巧培训以及组织商事调解研讨会；[2]于2013年对AAA《商事仲裁规则》（*Commercial Arbitration Rules*）进行修改，在AAA商事仲裁程序中新增了第9条并设计了相应的商事调解程序规则[3]，要求索赔额超过75 000美元的当事人在仲裁程序中的某个阶段对其争议进行调解，同时对当事人赋予了选择完全不参加调解程序的权利。上述规定直接导致2014年利用新增调解步骤的商业案件数量比2013年增加了51%[4]。AAA于

---

[1] AAA，*2011 President's Letter & Financial Statements*，（Nov.20，2021），https://www.adr.org/sites/default/files/document_repository/2011_Annual_Report_0.pdf.

[2] AAA，*2012 President's Letter & Financial Statements*，（Nov.20，2021），https://www.adr.org/sites/default/files/document_repository/2012_AAA_Annual_Report_0.pdf.

[3] AAA，*2013 President's Letter & Financial Statements*，（Nov.20，2021），https://www.adr.org/sites/default/files/document_repository/2013_AAA_Annual_Report_0.pdf.

[4] AAA，*2014 President's Letter & Financial Statements*，（Nov.20，2021），https://www.adr.org/sites/default/files/document_repository/2014_AAA_Annual_Report_0.pdf.

2020年新冠疫情暂缓调解计划，虽然严格来说这一计划并不属于商事调解范畴，但是显示出AAA根据调解市场趋势作出回应型调整的能力与行动。

从宏观层面来看，商事调解市场调节的作用同样可以得到验证。随着市场规模的扩大，商事调解当事人对调解员的评价同样会提升，进而更倾向于选择调解作为争议解决方式。有效争议解决中心（The Centre for Effective Dispute Resolution，CEDR）第八次对民事和商事调解员的态度的调查报告显示，2016—2018年英格兰和威尔士的民商事调解市场的规模增加了20%，其中非机构调解案件占比高达70%。随着调解市场规模的扩大，当事人对调解员表现的满意度逐年提升，调解的成功率也得到提高。2016年仅有69%的当事人认为调解员的表现可以评价为非常好或相当好，有9%的当事人认为调解员的表现欠佳；2018年认为调解员表现非常好或相当好的当事人占比已达83%，仅有4%的当事人认为调解员的表现欠佳，而且调解的总体成功率也从2016年的86%提升到2018年的89%[1]。

虽然在商事调解市场调节下，商事调解服务供应方因针对市场发展的趋势与消费者的需求不断发展和完善内部自律标准，呈现出对商事调解发展趋势回应性和灵活性强的特征；因尊重当事人意思自治原则，从而使得商事争议能够得到创造性的解决；然而，完全竞争的市场模式只是一个理想化的市场模型，市场调节在型塑商事调解活动过程中有其固有的局限性。

首先，商事调解服务作为争议解决服务的一种，与法院提供的民商事裁判一样，在于为全社会提供一种公共性的保护职能，且这种职能不能被某些人排他性地占有，因此，商事调解服务有着公共物品（public good）的外观[2]。在公共物品的供需领域，必然存在政府或其他公共服务实体的参与，一是达到帕累托最优不再是公共物品供需的首要目的，二是完全竞争的市场模式是无法实现的，市场规制的有效前提无法得到保证。其次，商事调解服

---

① CEDR，*The Eighth Mediation Audit-A Survey of Commercial Mediator Attitudes and Experience in the United Kingdom*，（Nov.20，2021），https://www.cedr.com/wp-content/uploads/2019/10/The_Eighth_Mediation_Audit_2018.pdf.

② 徐卉：《重新认识法律职业：律师与社会公益》，载《中国司法》，2008年第3期，第43-46页。

务作为法律服务的一种，不可能完全没有准入门槛。准入门槛的设定，同样使得商事调解市场的完全竞争难以实现，进而影响市场规制对商事调解活动的型塑。如前所述，我国民事司法语境下的商事调解发展即存在此弊端。再次，市场规制有效性的前提是，商事争议当事人会在了解关于商事调解市场的准确信息后作出经济上的理性决定。然而，研究表明，大部分商事争议当事人对调解和调解员的了解很有限，商事争议当事人可能没有足够的信息来作出明智的市场选择。即使商事争议当事人获取了相应的信息，他们也可能不会理性地使用这些信息，财富和教育等结构性障碍使得选择更加虚幻而非真实①。最后，由于在商事调解服务市场中，商事调解的启动、进行、终止以及争议解决结果的产生，均是在私法自治原则上展开的，因此，仅有市场规制的商事调解和解协议若得不到当事人的自觉履行，能且仅能通过合同法的方式进行救济。

二、行业自律

商事调解的行业自律是在新自由主义哲学与远离政府干预的思潮下产生的②。作为介于自由市场调节和以国家为中心的规制之间的中间道路，这是一种由商事调解行业组织主导的、为型塑商事调解活动、针对调解员和调解实践制定规则的规制工具。

商事调解的行业自律有以下几个方面的特点：首先，商事调解行业自律规制权力的来源多样。自律组织的规制权力不一定来自政府的授权。按照政府的参与程度，可以分为3种模式。其一，完全自发的自我规制，即由公司或行业本身私下进行的规则制定和执行，政府不直接参与。其二，政府授权的完全自律，规则制定和执行都是行业利益相关者主导的。虽然这种策略类似于完全自发的自律，但因规制要求是由行业本身在内部制定和执行的，所

---

① Najia Marie Alexander, *Mediation and the Art of Regulation*，8 QUT Law Review1, 1-23（2008）.

② N Gunningham, J Rees, *Industry Self-regulation：An Institutional Perspective*，19 Law & Policy 4，363-414（1997）.

以它不同于完全自发的自律。因为行业规制规则计划是由政府正式批准的，政府会监督该计划，并且如果有必要，政府将采取措施确保其有效性。其三，政府授权的部分自律。授权的完全自律将规则制定和执行均完全依赖于行业内部；授权的部分自律则将行业自律限制在规则制定或执行中的一个规制职能上，而不是两者都有①。目前，商事调解行业自律规制多体现为完全自发的自我规制以及政府授权的完全自律。其次，商事调解行业自律规则的协作性。行业自律规则协作性是指规制者与被规制的团体或集体之间的合作。其规则的形成需要在行业内不同利益团体决定相互合作的基础上展开，并通过合作、协商和反思的过程，因此区别于自上而下的以国家为中心的规制②。最后，商事调解行业自律规则的反思性。所谓行业自律规则的反思性，是指其能将商事调解行业人员的行为纳入响应更广泛的社会价值观的规范性秩序中③。因此，行业自律规则区别于在商事调解市场调节下由商事调解服务供应方制定的自律规则。行业自律规则并不以市场发展的趋势与消费者的需求为核心理念制定，而是以实现行业的可持续发展以及发掘行业的社会价值为指导而形成的规则。

由于商事调解行业自律规则的制定是由该领域的专家以及利益相关者通过合作、协商、反思的方式进行的，其规制优势显而易见。首先，商事调解行业自律规则制定成本更低。无论是从规则制定的信息收集、合理性论证成本，还是规则制定程序本身的成本来说，商事调解行业自律规则的制定都远比立法成本要低。其次，商事调解行业自律规则兼具较高的行业反思性和市场敏感性。一方面，参与制定的专家以及利益相关者因身为该领域的一分子，其对该领域持有长期的发展利益，因而该领域的持续发展以及在现代社

---

① Joseph Rees, *Reforming the Workplace: A Study of Self-Regulation in Occupational Safety*, Univ. of Pennsylvania Press, 2016, 10-12.

② Najia Marie Alexander, *Harmonisation and Diversity in the Private International Law of Mediation: The Rhythms of Regulatory Reform*, in Hopt K, F Steffek (eds), *Mediation: Principles and Regulation in Comparative Perspective*, Oxford University Press, 2013, 150.

③ N Gunningham, J Rees, *Industry Self-regulation: An Institutional Perspective*, 19 Law & Policy 4, 363-414(1997).

会中的地位稳固对其来说更加重要。这必然使得其不断对商事调解领域发展进行反思，探寻该领域的社会价值，为该领域的发展进行正当性与合法性论证，甚至制定超越法律条文的道德行为标准，从而实现可持续发展。另一方面，市场仍然是该行业发展的基础环境，参与制定的专家以及利益相关者并不会忽略商事调解市场发展的趋势与消费者的争议解决需求。再次，商事调解行业自律规则同样鼓励多样性。最后，商事调解行业自律规则能够获得从业人员的认同并由此得到遵守，从而降低执行成本。由于参与制定的专家以及利益相关者对商事调解不同利益群体的需求和利益有着密切而敏感的了解，能够制定更实用的标准，因此，能够获得较高的从业人员认同感，使得其自觉遵守。同时，行业自律也有可能利用同行的压力，成功地将合规的责任内部化，实施更有效的监督。

在国内层面，澳大利亚国家调解员认证系统（National Mediator Accreditation System，NMAS）是一个政府授权的完全自律规则系统，为调解行业自律规制提供了较具代表性的实践模板。2006年，在澳大利亚国家调解会议上，布勒教授及其团队提交了《澳大利亚的调解员资格认证报告》。该报告在会议上得到一致通过，并在澳大利亚联邦总检察长的资助下进行审议。其核心任务是制定一个框架和文件，以指导国家调解员认证制度的实施[1]。2007年，该项目草案在网络上公开发布以征求意见，并通过澳大利亚全国替代性争端解决咨询委员会（National Alternative Dispute Resolution Advisory Council，NADRAC）会议、从业人员咨询论坛（Practitioner Consultation Forums）等会议平台咨询与会人员意见，同时有针对性地邀请LEADR争议解决者协会[2]、澳大利亚仲裁员和调解员协会（Institute of Arbitrators and Mediators

---

[1] Tania Sourdin, *Accrediting Mediators：The New National Mediation Accreditation Scheme (Australia)*,（Feb.28, 2021）, https://ssrn.com/abstract=1134622.

[2] LEADR争议解决者协会是澳大利亚的一个非营利组织。其制定了一个调解员认证计划和一套调解员规则，该组织可以通过自己的培训和认证程序在用户付费的基础上对调解员进行认证。LEADR的认证是调解行业的一个基准，根据澳大利亚首都地区《1997年调解法》进行认证，并将澳大利亚法律委员会的"调解员道德标准"纳入其标准。参见LEADR, *About Us*,（Nov.20, 2021）, http://www.leadr.com.au.

Australia，IAMA）[1]等利益相关方发表书面意见[2]。该项目得到了诸多专业机构以及个人从业者的积极反馈，并最终于2008年正式通过。

在NMAS之前，澳大利亚对调解的规制存在相当程度的分散、重复和混乱现象，没有统一且全面的从业人员资格认证系统、执行标准或质量改进战略；调解过程的参与者也没有标准的投诉程序；调解员也没有与保密性、公正性或道德要求有关的标准。相对来说，在澳大利亚，调解属于还在快速发展之中的有争议的解决方式。由于调解并非某一特定专业所特有的技能，该领域的从业人员也来自多个专业背景，每个专业领域都可能由其自身的专业协会或专门成立的协会规制，不同领域对调解的理解与实践并不一致。例如，联邦和州一级的法定条例、专业协会和培训组织制定的实践守则、道德和行为标准，以及个别社区和其他组织的内部政策文件均对调解员规定了相应的要求，并且内容上既有重叠，也有差异。其中，较具代表性的是澳大利亚法律委员会的《调解员道德标准》，其仅能对参与调解的个人、组织和机构发挥教育功能，并且其功能功效取决于调解员、成员和其他机构对它的采纳程度。

NMAS则改变了上述局面，其在将自己定位于在市场力量推动的调解服务供应方"自我规制"的基础上，提供独立的第二层规制[3]，内容涵盖：①批准标准（approval standards），规定了NMAS认可的调解员所需的培训、评估、个人素质和经验，以及对其认可的更新；②实践标准（practice standards），规定了NMAS认证调解员的最低实践和能力要求；③认可调解员认证机构（Recognised Mediator Accreditation Bodies，RMABs），根据批准标准和实践标准对调解员进行认证；④国家认可调解员登记册（Register of Nationally Accredited Mediators）是NMAS认可调解员的权威性名单；

---

① IAMA同样有一个认证计划，涉及调解员的评估和培训。参见IAMA，*About Us*，（Nov.20，2021），http://www.iama.org.au.

② Tania Sourdin，*Accrediting Mediators：The New National Mediation Accreditation Scheme*（*Australia*），（Feb.28，2022），https://ssrn.com/abstract=1134622.

③ Tania Sourdin，*Accrediting Mediators：The New National Mediation Accreditation Scheme*（*Australia*），（Feb.28，2022），https://ssrn.com/abstract=1134622.

⑤调解员标准委员会（Mediator Standards Board），负责监督NMAS的工作，成员包括RMABs，相关调解职业组织、政府组织、社区组织和消费者组织，以及教育和培训机构。

新加坡在其商事调解的制度化过程中即充分借鉴了NMAS模式①，通过构建新加坡国际调解协会（Singapore International Mediation Institute，SIMI），制定调解员的认证标准和实践标准，但并不强制从业人员参与。

在国际层面，国际调解组织（International Mediation Institute，IMI）则提供了一个完全自发的自我规制行业自律实践模板。IMI是世界上唯一一个不受地方管辖的商事调解自律行业组织，为参与争议解决的调解员和倡导者提供专业化的行业规则。IMI分别为调解员以及调解机构提供了相应的标准。针对调解员，IMI认证中心制订了"资格评估计划"，从调解员经验、知识、技能三方面设定标准，满足相应要求并通过测评的申请者才可以被授予相应的IMI资格。同时，IMI针对认证调解员制定《职业行为守则》（Code of Professional Conduct），并设计相应的职业行为评估程序（IMI professional conduct assessment process），以监督调解员的职业行为。

虽然商事调解的行业自律在规制商事调解活动方面存在前述优势，并已经得到一定的实践推广，但是其同样存在局限性。首先，行业自律的资源可得性问题，如专家资源、资金支持等。行业自律规则有效地对商事调解实践活动进行回应并反思需要获得关键利益集团、社区和政府的持续支持。如果行业和专家的投入水平下降，自律规制就会失去其应有的功能，政府的投入就会增加②。其次，行业自律通常也被认为具有行业保护的性质，因而不利于公众利益的保障。因其规制标准通常很弱，执行不力，惩罚措施也是秘密和温和的，所以被认为是利益相关方自利驱动下为行业披上了规制的外衣，

---

① 见本章第四节。

② Najia Marie Alexander，*Mediation and the Art of Regulation*，8 QUT Law Review1，1-23（2008）.

从而避免政府更直接和有效的干预[1]。再次，行业自律缺乏传统国家规制的许多优点，如"在可见度、可信度、问责制、强制适用于所有……制定严格标准的更大可能性、成本分散……和一系列制裁的可用性方面"[2]。最后，对行业自律规则的遵守被认为会增加成本和不便之处[3]。

三、示范性规则

所谓商事调解的示范性规则，通常由某个具有相当程度代表性的利益团体就商事调解的基本原则和核心内容集中起草和颁布，以便在多个独立的立法实体间传播和颁布。这些立法实体会据其直接采纳或调整之后通过立法或其他形式颁布，从而规范其辖区内的商事调解活动。

商事调解示范性规则具有以下特征：首先，示范性规则是一种建议性的规则，其本身不具有法的抽象强制性，需经过具体的立法实体采纳并颁布后，才开始在相应的辖区发挥规制商事调解活动的作用。其次，拟定及颁布示范性规则的利益团体的特殊性。其一，拟定和颁布示范性规则的利益团体具有相当程度的代表性。其成员来自不同的法域，并且拟定过程有相当的开放性，不同成员甚至非成员均有机会参与到规则的审议与讨论中，规则正当性与广泛的接受度也源于此。其二，此类团体多以协调不同辖区的立法实践、促进不同法域之间的合作为设立目的。例如，联合国贸法会以"加强活跃在国际贸易法领域的国际和区域组织的法律活动的协调与合作，以及为促进这一领域的国内和国际法治"[4]为目的；美国国家统一州法专员会议

---

① Braithwaite J，Fisse B，*Self-regulation and the Control of Corporate Crime*，in C D Shearing，P C Stenning（eds），*Private policing*，Sage Publications，1987，21. 转引自 N Gunningham，J Rees，*Industry Self-regulation：An Institutional Perspective*，19 Law & Policy 4，363-414（1997）.

② K Webb，A Morrison，*The Legal Aspects of Voluntary Codes*，Exploring Voluntary Codes in the Marketplace Symposium，1996，12-13. 转引自 N Gunningham，J Rees，*Industry Self-regulation：An Institutional Perspective*，19 Law & Policy 4，363-414（1997）.

③ Tania Sourdin，*Accrediting Mediators：The New National Mediation Accreditation Scheme（Australia）*，（Feb.28，2021），https://ssrn.com/abstract=1134622.

④ UN，*Addis Ababa Action Agenda*，（Feb. 27，2022），https://www.un.org/esa/ffd/wp-content/uploads/2015/08/AAAA_Outcome.pdf.

（National Conference of Commissioners on Uniform State Laws，NCCUSL）是一个非营利性组织，由美国各州政府任命的代表组成，旨在为美国各州提供经过充分研究和起草的示范法，使各司法管辖区关键领域的成文法更加清晰和稳定①。其三，示范性规则通过不同的立法实体颁布后，最终形成的规制规则兼具自上而下和自下而上的特征。由于示范性规则是由一个固定的利益团体统一拟定，虽然该利益团体的组成成员具有代表性以及审议过程的开放性，但是该规则仍然是以协调不同辖区的商事调解立法实践、促进不同法域之间的合作为目的而自上而下颁布的。同时，此类规则允许作为成员的立法实体依据自己法域内实质性和程序性的法律法规，以及公共政策对规则内容进行调整，由此具备了自下而上的特征。

因而商事调解示范性规则的优势显而易见，在统一商事调解规制实践的同时保留一定的灵活性。一方面，商事调解示范性规则通过促进商事调解规制规则的可预测性和统一性，降低了规制的随意性，减少了商事调解争议主体在不同法域使用商事调解时处理不同法律的需要，从而鼓励和推广了调解的使用。另一方面，示范性规则允许作为成员的立法实体依据自己法域内实质性和程序性的法律法规，以及公共政策对规则内容进行调整，向下兼容了不同立法实体的利益诉求，尊重了调解的灵活性以及其作为争议解决实践所必须考虑的本土性问题。

从国内法层面来看，美国的《统一调解法》（Uniform Mediation Act，UMA）即是一部示范性规则。该法案目前已经在包括华盛顿在内的美国13个州施行。1997年，NCCUSL调研报告显示，美国有超过2 500个州的保密法规和法院规则，以及250个州的保密特权法规，除非所有州在调解中提供相同的调解保密性保护，否则任何保密或特权的承诺都是无效的，由此产生了对统一调解规则的需求②。1997年，NCCUSL即决定联合美国律师协

---

① NCCUSL，*About Us*，（Nov.20，2021），https://www.uniformlaws.org/aboutulc/overview.

② Monica Rausch，*The Uniform Mediation Act*，18 Ohio State Journal on Dispute Resolution 2，603-618（2003）.

会（American Bar Association，ABA）起草一部示范性立法，以统一"不一致的（州）调解保密规定"①。历时3年，在NCCUSL与ABA的主导下，经过不同的律师协会、调解协会、政府机构及个人执业者等各种相关方的讨论，UMA最终草案在NCCUSL的2001年年会上被提交，请求批准。因此，UMA的内容主要围绕调解的保密性展开，着重处理调解过程直接与正式法律程序对接的调解活动，并未引入有关调解员资格、授权强制调解或调解员标准等规定，其他关于保密性规则（如在法律程序以外的情况下的披露）将继续由各州自行处理②。

从国际法层面来看，前述联合国贸法会颁布的2002年以及2018年的《调解示范法》为商事调解的示范性规则提供了良好示范，该部分不再赘述《调解示范法》内容。

虽然商事调解示范性规则兼具前述灵活性和统一性的优势，但是作为一种建议性的规则，其对成员或非成员立法实体不存在实质的约束力，因此，示范性规则在促进商事调解规制规则的可预测性和统一性方面起到的作用是有限的。

四、框架性规则

所谓商事调解的框架性规则，通常由某个具有相当程度代表性的利益团体就商事调解的基本原则和内容框架集中起草，从而为商事调解确立正式的、法律上认可的调解活动框架。在此框架范围内，作为成员的立法实体可以采用其他形式规制填补细节。

商事调解框架性规则与示范性规则具备相当程度的相似性。框架性规则的拟定团体同样具备类似的特殊性，并且兼具自上而下和自下而上的特征。然而框架性规则是一种指导性的规则，具有法的抽象强制性，其提供的是正

---

① Ellen E Deason, *Uniform Mediation Act: Law Ensures Confidentiality, Neutrality of Process*, Disp. Resol. Mag. 8, 23-28（2002）.

② Carroll, Robyn, *Trends in Mediation Legislation: "All for One and One for All" or "One at All"?*, 30 University of Western Australia Law Review 2, 167-208（2002）.

式的、法律上认可的调解活动规制框架，作为成员的立法实体必须遵循框架性规则且只能在规则的框架之内填补细节。因而商事调解框架性规则的优势与示范性规则类似，只不过在统一商事调解规制规则方面提供了更高的确定性和可预测性。

欧盟《2008/52/EC号调解指令》是商事调解框架性规则的典型代表。首先，该指令中规定了一些具体和硬性的规则，要求成员国将其纳入国家法律。例如，第6条关于在调解中达成的和解协议的可执行性的规定，第7条关于保密性的规定。其次，部分条款表述得相当柔和，表达的是一种愿景，而不是明确的实施规则。例如，第4条关于确保调解质量的规定，第5条关于法院程序与调解的关系的规定。最后，该指令所提供的规制框架并未对调解员的责任或专业调解员协会的规制问题做直接要求，而是通过细则明确承认调解的不同规则来源，包括成员国的自我规制（细则14）、《欧洲调解员行为守则》（细则17）和市场规则（细则17）。

五、法律法规

所谓商事调解的法律法规，是指由立法实体、行政实体等拥有相应法律法规制定权力的实体，制定的具有法的抽象强制性的法律法规。其主要目的是为商事调解制定具体和明确的规范，从而为商事调解活动设定一致的标准和目标，构建商事调解法律秩序[①]。虽然前述框架性规则也可能采取立法形式，但是本研究所指向的商事调解法律法规在规范的具体性和明确度上与其存在差异。例如，《2008/52/EC号调解指令》虽可被视为欧盟立法，但其主要目的是建立一个框架。在此框架内，成员国家可以通过立法等方式规范调解的细节。因此，该指令在这里是将框架性规则作为规制工具来考虑的，而不是本节所指的具体和确定的法律法规。

---

① Najia Marie Alexander, *Harmonisation and Diversity in the Private International Law of Mediation：The Rhythms of Regulatory Reform*, in Hopt K, F Steffek（eds）, *Mediation：Principles and Regulation in Comparative Perspective*, Oxford University Press, 2013, 132.

商事调解法律法规具备法的抽象强制性，而且能够为商事调解活动提供明确且具体的法律秩序。世界各地许多转型期民主国家表示，倾向对调解进行集中和全面的法律法规规制[1]。渴望吸引投资以及进入双边和多边政治和经济安排的国家，非常希望向世界其他国家展示其民主、有利于解决争议的现代法律制度。此种背景下，法律法规比"软法"形式的规则更容易得到国际认可[2]。例如，后文提到的新加坡颁布的《2017年调解法案》（*Mediation Act 2017*）即其推动本土商事调解国际化发展的重要举措[3]。

然而，在商事调解背景下，法律法规作为规制工具有其固有的局限性，诸多国家因此避免使用立法手段对调解进行规制。首先，调解的灵活性本质或可在法律法规下被限制或扼杀[4]。调解是一个非常灵活的争议解决过程，如何更好地去调解一个争端，在很大程度上取决于争端的具体情境、争议各方的性格和背景以及处理调解第三方的风格和技能，并且调解支持当事人的私法自治、使用法律和非法律的方法来和解争议，促进当事人创造性地达成个性化解决方案[5]。但是，成文法在处理非法律观点、纷繁复杂和灵活多变的社会事务方面存在局限性[6]。因此，围绕商事调解进行立法可能对如何进行调解施加不必要的限制，从长远来看会扼杀调解的健康发展。其次，在调解制度尚未充分建立或普及之前，无法评估和满足任何规制的需要。仓促的规制会阻碍从业人员、学术界和相关协会对调解方法的发展，因此应当减少

---

[1] R Morek，Waiting for the Directive：Recent Developments in Civil and Commercial Mediation Law in Central and Eastern Europe：Selected Issues（European Mediation Conference，2007）. 转引自 Najia Marie Alexander，*Mediation and the Art of Regulation*，8 QUT Law Review1，1-23（2008）.

[2] Najia Marie Alexander，*Mediation and the Art of Regulation*，8 QUT Law Review1，1-23（2008）.

[3] 见本章第四节。

[4] Department of Justice of the Hong Kong Special Administrative Region，*Report of the Working Group on Mediation*，para.7.6，（Nov.20，2021），https://www.doj.gov.hk/en/legal_dispute/pdf/med20100208e.pdf.

[5] Najia Marie Alexander，*Mediation and the Art of Regulation*，8 QUT Law Review1，1-23（2008）.

[6] 在此不展开讨论，参见徐国栋：《法律局限性的处理模式分析》，载《中国法学》，1991年第3期，第56～63页；秦国荣：《法治社会中法律的局限性及其矫正》，载《法学》，2005年第3期，第28～39页。

立法刺激，以避免窒息一个仍在发展的学科所需的创造力和灵活性[①]。再次，虽然商事调解立法的过程可以开放性地征询相关利益团体的意见与建议，从而保持与商事调解领域实践和理论的一致性，但是立法规则的贯彻通常依赖国家实体按照政府批准的政策运作，而直接来自商事调解行业的专业知识与经验可能会在法律层面消失[②]。最后，自上而下的法定规制过程与调解所要支持的价值观是背道而驰的，即尊重当事人的意思自治。

此外，在商事调解法律法规的解释上，司法机构也可以发挥重要作用，特别是在澳大利亚、英国和美国等判例法管辖区。在行使其司法职能的过程中，法院可以填补立法者留下的法律空白，使诸如"诚信"等不精确的术语变得清晰并具有具体的含义。

第二节　商事调解制度的规制内容

通常情况下，商事调解制度所依据的规制内容可以分为调解启动规则、调解程序规则、调解员规范、权益规则、国际国内衔接规则等内容。

一、调解启动规则

所谓调解的启动规则，是指对如何启动和进入调解程序的相关活动进行规范，并且不同的启动规则设定通常与规则背后的政策目的紧密相关。从全球范围来看，调解的启动规则常见的有以下几种模式。

---

① Steffek F, *Mediation in the European Union: An Introduction*,（Nov.20, 2021）, http://www. diamesolavisi. net/kiosk/documentation/Steffek_Mediation_in_the_European_Union. pdfx, 2012.

② Najia Marie Alexander, *Harmonisation and Diversity in the Private International Law of Mediation: The Rhythms of Regulatory Reform*, in Hopt K, F Steffek（eds）, *Mediation: Principles and Regulation in Comparative Perspective*, Oxford University Press, 2013, 132.

（一）开放型启动规则

所谓开放型启动规则，即不对调解的启动依据进行任何限制，当事人既可依据调解启动协议进入调解，也可在相关鼓励或制裁政策背景下选择进入调解，还可在审判程序或者仲裁程序中自愿或者被强制进入调解程序。如前所述，《新加坡公约》语境下的商事调解即不对调解程序的启动依据进行限制[①]。此外，欧盟《2008/52/EC号调解指令》第2条规定："（a）当事人同意在争端发生后使用调解。（b）法院命令进行调解。（c）根据国家法律产生了使用调解的义务。或（d）为了第5条的目的，向各方当事人发出了邀请。"因此，自愿调解、法院命令或者法律强制调解以及受理诉讼的法院的邀请调解、受到相关政策奖励或制裁进行的调解，均适用欧盟《2008/52/EC号调解指令》。美国UMA第3条第1款规定："本（法）适用于以下调解。（1）成文法（statute）或法院、行政机构的规则要求调解各方进行调解，或由法院、行政机构或仲裁员转交的调解；（2）调解各方和调解员同意在一份记录（record）中进行调解，该记录表明预期调解通信将享有不披露的特权；或（3）调解各方使用一个自称是调解员的人作为调解员，或由一个自称提供调解的人进行调解。"该法通过第3条第1款规定了3种不同的机制用以启动UMA语境下调解的适用，涵盖了通常出现的大多数调解情况。这与美国各州的立法并不相同，州的调解立法一般适用于法院调解、社区调解、特定类型纠纷的调解等特定情况。

值得注意的是，此类启动规则通常结合其立法目的，采用其他方式对开放型启动规则的适用范围进行限制。例如，《新加坡公约》的目的在于为国际商事调解和解协议的跨境救济提供便利，因此《新加坡公约》将其适用范围限定在了国际商事争议当事人为解决商事争议而达成的和解协议之中。此外，为了避免与其他相邻争端解决机制中获得调解和解协议的国际救济法律文书产生重叠或空白，《新加坡公约》第1条第3款从调解和解协议的可执行

---

① UNCITRAL, *Report of Working Group II（Arbitration and Conciliation）on the Work of Its Sixty-third Session（A/CN.9/861）*, para.24,（Jan. 23, 2020）, https://undocs.org/en/ A/CN.9/861.

性角度，对上述开放型启动规则的范围进行了限制。

《2008/52/EC号调解指令》目的在于，"鼓励使用调解和确保调解与司法程序之间的平衡关系，为获得替代性争议解决方案提供便利并促进争议的友好解决"，因此对"法院或受理法官在有关争议的司法程序过程中为解决争议所做的尝试"予以排除。

美国UMA的核心目的在于对不同的调解保密原则进行统一①，因此，由于集体谈判在美国已经有了长期的、稳固的、基本统一的调解系统，UMA第3条第2款②排除了集体谈判。由于司法调解和解会议在美国民事司法制度中的不同性质与定位，该调解涵盖了从简单的案件管理到法院附属调解等类型。在司法会议的部分功能是案件管理的情况下，尽管可能有由法官或司法官员发起或促成的和解讨论，但当事人几乎没有对保密性抱有期望，因此UMA第3条第2款对此类司法调解和解会议予以排除。由于学校对学生的监督需求，在学校调解项目主持下进行的学生间调解无法符合该法的保密规定，UMA第3条第2款同样予以排除。由于惩教机构青少年的调解是为了促进和鼓励此类青少年对冲突的解决和预防技能，所以保密原则同样不适用UMA。

通过上述立法例不难看出，开放型启动规则主要存在于跨法律辖区背景下的调解活动规范，通常采用前述示范性规则或框架性规则的形式，以推动某一政策在不同辖区的落实为目的，因此，强调其规则的包容性和广泛适用性，以便向下兼容不同辖区立法实体的立法需求。

---

① 该部分内容参考UMA注释内容，总结翻译得出。参见NCCUSL, Uniform Mediation Act, (Nov.20, 2021), https://www.uniformlaws.org/HigherLogic/System/DownloadDocumentFile.ashx?DocumentFileKey=ba67e1d1-9602-51ab-aade-08f395a6de19&forceDialog=0.

② "（b）本（法）不适用于调解。（1）与集体谈判关系的建立、谈判、管理或终止有关。（2）与根据集体谈判协议待决的争端有关，或属于集体谈判协议规定的程序的一部分，但法案适用于因已向行政机构或法院提交的争端而进行的调解。（3）由可能对案件作出裁决的法官进行。或（4）在以下机构的主持下进行：（A）小学或中学，如果所有当事人都是学生；或（B）青少年教养机构，如果各方都是该机构的居民。（c）如果各方事先在签署的记录中同意，或诉讼记录反映了各方的协议，即调解的全部或部分不享有特权。"

（二）自愿型启动规则

所谓自愿型启动规则，即争议当事人依据选择调解的合意启动调解。这一调解的合意可以表现为调解启动协议或者一般合同中的调解条款。目前，这是商事调解领域最常用的调解启动模式。根据康奈尔大学2011年对财富1 000家公司的调查，公司商业纠纷中54.2%的调解是由于合同而引发的[①]。美国学者进行的一项关于国际商业调解的使用和看法的问卷调查显示，在国际商业争端中诉诸调解主要是由于调解协议[②]。

大部分争议解决机构提供的程序规则中，争议当事人均需自愿进入调解程序。例如，新加坡国际调解中心（Singapore International Mediation Center，SIMC）《调解规则》（Mediation Rules）第3条规定，当事人必须提交调解启动协议证据来启动调解。如果没有调解启动协议，则由SIMC主动联系各方争议人并提出进行调解的建议，直至各方达成书面调解启动协议。

此外，已有国家从调解立法的角度规定商事调解须以当事人自愿为前提。新加坡《2017年调解法案》第6条第1款规定："本法适用于根据调解协议进行的任何调解，或与之相关的调解。如（a）该调解全部或部分在新加坡进行，或（b）该协议规定本法或新加坡法律适用于调解。"在奥地利，商事调解被看作一个完全自愿的过程，不能违背一方的意愿进行[③]。商事调解的启动同样是完全自愿的。于2003年颁布的《奥地利调解法》（*Zivilrechts-*

---

① T J Stipanowich, J R Lamare, *Living With ADR*: *Evolving Perceptions and Use of Mediation*, *Arbitration*, *and Conflict Management in Fortune 1 000 Corporations*, 19 Harv. Negot. L. Rev. 1, 1-45（2014）.

② S I Strong, *Use and Perception of International Commercial Mediation and Conciliation*: *A Preliminary Report on Issues Relating to the Proposed UNCITRAL Convention on International Commercial Mediation and Conciliation*, University of Missouri School of Law Legal Studies Research Paper, 2014.

③ Austrian Supreme Court, Judgment of 15 July 1997, 10bl61/97a; Austrian Supreme Court, Judgment of 14 December 2011, 30b196/11m. 转引自Markus Roth, David Gherdane, *Mediation in Austria*: *The European Pioneer in Mediation Law and Practice*, in Hopt K, F Steffek（eds）, *Mediation*: *Principles and Regulation in Comparative Perspective*, Oxford University Press, 2013, 274-332.

Mediations-Gesetz① ）第1款规定，"调解是一项由各方自愿参加的活动"②；第16条第2款规定，"调解员只有在得到各方同意的情况下才能采取行动"，当且仅当争议当事人共同约定选择调解解决争议时，才能启动调解程序。即使在法院转介的商事调解背景下，也不存在强制启动调解的情况。在2008年维也纳商事法院的非诉讼争端解决项目中，法院采取的是向涉及未决案件的各方解释调解程序得到当事人同意后移交调解的方式。使用法院命令强制当事人进行调解的情况并不存在③。

然而，在依据当事人进入调解的合意来启动调解的程序中，各国理论与实践就调解启动协议或者调解条款的效力存在较大的差异，并且影响到调解的推广适用，尤其是跨境争议解决领域中调解的使用④。

目前，仅有新加坡在调解立法层面明确规定了调解启动协议的效力。依据新加坡《2017年调解法案》第4条以及第8条第1款的规定，如果书面调解启动协议的任何一方，就属于该协议主题的任何事项，在法庭上针对该协议的任何其他一方提起诉讼，该协议的任何一方可向该法庭申请中止该诉讼，只要该诉讼与该事项有关。因此，在新加坡《2017年调解法案》中，调解启动协议被赋予了暂停法庭程序的效力。虽然，新加坡开创了在立法层面承认调解启动协议效力的先局，但是调解启动协议拥有暂停其他争议解决

---

① 虽然 Zivilrechts-Mediations-Gesetz 应翻译为《奥地利民事调解法》，但可以被称为《奥地利调解法》，因为其为奥地利唯一一部只涉及调解的法律，并且根据该法第3条第2款规定，"有关民法事务的调解是为了解决由民事法庭负责裁决的冲突而进行的调解"，而在实践中，民事法庭负责裁决的争议也包括商事争议，但不包括必须在行政程序中决定的冲突等。参见 Markus Roth, David Gherdane, *Mediation in Austria: The European Pioneer in Mediation Law and Practice*, in Hopt K, F Steffek（eds）, *Mediation: Principles and Regulation in Comparative Perspective*, Oxford University Press, 2013, 274-332.

② Maria Theresa Trofaier, Translation of *Zivilrechts-Mediations-Gesetz - ZivMediatG BGBl. I Nr. 29/2003*, 由 Maria Theresa Trofaier 翻译德文原文,（Nov.20, 2021）, http://www.arbiter.com.sg/pdf/laws/AustrianMediationAct2003.pdf.

③ Markus Roth, David Gherdane, *Mediation in Austria: The European Pioneer in Mediation Law and Practice*, in Hopt K, F Steffek（eds）, *Mediation: Principles and Regulation in Comparative Perspective*, Oxford University Press, 2013, 274-332.

④ Maryam Salehijam, *A Call for Harmonized Approach to Agreements to Mediate*, 6 Yearbook on International Arbitration 1, 199-228（2019）.

程序的效力已有相关实践支持。在英国判例法中，高等法院认为，与放弃启动诉讼程序有关的调解条款，能够产生在调解完成前暂停审理程序的效力[①]。其法理为，调解启动协议只是暂时放弃了在法院或法庭进行公平听证的权利，而不是永久放弃了获得有约束力的解决方案的权利，并未违反"按照自然正义规则由公正的法官进行公平审理"的不可剥夺的权利[②]。对于那些对当事人诉诸司法正义的权利产生实质性影响的调解和解协议，往往会因此判定无效[③]。因此，调解和解协议虽然并不会产生剥夺争议当事人诉诸审判的权利，但是足以产生中止或暂停诉讼程序的效果。

在缺乏相关法律依据的法域，调解启动协议的效力则存在更大的不确定性。例如，奥地利《奥地利调解法》与《奥地利民事诉讼法》（Zivilprozessordnung）均未规定不遵守调解条款的任何后果，因此，学者认为确定双方当事人是否愿意进行调解的关键时间点是调解程序实际启动的时间点，而不是达成调解启动协议的时间[④]。德国的《调解法》同样未对调解启动协议的效力进行规范。有学者认为根据德国法律，与ADR或调解启动协议相关的放弃向法院提起的诉讼被视为"程序性条款"（Prozessvertrag）[⑤]。这意味着针对该

[①] High Court of Justice, Cable & Wireless plc v. IBM United Kingdom Ltd., Judgement of 11 October 2002, EWHC 2059（Comm）.

[②] BGH, Ⅷ ZR 344/97, judgement of 18 November 1998; OLG Rostock, 3 U 37/06, judgement of 19 September 2006 at Ⅱ. 转引自 Maryam Salehijam, *A Call for Harmonized Approach to Agreements to Mediate*, 6 Yearbook on International Arbitration 1, 199-228（2019）.

[③] Charles Jarrosson, *Legal Issues Raised by ADR*, in J C Goldsmith/Amold IngenHousz/Gerald H Pointon（eds.）, *ADR in Business: Practice and Issues across Countries and Cultures*, The Netherlands, 2011, 114. 转引自 Maryam Salehijam, *A Call for Harmonized Approach to Agreements to Mediate*, 6 Yearbook on International Arbitration 1, 199-228（2019）.

[④] Markus Roth, David Gherdane, *Mediation in Austria: The European Pioneer in Mediation Law and Practice*, in Hopt K, F Steffek（eds）, *Mediation: Principles and Regulation in Comparative Perspective*, Oxford University Press, 2013, 274-332.

[⑤] Reinhard Greger/Hannes Unberath, Mediationsgesetz, Munich 2012, ch. 5, para. 5 et seq. 转引自 Markus Roth, David Gherdane, *Mediation in Austria: The European Pioneer in Mediation Law and Practice*, in Hopt K, F Steffek（eds）, *Mediation: Principles and Regulation in Comparative Perspective*, Oxford University Press, 2013, 274-332.

协议提起的诉讼暂时不被受理①。也有学者认为这可以通过"不起诉契约"（pactum de non petendo）来体现②。

（三）强制型启动规则

所谓强制型启动规则，即在当事人缺乏调解合意的情况下，依据法律或法院指令、法院规则等，将进入诉讼程序的案件默认转入调解程序。此类启动规则出现早期极具争议性，但随着调解实践的发展，其已得到普通法系国家的普遍认可，并出现在司法调解制度中。然而因在司法调解制度中，调解并不是作为独立的争端解决程序存在，当事人所得和解协议通常可以获得与法院判决同等效力，故而在此不做深入分析。

二、调解程序规则

调解的程序规则涉及调解过程各个方面，如规则的适用、调解的启动与终止，调解员的数量、选择与任命，调解过程的具体开展，调解员与当事人之间的沟通、保密、证据、相邻争议解决程序的协调、费用，以及调解员的义务与责任免除等。其中，在《新加坡公约》生效后，联合国贸法会第二工作组在《调解规则》的修订中增加了和解协议的相关格式性要求，为当事人依据《新加坡公约》寻求救济提供程序规则上的便利，从而避免后续相关证明文件提供的不确定性。

从比较法的角度来看，调解的程序规则通常由调解机构或调解员提供，并且允许当事人就规则的适用作出选择或就规则本身根据合意作出修改。前述联合国贸法会这样作为不直接参与调解过程的组织机构，为该行业实践提供规则模板的情况居于少数。

因此，通常情况下，由调解机构或调解员提供的经由当事人合意适用的

---

① Renate Dendorfer-Ditges, Philipp Wilhelm, *Mediation in a Global Village: Legal Complexity of Cross-Border Mediation in Europe*, Yearbook on International Arbitration 5, 235-246（2017）.

② Maryam Salehijam, *A Call for Harmonized Approach to Agreements to Mediate*, 6 Yearbook on International Arbitration 1, 199-228（2019）.

规则，在缺乏更高效力的法律法规规定的情况下，作为私人合同的一部分内容，在调解程序中各方参与人之间发生合同约束力。例如，《奥地利调解法》并没有包含调解过程的程序性规则，调解过程仅受当事人之间的合同（Mediationsvereinbarung）和当事人与调解员之间的合同（Mediatorvertrag）制约①。在法定限度内，调解程序是根据当事人的意愿设计的。他们可以按照自己的意愿调整程序。例如，举行联席会议或核心小组会议，或两者兼而有之。

三、调解员规范

从比较法的角度来看，调解员是诸多国家或实体为确保其商事调解质量而重点规制的对象。通常情况下，此类规制可能围绕调解员的资质与培训、道德准则以及行为投诉机制等方面展开。

（一）调解员资质与培训

调解员的管理与培训通常是在市场调节或者行业自律的方式下展开的，如 AAA 的调解员管理与培训是由机构自行制定相关标准与规定，而澳大利亚的 NMAS、新加坡的 SIMI 以及国际层面的 IMI 则采取了行业自律的方式对调解员进行管理与培训。在法律法规层面就调解员管理与培训问题进行规制并不常见，但是奥地利采取了通过立法对调解员进行管理的方式。

值得注意的是，对于那些没有获得相关资质或认证的调解员，目前各国商事调解行业或立法均未禁止，只是在相应的调解员管理体系中将其排除在外，因此其无须遵守相关的权利义务规定、道德规范、行为投诉机制等。在《奥地利调解法》中，也意味着此类调解员主持调解所得的和解协议无法依法获得强制执行，而采取的是一种将选择权交给争议当事人的理念，试图间

---

① Markus Roth，David Gherdane，*Mediation in Austria：The European pioneer in mediation law and practice*，in Hopt K，F Steffek（eds），*Mediation：Principles and Regulation in Comparative Perspective*，Oxford University Press，2013，274-332.

接通过市场调节方式来督促调解员获取相应的资质或培训，同时兼顾不同争议当事人的不同调解需求。

1. 立法规制

就调解员的规制问题，奥地利采取了联邦立法的形式，通过《奥地利调解法》规定了关于调解咨询委员会、调解员登记注册、注册调解员的权利和义务、时效中止、教育机构和调解员教育等详细规则。此外，《奥地利调解法》第七章授权联邦司法部部长在与调解咨询委员会协商后，通过条例规定调解员培训的具体条件，并且培训应当包含调解理论与实践两部分内容。调解理论培训涵盖调解的历史与发展，调解的程序、方法和阶段，沟通技巧，冲突分析，调解的不同实践，人格和社会心理干预理论，调解中的伦理问题以及法律问题等内容。调解实践培训则涵盖个人自我认识和实践经验研讨会（通过使用角色扮演、模拟和反思来练习调解技术）、同伴小组工作、案例工作和参与调解领域的实践监督等内容。《关于成为注册调解员的培训条例》（Zivilrechts-Mediations Ausbildungsverordnung，以下简称《奥地利注册调解员的培训条例》）已于2004年通过，并详细列出了注册调解员的教育内容。

根据《奥地利调解法》的规定，联邦司法部部长必须持有并维护调解员的名单；只有名单上的调解员才可以使用注册调解员（eingetragener Mediator）的称号，并拥有《奥地利调解法》规定的特殊权利和义务。该名单包含了每个注册调解员的姓名、出生日期、职业、专业、地址和学术职称，并以电子方式公布。用户可以通过该名单搜索特定的调解员（通过其姓名）、特定地区的注册调解员或搜索特定联邦州的所有调解员。

申请成为注册调解员需提交293欧元的注册费[①]，并必须证明：①已年满28岁。②有专业资格。专业资格可以通过注册培训机构颁发的证书来证明。根据《奥地利调解法》第29条的规定，任何熟悉调解的法律和心理基本原

---

① item 14 number 8 of the Gerichtsgeb bührengesetz（Austrian Court Fee Act）. 转引自 Markus Roth, David Gherdane, *Mediation in Austria：The European pioneer in mediation law and practice*, in Hopt K, F Steffek（eds）, *Mediation：Principles and Regulation in Comparative Perspective*, Oxford University Press, 2013, 274-332.

则，并通过适当的培训获得必要的调解知识和技能的人都具有专业资格。联邦司法部部长也有一份民法事务调解培训机构的名单。培训最好是在注册的培训机构完成①。例外情况可能是，在该名单建立之前完成的实践研讨会和培训课程，以及在外国完成的培训。③值得信赖。通过提交不超过3个月的定罪登记摘录来证明。④已经按照《奥地利调解法》第19条的规定购买了最低保额为400 000欧元的职业责任保险。任何能够提供上述必要信息的人都有权在名单中登记。然而一次申请的有效期限为5年，通过书面申请可将注册期再延长10年。同时，为了确保调解员专业性的持续发展，根据《奥地利调解法》第20条的规定，每个调解员有义务在5年内接受至少50小时的持续专业教育。

《奥地利调解法》第六章对调解员的培训机构和培训课程进行了规定。培训机构可以以书面形式向联邦司法部部长申请注册，且必须提供证据证明培训目标的实现确有保障。培训机构注册同样有5年的有效期，并可通过提交年度报告以证明该机构培训的可靠性，加上书面申请延续10年。机构名单同样以电子方式公布。目前，奥地利约有161家②注册培训机构。大多数机构采用协会或有限责任公司的形式。尽管注册调解员的培训条例中普遍规定了教育内容，但对于培训机构如何设计考试本身并无统一规定。许多机构要求申请人参加所有的研讨会，并通过几部分考试，可能包括笔试、案例研究、案例研究协议的准备和案例研究的陈述③。

在这一制度背景下，根据《关于欧盟民事和商业事项跨境调解某些方面的联邦法律》（*EU-Mediations-Gesetz*，以下简称《奥地利欧盟调解法》）第5（2）条的规定，未在名单上注册的调解员必须明确告知各方这一事实，但是

---

① 参见《奥地利调解法》第六章。

② Justiz, *Ausbildungseinrichtungen nach Bundesland*, （Nov.20, 2021）, https://mediatorenliste. justiz.gv.at/mediatoren/mediatorenliste.nsf/contentByKey/VSTR-7DYH23-DE-p.

③ Markus Roth, David Gherdane, *Mediation in Austria: The European Pioneer in Mediation Law and Practice*, in Hopt K, F Steffek（eds）, *Mediation: Principles and Regulation in Comparative Perspective*, Oxford University Press, 2013, 274-332.

并未禁止未注册调解员的调解活动。告知义务在于，确保争议各方知道调解员是否参加过培训机构，是否有义务遵守《奥地利调解法》的规定（如保密义务）。

2. 行业自律

如本章第一节所述，NMAS、IMI作为行业自律代表，对调解员的资质与培训作出了相应的规制，本章第三节即将进行分析的新加坡SIMI同样为此提供了实践范本。

值得注意的是，奥地利在前述的法律法规层面的规制之外，同样存在严于《奥地利调解法》的调解员资质与培训标准，且由法院程序调解协会（Verband für Mediation Gerichtsanhängiger Verfahren，VMG）进行设定。该协会成立于2011年，主要目的是促进法院转介的调解。因参与法院转介调解的调解员需要有很高的专业知识水平，所以该协会制定法院推荐调解员的认证准则，对调解员在VMG名单上的注册提出了严格要求，且只有在VMG名单上注册的调解员才能进行法院推介的调解。VMG要求只有依据《奥地利调解法》注册的调解员才能进入VMG的名单，并且申请加入VMG名单的调解员必须参加过几次法庭诉讼以及一次研讨会，以获得关于奥地利民事诉讼程序和法院推介调解的法律框架的基本知识。此外，还必须签署一份声明，同意遵守奥地利调解网络的道德和行为准则[①]。

（二）调解员道德准则

调解员的道德准则通常停留在行业自律与基于市场调节所形成的机构自律规则中，并且在同时具备两种规制方式的情况下，机构自律规则往往比行业自律规则的要求更加严格。例外情况在于，欧盟以示范性规则的方式在2004年颁布了《欧洲调解员行为守则》（European Code of Conduct for Mediators），为欧洲调解中心、研究所或其他调解第三方提供了一个可自愿

---

① VMG（Verband für Mediation Gerichtsanhängiger Verfahren），*Wie werden Sie Mitglied im VMG?*，（Nov.20，2021），https://www.vmg.or.at/mitgliedschaft.

适用的道德准则，并鼓励成员国的立法者选择将本守则的规则纳入各自国家的调解法律环境，作为调解提供者的基准标准。然而，本研究发现，目前并无国家从立法层面对调解员的道德准则进行制定。

1. 行业自律

如本章第一节所述，NMAS、IMI作为行业自律代表，针对受其管理或经其认证的调解员提供了相应的道德准则。本章第三节即将进行分析的新加坡SIMI同样为此提供了实践范本。

即使在奥地利，调解员的道德准则也并未选择以立法的方式对其进行制定，而是以行业自律为主。奥地利调解网络（Österreichisches Netzwerk Mediation，ÖNM）作为奥地利调解领域的喉舌[1]，在参考了《欧洲调解员行为守则》的基础上，制定了《调解员道德准则》（Ethikrichtlinien für MediatorInnen）[2]，规定了注册调解员根据《奥地利调解法》进行调解的道德标准，为奥地利注册调解员提供了一个普遍接受的职业活动道德框架，供其自愿采用。就实质内容而言，《调解员道德准则》是围绕着四个大标题制定的：①内在态度和观念（haltung und menschenbild）；②能力和接受调解任务（kompetenz und übernahme eines mediationsauftrages）；③公平诉讼（faires verfahren）；④调解协议、方法和程序、诉讼的结束（arbeitsvereinbarung，methode und ablauf，abschluss）。

2. 市场调节

AAA作为基于市场调节进行机构自律发展的代表之一，联合ABA和冲突解决协会（Association for Conflict Resolution）共同制定了《AAA调解员行为示范标准》（*AAA Mediators Model Standards of Conduct*）。该标准即调解员应当尊重当事人自决、保持中立、避免利益冲突、具备相应调解服务能力、保密义务、遵守行为标准并保证调解质量、不得虚假宣传招揽调解服

---

① Anne-Karin Grill，*Ethical Guidelines for Mediators – The Austrian Status Quo*，23 Tijdschrift Voor Mediation En Conflictmanagement 2-3，55-65（2019）.

② OEBM，*Ethikrichtlinien für MediatorInnen*，（Nov.20，2021），https://www.ocbm.at/files/oebm/pdfdownloads/ethikrichtlinienOeNM.pdf.

务、公开并真实告知收取的费用以及其他收费、保持自己专业性不断跟进调解实践的发展等[1]。

（三）调解员行为投诉机制

为辅助调解员道德准则的落实，不少商事调解机构或行业协会提供了调解员的行为投诉机制。以IMI的职业行为评估程序为例，该程序包括"讨论—居中调和—专业行为评估—上诉委员会"4个步骤[2]。

在讨论阶段，调解中的一方如果认为IMI认证调解员没有遵守调解员的行为守则，并希望提出投诉，必须在意识到涉嫌违反行为守则的1个月内，首先亲自向调解员提出该问题。调解员可邀请其资格审查员或另一位IMI认证调解员参与，以便为当事人和调解员提供一个独立的第三方，与其进行非正式讨论；并且这一讨论应在保密的情况下进行，各方都有义务将所有非公开信息视为机密。

如果在讨论开始后的2个月内没有解决该问题，当事人可以根据IMI调解步骤提出书面投诉，并进入居中调和阶段。当事人应填写居中调和申请表（调解员投诉表），提交IMI，并由IMI将其副本发送给行为被投诉的调解员；在收到申请表的2周内，IMI将指定一名中立人处理该投诉。

在居中调和阶段仍然未能解决问题，当事人可启动IMI专业行为评估程序，以寻求对所指控的违反行为守则的补救。在该阶段，当事人需要填写职业行为评估申请表并提交IMI；IMI将其副本发送给行为被投诉的调解员，并将迅速任命一名专业行为评估员；该评估员是一名独立的律师或其他合格的专业人士，负责审理投诉和调解人的案件并给出解决方案。评估员将决定具体过程如何展开，可能包括一次或多次亲自听证会，通过书面、电子、视频或电话通信等进行。评估员应当允许当事人和调解员有充分的机会陈述各

---

[1] AAA, *Model Standards of Conduct for Mediators*,（Nov.20，2021），https://www.adr.org/sites/default/files/document_repository/AAA-Mediators-Model-Standards-of-Conduct-10-14-2010.pdf.

[2] 该部分基于IMI官网的信息翻译总结得出。参见IMI, *Professional Conduct Assessment Process*,（Nov.20，2021），https://imimediation.org/practitioners/professional-conduct-assessment-process/.

自的案件，并反驳对方的论点。双方都有权得到律师的协助，评估员可以传唤和听取证人和专家的意见，但评估会议将是不公开的。评估员拥有作出以下决定的权利：①拒绝全部或部分申请或申诉；②支持申请或投诉的全部或部分内容，但不实施任何制裁措施；③发出书面警告或训斥；④暂停IMI认证调解员的认证，时间最长为一年；⑤永久撤销IMI认证；⑥如果各方不同意平均分担评估过程的费用，则作出评估过程费用的命令。

在收到评估员的决定后4个星期内，当事人或调解员可向IMI上诉委员会提出上诉。上诉程序从当事人或调解员在IMI门户网站上提交上诉申请开始，在收到上诉申请的4周内，IMI将召集IMI上诉委员会处理该上诉，上诉委员会将在被召集后的12周内审理上诉。上诉将暂停执行评估员的决定，直到对上诉作出裁决。上诉委员会的决定将是最终的且对各方都具有约束力。

四、权益规则

权益规则规定了调解参与者和外部各方的权利和义务，从而保护调解过程的完整性，并使参与者受益。从比较法的角度来看，此类规则通常涉及调解和解协议的可执行性、商事调解的保密原则以及调解对期间计算的影响等问题。权益规则通常由法律法规进行规定，当然，也存在《新加坡公约》、欧盟《2008/52/EC号调解指令》等框架性规则对此问题作出规制的立法例。但是，通常此类规则并不具有直接的可操作性，而需要借助成员国的国内程序规则得以实现。

（一）可执行性

如本书第一章所述，目前直接规定调解和解协议可执行性的立法实践并不多。《新加坡公约》在此方面具有相当程度的革新性。从大众的观点来看，此类规定因涉及使用国家强制力实现当事人之间权利与义务分配的特征，所以必须由法律层面作出，如本章第四节将要提及的新加坡《2017年调解法案》，以及本部分提及的奥地利立法实践。

欧盟《2008/52/EC号调解指令》第6条规定，成员国必须确保通过调解达成的书面协议在各方同意的情况下可以强制执行。该指令将主管机构（法院或其他主管部门）和形式（判决、决定或有效文书）的一些选择留给了成员国。在这一指令要求之下，奥地利对已有的调解制度规则进行改革，在《奥地利民事诉讼法》第433a条规定，通过调解达成的书面协议可以在每个地区法院面前以法庭和解的形式记录下来。根据《奥地利执行法》第1条第5款，记录在案的法院和解是可以执行的。

（二）保密原则

保密原则是商事调解的重要程序特征之一。争议当事人愿意披露信息，进而形成有利于所有参与冲突的解决方案的基础，是调解成功的关键。在调解员进行"背靠背"沟通时，当事人披露的信息能够为调解员制订解决方案提供思路。

因此，保密性规则是商事调解规制中最常见的规则内容，不同国家的国内法均对此进行了明确规定。示范性规则如《调解示范法》第10条、第13条、第14条，UMA，框架性规则如欧盟《2008/52/EC号调解指令》均对此进行了规定。在机构或行业协会提供的调解程序规则、调解员道德准则中通常也可以见到调解保密的相关规定。从国内法的角度来看，对于保密规则的规制一般包含两个方面，一方面是对调解员以及其他调解参与人员的保密义务的规定，另一方面是与调解相关的沟通信息作为证据的可采性规定。在行业自律或者基于市场调节的机构自律层面，一般限于对调解员以及其他调解参与人员的保密义务的规定，并且此类规定仅能产生私法范围之内的效力，因此，对审议当事人来说，调解参与各方违反保密义务能够获得何种救济，以及相关笔录沟通信息等在其他争议解决程序背景下能够获得何种程度的承认存在相当大的不确定性。

UMA的核心主旨是提供一种特权，确保法律程序的保密性（见第4条至第6条）。由于特权使得提供证据质疑和解协议更加困难，起草人认为保密问题与有助于增强调解过程公平的可能性的条款连在一起。如果调解是在诚信的基础上进行的，并且当事人的知情同意将得到保护，那么公平性就会得到加强。该法通过规定特权的例外情况（第6条），限制调解员向法官和其他可能对案件作出裁决的人披露信息（第7条），要求调解员披露利益冲突（第9条），并确保各方可以带律师或其他支持人员参加调解会议（第10条），从而保护了诚信和知情同意。

根据《2008/52/EC号调解指令》第7（1）条的规定，成员国必须确保调解人或参与调解过程管理的人（翻译、法律顾问、专家等）不得被强迫在司法程序或仲裁中就调解产生的或与之相关的信息提供证据。如果各方另有约定，公共政策有此要求，或为实施或执行调解方案而必须披露，则不适用。第7（2）条允许成员国实施更严格的措施来保护调解的保密性。这些措施可以是限制各方在法庭程序中作证和提出证据的权利的规则。

《奥地利调解法》第18条要求注册调解人以及任何协助调解的工作人员对他们在调解过程中了解到的任何事实以及他们在调解过程中准备或收到的任何文件保密。《奥地利调解法》第31条使用了一个宽泛的条款来定义保密要求的例外情况：公共和合理的私人利益是违反调解人保密义务的理由。《奥地利民事诉讼法》禁止注册调解员在民事法庭诉讼中提供有关调解的证据，且保密性没有例外。也就是说，无论是违反职责，还是威胁未来对他人的暴力或伤害，或者证明和解协议的存在都不足以迫使注册调解员作证[①]。然而，必须指出另外两个事实。第一，没有一个条例禁止各方提交在调解过程中所揭示的事实，并在法庭程序内作证的可能性。第二，如果注册调解员违反了他们的保密义务，并不禁止在审判中使用这些信息；法官可以自由考虑本应保密的信息。在违反保密义务的情况下，注册调解员可以应利益受到侵犯的人的要求而被起诉（法院可判处最多6个月的监禁或最多360个日额

---

① Walter H Rechberger，Daphne-Ariane Simotta，*Grundriss des Österreichischen Zivilprozessrechts*，MANZ'sche Verlagsund Universitätsbuchhandlung，2010，para.803.

的罚款处罚，见《奥地利调解法》第31条）。

然而，在奥地利对于非注册调解员，不在从事法律或社会职业时进行调解（如律师或公证人），只受与各方签署的调解启动协议的约束。非注册调解员必须在法庭上作证，拒绝作证的合同承诺对法庭诉讼的这一义务没有影响。在从事法律或社会职业时进行调解的非注册调解员（如律师或公证人），可以根据《奥地利民事诉讼法》第321条规定的相关职业行为规则[①]拒绝出庭作证。

在欧盟跨境调解中，《奥地利欧盟调解法》第3条适用于非注册的调解员，其中同样包含了一个保密条款。一般来说，它规定了拒绝提供证据的义务。必须指出的是，如果双方同意，非注册调解人可以解除其保密义务。然而，法律规定了独立于解除义务的两种豁免情况：出于公共政策的考虑，或者为了执行和解调解协议而需要披露调解程序的内容。

（三）期间停止计算

为了推广调解程序的使用，避免争议当事人因担心诉讼时效问题而不愿尝试调解直接诉诸诉讼与仲裁的情况，一些框架性规则以及国内法律法规对调解程序对期间的影响进行了规定。

《2008/52/EC号调解指令》第8条要求成员国确保选择调解来解决争议的各方不会因为调解过程中的时效或时效期满，而无法启动与该争议有关的司法程序或仲裁。因此，与保密规则类似，各方应配备一个法律框架，使他们能够集中精力寻求互利的解决方案，而不必担心因尝试调解而遭受不利。

《奥地利调解法》在适用范畴上对调解员身份的限制为调解对诉讼时效的影响提供了极具参考的实例。对于注册调解员来说，依据《奥地利调解法》第22条的规定："（1）注册调解员开始并适当地继续进行调解，暂停适用诉讼时效的开始和运行，以及有关受调解影响的权利和索赔的其他时限。（2）当事人可以书面同意，暂停也包括他们之间存在的、不受调解影

---

① Rules of Professional Conduct for Lawyers（Rechtsanwaltsordnung）1898, sec 9 para 2.

响的其他索赔。"这意味着，在调解期间，诉讼时效停止计算，只有在调解程序结束后才恢复（Fortlaufshemmung）。这是一种暂停进展，暂停排除的时间限制，但不是程序性的时间限制①。但是，如果调解是由非注册调解员进行的，则适用不同的规则。在这种调解中，尽管调解程序正在进行，但法庭诉讼的时限仍继续进行。只要调解继续进行，时间限制就不能过期（Ablaufshemmung）。如果调解超过了诉讼时限，后者将被延长至调解程序结束②。

五、国际国内衔接规则

鉴于国际商事调解制度仍然在萌芽阶段，调解领域的国际国内衔接规则目前并未广泛出现在国内法层面。能够提供较高参考价值的立法例有欧盟《2008/52/EC号调解指令》颁布后的奥地利立法以及《新加坡公约》颁布后的新加坡立法改革。鉴于本章第四节将从纵向层面深挖新加坡的商事调解制度国际化路径，在此不做详述。仅对奥地利国内调解制度衔接落实欧盟《2008/52/EC号调解指令》做简要分析。

从前述分析不难看出，除围绕《奥地利民事调解法》构建的在调解制度上采用自愿型启动规则、在调解员规范上采用立法管理的方法外，并未对调解和解协议的效力作出任何特殊规定。调解后的和解协议被定性为民法合同，当事人只能依据《奥地利公证法》（Notariatsordnung）第3条以及《奥地利执行法》（Exekutionsordnung）第1条第17款通过可执行的公证文书确认和解，或者依据《奥地利民事诉讼法》第605条、《奥地利执行法》第1条第16款要求仲裁庭起草和解记录或以商定条款的仲裁裁决的形式记录和解进而获得执行力。这与欧盟《2008/52/EC号调解指令》的规定存在相当大的差异。

---

① Walter H. Rechberger, *Mediation in Austria*, 32 Ritsumeikan Law Review, 61-70（2015）. http://www.ritsumei.ac.jp/acd/cg/law/lex/rlr32/rechberger.pdf.

② Walter H. Rechberger, *Mediation in Austria*, 32 Ritsumeikan Law Review, 61-70（2015）. http://www.ritsumei.ac.jp/acd/cg/law/lex/rlr32/rechberger.pdf.

为此，奥地利联邦层面于2011年颁布了《奥地利欧盟调解法》，并修改了《奥地利民事诉讼法》以促进欧盟《2008/52/EC号调解指令》的实施。首先，就调解员身份问题，奥地利采取的是双轨衔接。欧盟《2008/52/EC号调解指令》考虑跨境兼容的问题，并未对调解员身份做要求，仅在第4条[①]中指明应通过调解员规范入手，从而保障调解的质量。针对这一不相洽，《奥地利欧盟调解法》中第2条直接沿用了欧盟《2008/52/EC号调解指令》所提供的调解框架，但第5条指明"（1）《调解法》的规定适用于注册调解员（Zivilrechts-Mediations-Gesetz 第13条）及其进行的跨境调解；（2）未注册的调解员应当将这种情况告知当事人"。该条表明《奥地利欧盟调解法》只适用于由没有根据《奥地利调解法》进行注册的调解员主持调解的跨境案件，而且《奥地利调解法》适用于国内调解以及依据该法进行注册的调解员主持调解的跨境案件[②]。其次，就调解和解效力上的差异，奥地利则持一致对待的态度。2011年修改后的《奥地利民事诉讼法》（*Mediationsvergleich*）第433a条规定，通过调解达成的书面协议的内容可以在每个地区法院面前以法庭和解的形式记录下来。这是以双方当事人的同意为条件的；违背一方当事人的意愿，则不能记录。根据《奥地利执行法》第1条第5款，记录在案的法院和解是可以执行的[③]。尽管《奥地利民事诉讼法》第433a条是为了执行《2008/52/EC号调解指令》第6条而制定的，但它也适用于在跨境纠纷和国内纠纷中达成的调解协议。这一举措被认为有助于促进调解在奥地利的可接受性[④]。

---

① "1.成员国应以其认为适当的方式，鼓励调解人和提供调解服务的组织制定和遵守自愿行为守则，以及其他有关提供调解服务的有效质量控制机制。2.成员国应鼓励对调解人进行初步和进一步的培训，以确保以有效、公正和胜任的方式进行与各方有关的调解。"

② Markus Roth, David Gherdane, *Mediation in Austria：The European Pioneer in Mediation Law and Practice*, in Hopt K, F Steffek（eds）, *Mediation：Principles and Regulation in Comparative Perspective*, Oxford University Press, 2013, 274-332.

③ 同②。

④ 同②。

第三节　商事调解制度的规制密度比较

经过前述分析不难发现，商事调解制度实践在比较法领域存在不同的规制工具和规制内容。依规制工具对商事调解活动当事人的约束力从弱到强分别是市场调节、行业自律、示范性规则、框架性规则以及法律法规等。这些规制工具的约束力来源不同导致其强制性不同，从而对商事调解制度的形成各有利弊。与此同时，在不同法域的商事调解实践中，规制内容通常涵盖调解启动规则、调解程序规则、调解员规范、权益规则、国际国内衔接规则等。不同的规制内容与规制工具的搭配也并不固定。事实上，商事调解制度作为一个综合性的规则系统，不同的规制内容与规制工具如何搭配、如何相互影响、能够实现何种制度目标、形成什么样的制度特点，还需从系统论的角度去分析与研究。

一、高密度规制模式

奥地利是欧洲调解法律和实践的先驱。《奥地利调解法》作为欧洲较早的调解法编纂之一，其立法影响了欧洲的立法并成为各国立法例参考的榜样，尤其是德国的《调解法》（Mediationsgesetz）[1]。与此同时，奥地利的调解制度被公认为是高密度的调解规制模式的典型代表[2]。

从规范体系上看，奥地利的调解制度在联邦立法层面由《奥地利调解法》、《奥地利欧盟调解法》、联邦司法部发布的《奥地利注册调解员的培训条例》、《奥地利民事诉讼法》及《奥地利执行法》等法律法规构成。其中，《奥地利调解法》包含了关于调解咨询委员会、调解员登记册、注册调解员

---

① Steffek F，*Mediation in the European Union：An Introduction*，（Nov.20，2021），http://www. diamesolavisi. net/kiosk/documentation/Steffek_Mediation_in_the_European_Union. pdfx，2012.

② Steffek F，*Mediation in the European Union：An Introduction*，（Nov.20，2021），http://www. diamesolavisi. net/kiosk/documentation/Steffek_Mediation_in_the_European_Union. pdfx，2012. Hopt Klaus，Felix Steffek，*Mediation：Comparison of Laws，Regulatory Models，Fundamental Issues*，in Hopt K，F Steffek（eds），*Mediation：Principles and Regulation in Comparative Perspective*，Oxford University Press，2013，1-205.

的权利和义务、时效中止、教育机构和调解员教育的详细规则;《奥地利欧盟调解法》对奥地利落实衔接《2008/52/EC 号调解指令》作出了相应的立法安排;《奥地利注册调解员的培训条例》则以具有约束力的形式详细规定了注册调解员的培训要求;《奥地利民事诉讼法》及《奥地利执行法》则为当事人依据调解和解协议申请强制执行提供了法律依据,在《奥地利民事诉讼法》和《奥地利刑事诉讼法》中也可以找到与调解有关的规定,最明显的是关于调解员拒绝提供证据的权利。

此外,需要注意的是,以《奥地利调解法》为核心的奥地利联邦层面相关法律法规并没有包含调解过程的程序性规则以及调解员的道德准则等内容。商事调解程序仅受当事人之间的合同(Mediationsvereinbarung)和当事人与调解员之间的合同(Mediatorvertrag)制约[1]。除家庭调解外,调解员费用是由调解员和各方当事人自由约定的。因此,各方可自行决定如何收取调解员费用(如按小时收费、按天收费、一次性收费),并可自由商定收费金额。据估计,商事调解案件的平均调解费为每小时120 ~ 400欧元(含增值税)。民事案件中每小时的平均调解费通常低于商业案件,并取决于争端的复杂性[2]。调解员的道德准则则是由奥地利调解领域认可度高的ÖNM制定,并由调解员自愿采用。

然而,需要注意的是奥地利是个占地8万平方千米左右、下含9个联邦州、总人口8 632 300人的发达国家。其民族构成比较简单,奥地利人占据整体人口的91.1%,其他民族仅占据8.9%(前南斯拉夫人4%、土耳其人1.6%、未确定少数族群3.3%)。不同联邦州的人均GDP为2.56万 ~ 4.73万欧元,绝大多数联邦州人均GDP在3.5万欧元上下[3],因此,无论是从人口还是经济发展来看,奥地利的地域差异并不算大,为其在全境对调解进行规划

---

① Markus Roth, David Gherdane, *Mediation in Austria: The European Pioneer in Mediation Law and Practice*, in Hopt K, F Steffek(eds), *Mediation: Principles and Regulation in Comparative Perspective*, Oxford University Press, 2013, 274-332.

② 同①。

③ 以上数据均来自维基百科,参见https://en.wikipedia.org/wiki/Austria。

提供了可行性。

二、低密度规制模式

然而，高密度规制面临着以下批评：在调解制度尚未充分建立或普及之前，无法评估和满足任何规制的需要，仓促的规制会阻碍从业人员、学术界和相关协会对调解方法的发展，因此应当减少立法刺激，以避免窒息一个仍在发展的学科所需的创造力和灵活性[1]。调解不应当被全面规制。这与调解作为民事诉讼之外的一个独立程序的内在性质不相容[2]。

出于对上述立场的支持，英国等对调解及其参与者的实质性问题进行系统和彻底规制的趋势持反对态度，对调解活动的规制施行的是一种低密度的模式[3]。在英格兰与威尔士，在法律层面目前还没有针对调解所制定的法律框架，其调解的形式以及程序、相关人员的专业资格，几乎完全不受规制，主要由私营部门自律规制。其中，《民事诉讼规则》对于调解的规定只限于几条规则[4]。例如，关于费用的规则[5]，为在一般民事和商事程序中为使用调解创造成本激励，以及通过诉讼前程序中的义务来支持调解。例如，调解的程序以及调解员的教育和调解职业的规制，都留给了私人协会和调解市场的自我调节力量。其中，民事调解委员会（Civil Mediation Center，CMC）是

---

① Steffek F, *Mediation in the European Union*：*An Introduction*，（Nov.20，2021），http://www.diamesolavisi. net/kiosk/documentation/Steffek_Mediation_in_the_European_Union. pdfx，2012.

② Hopt Klaus，Felix Steffek，*Mediation*：*Comparison of Laws*，*Regulatory Models*，*Fundamental Issues*，in Hopt K，F Steffek（eds），*Mediation*：*Principles and Regulation in Comparative Perspective*，Oxford University Press，2013，19.

③ 同②。

④ 例如英国《民事诉讼法》第1.1条、第1.3条、第1.4条、第26.4条、第44.3条、第44.5条等，均针对ADR程序进行了规定。与此同时，在英国例调解是最重要的非诉讼纠纷解决方式，某种程度上这些为广泛意义上的民事调解、商事调解提供了法律依据，参见Jens M Scherpe，Bevan Marten，*Mediation in England and Wales*：*Regulation and Practice*，in Hopt K，F Steffek（eds），*Mediation*：*Principles and Regulation in Comparative Perspective*，Oxford University Press，2013，368.

⑤ 在诉讼费用方面，该规则第44.3条、第44.5条规定，在裁定诉讼费用时，法院可以考虑当事人的所有行为，特别是当事人遵循任何有关诉前议定书的行为，以及在诉讼程序前、诉讼程序进行中为解决争议所做的尝试，如提出和解要约等。

英格兰和威尔士最大的调解注册组织，也是一个由国家支持但由私人组成的组织[1]。其通过颁发质量认证的方式，确保私人调解保持一定程度的统一和最低标准。CMC为公众提供了一份合格的调解员名单。调解员的CMC注册身份保证了他们接受过认可的培训，并遵循专业的行为准则，致力于持续的专业发展。CMC还为调解当事人提供了调解员投诉程序，并对任何法律索赔进行保险[2]。

第四节　从中国式调解到《新加坡公约》：新加坡模式探析

新加坡作为《新加坡公约》的签署仪式承办地，成功地将本国形象与国际商事调解绑定。之后新加坡作为《新加坡公约》的首批签署国、首批批准国以及首批生效国，积极参与《新加坡公约》在国际和国内层面的推广和适用，在国际商事调解领域呈现出积极主动的态势。从社会文化背景来看，在多民族、多宗教的新加坡，调解作为解决传统争议的手段之一，同样受到儒家思想影响[3]，并与我国传统调解文化有一定的同源性。从法系来看，新加坡的普通法背景并不会影响商事调解领域的经验借鉴。2020年，新加坡国际争议解决研究院（Singapore International Dispute Resolution Academy，SIDRA）的调查报告结果显示，在普通法系和大陆法系的争议解决中，当事人对于不同的争议机制的使用倾向无明显差异[4]。从商事调解发展来看，新

---

① Hopt Klaus, Felix Steffek, *Mediation*：*Comparison of Laws*，*Regulatory Models*，*Fundamental Issues*，in Hopt K，F Steffek（eds），*Mediation*：*Principles and Regulation in Comparative Perspective*，Oxford University Press，2013，19.

② CMC，*About us*，（Feb. 9 2022），https://civilmediation.org/what-is-the-cmc/.

③ 新加坡学者Joel Lim Yue Tow认为，即使在民族和宗教构成上新加坡社会是多元的，但是新加坡传统上仍被认为是一个儒家国家（Confucian country），尤其体现在争议解决方面对于调解的偏好。参见Joel Lim Yue Tow，*Faces of Singapore and Mediation*，in Lee Joel（eds），Contemporary Issues In Mediation - Volume 1，World Scientific Publishing Co.，2016，59-72.

④ SIDRA，*International Resolution Survey Report* 2020，（Nov.20，2021），https://sidra.smu.edu.sg/sites/sidra.smu.edu.sg/files/survey/2/index.html#zoom=z.

加坡的商事调解制度经历了从以中国式传统调解为代表的亚洲传统调解到商事调解制度化,进而国际化的转型乃至与《新加坡公约》的衔接。因此,从系统政策的角度,对新加坡商事调解制度如何从以中国式调解为主的传统商事调解,发展到现代化调解制度化中的商事调解,进而形成争议解决服务国际化中的商事调解制度,最终与《新加坡公约》相衔接的过程进行分析,能够为我国商事调解制度如何定位,以及该定位意味着如何为制度构建提供政策逻辑上的参考。

一、新加坡以中国式调解为主的传统商事调解

新加坡的经济和文化发展框架受西方影响较大,美国等国家通过其投资、技术、贸易、商事和媒体,影响了新加坡人的思想、信仰和生活方式[①]。但是,新加坡本质上仍然是富有亚洲特色的多元文化社会。在新加坡总人口中,华人占比为74.3%、马来人占比为13.4%、印度人占比为9.0%、其他民族占比为3.2%[②]。调解成为与宗族和宗教团体有关系的当事人的传统争议解决方式[③],使用传统调解解决的争议涵盖家事、商事(business)、社区等领域[④]。

新加坡约90%的人口为华人和马来人,因此中国式传统调解和马来式传统调解是新加坡传统调解领域的代表性调解模式。在华人社区,中国式的传统调解成为大、小争议,尤其是商事争议的主要解决路径[⑤]。调解员通常由具备一定权威、在华人社区受尊重的男性担任,并且私人关系是当事人选定而非回避某个调解员的重要考量因素。调解的过程通常是非正式的。调解员

---

① Chia H B, Lee-Partridge J E, Chong C L, *Traditional Mediation Practices*: *Are We Throwing the Baby Out with the Bath Water?*, 21 Conflict Resolution Quarterly 4, 451-462(2004).

② Singapore Department of Statistics, *Population Trends* 2018, (Jul.14, 2021), https://www.singstat.gov.sg/-/media/files/publications/population/population2018.pdf.

③ 同①。

④ J E Lee-Partridge, N T Tan, eds., *Alternative Dispute Resolution in Business*, *Family*, *and Community*: *A Multidisciplinary Perspective*, Singapore: Center for Advanced Studies, National University of Singapore and Pagesetters Services, 2000.

⑤ 同①。

和争议者在吃饭或喝茶时谈论分歧，调解员多使用说理、教育和说服等来达成和解，"面子""情""理"是调解的重要依据[①]。传统的中国调解员被期望通过提供选择和建议进行干预，以达成协议，所提供的建议往往超越了争议的实质，进入了伦理、道德和行为标准的领域[②]。

马来式调解通常以马来村庄（kampong）为社区单位。村庄内的大、小争议一般通过调解来解决，在社区以外寻求解决通常被认为是可耻的[③]。马来式调解场合较为正式，通常在一户较富裕成员的家中举行。由头人（Penghulu）或长老主持调解，村庄其他成员协助。首先由争议双方确定并澄清问题或难题。当有过错的一方意识到自己的错误时，由调解员决定赔偿或惩罚的形式，《古兰经》是调解员进行调解的主要指导[④]。

在新加坡，中国式传统调解和马来式传统调解的调解过程以及所遵循的依据存在很大区别，但是，调解员在两种调解传统中的角色设定呈现出很大类同，并因此区别于促进式调解程序[⑤]中的调解员。首先，调解员与当事人的社会关系均不会构成回避调解的事由。其次，调解员在该社区的身份或受尊敬程度为其涉入当事人争议提供了正当性依据。最后，调解员均被期待针对争议的实质性问题提供建议和指导，从而引导其至教导争议当事人和解。

由此可见，两种调解传统在调解员角色上的相似设定，构成了亚洲传统调解的主要内容。因华人社区在新加坡的广泛分布，以中国式传统调解为核心的亚洲传统调解构成了新加坡商事调解的传统模式，并影响和型构了新加坡商事调解制度之后的发展。

---

① Chia H B，Lee-Partridge J E，Chong C L，*Traditional mediation practices*：*Are we throwing the baby out with the bath water?*，21 Conflict Resolution Quarterly 4，451-462（2004）．

② 同①。

③ 同①。

④ 同①。

⑤ Z Zumeta，*Styles of Mediation*：*Facilitative*，*Evaluative*，*and Transformative Mediation*，National Association for Community Mediation Newsletter，5（2000）．

二、新加坡现代调解制度化中的商事调解

1994年，新加坡在下级法院（现今州法院）引入调解试点项目，标志着新加坡现代调解的制度化开端[①]。1996年，前司法部部长陈世强基于司法调解推广的良好态势，呼吁通过设立商事调解中心将调解制度化[②]。时任法律部部长兼外交部部长的S Jayakumar继而设立替代性争议解决委员会（Alternative Dispute Resolution Committee），以研究如何在新加坡法院系统以外的领域进一步推广ADR程序[③]。该委员会于1997年提交报告，建议在借鉴其他国家ADR制度的基础上，构建一个普遍存在且适合亚洲文化和观点的全国性ADR模式，并进一步建议新加坡在商事争议领域和社区领域引入调解制度[④]。当年8月，新加坡调解中心（Singapore Mediation Center，SMC）在新加坡法学院的主持之下成立，成为新加坡商事调解制度化的开端。

与州法院和家庭司法法院的法庭调解服务不同，SMC提供收费的私人调解服务。自启动以来，SMC已经调解了5 000多起案件，价值超过100亿美元，约有70%的案件得到和解，其中90%的案件在一天内和解[⑤]。其业务范围已从商事争议扩大到家庭争议、过失和人身伤害索赔和特定行业等。不仅如此，该中心同时设立了争议管理培训课程、资格认证系统，并面向企业提供内部争议解决咨询服务。

然而，SMC并没有很好地迎合国际商事调解制度的发展，对于国际商事争议当事人来说吸引力也相当有限。其一，该机构主要关注的仍然是新加

---

① Dorcas Quek Anderson，*The Evolving Concept of Access to Justice in Singapore's Mediation Movement*，16 International Journal of Law in Context 2，128-145（2020）.

② Chan S K，*Speech at Opening of Legal Year*，（Apr.26，2020），https://www.agc.gov.sg/docs/default-source/speeches/2010---1992/speech-1996.pdf.

③ Gloria Lim，*International Commercial Mediation：The Singapore Model*，31 Singapore Academy of Law Journal Special Issue，377-404（2019）.

④ 同③。

⑤ SMC，*About SMC*，（Aug.26，2021），https://www.mediation.com.sg/about-us/about-smc/.

坡国内调解和法院移交的调解①。其二，该机构发展定位与亚洲调解文化相融合，如其培训课程尤其关注哈佛的利益谈判模式与亚洲调解争议所需文化的细微差别②，其资助研究项目也多围绕亚洲和调解的论题展开，如《亚洲调解期刊》③《调解的亚洲视角》④。其三，SMC受新加坡律政部的支持和监督，是新加坡最高法院联合执行商务调解的社会法律服务机构⑤，官方色彩浓厚。

三、新加坡争议解决服务国际化中的商事调解

在全球经济发展向亚太市场倾斜的大背景下，新加坡发现了伴随国际贸易和投资而来的巨大的商事争议解决的市场需求，试图通过发展争议解决服务行业来发挥新加坡在亚洲的独特优势⑥。为了将新加坡打造成亚洲的争议解决中心，新加坡政府致力于提供国际可信度高的整套争议解决服务（entire suite of dispute resolution services），发展国际商事调解服务和能力，以补充已相对完善的国际商事仲裁和诉讼制度，从而确保新加坡争议解决服务的商事用户能够选择从促进性调解到有约束力的仲裁等全方位的程序⑦。

2013年年初，首席大法官Sundaresh Menon和法律部部长K. Shanmugam联合成立了国际商事调解工作组（International Commercial Mediation Working Group，ICM WG），致力于研究将新加坡发展成为国际商事调解中心的战

---

① Singapore Ministry of Law, *FINAL ICMWG Press Release - Annex A*,（Aug.26, 2021）, https://app.mlaw.gov.sg/files/news/press-releases/2013/12/FINAL%20ICMWG%20Press%20Release%2 0- %20Annex%20A.pdf.

② SMC, *SMC Training*,（Aug.26, 2021）, https://www.mediation.com.sg/smc-training/.

③ Academy Publishing, *Asian Journal on Mediation*,（Aug.26, 2021）, https://journalsonline.academypublishing.org.sg/Journals/Asian-Journal-on-Mediation.

④ Joel Lee, Hwee Hwee Teh, *An Asian perspective on mediation*, Singapore：SAL Academy Publishing, 2009.

⑤ 饶潮生：《看新加坡如何调解争议》，光明日报，2011年10月19日，第15版。

⑥ 如地理位置优势、法律服务出口优势等。参见Gloria Lim, *International Commercial Mediation：The Singapore Model*, 31 Singapore Academy of Law Journal Special Issue, 377-404（2019）.

⑦ Singapore Ministry of Law, *FINAL ICMWG Press Release - Annex A*,（Aug.26, 2021）, https://app.mlaw.gov.sg/files/news/press-releases/2013/12/FINAL%20ICMWG%20Press%20Release%2 0- %20Annex%20A.pdf.

略。同年11月，ICM WG发布报告，提出了6项关键建议①：①在质量标准方面，应当建立专业机构为调解员制定标准并提供认证；②在国际调解服务方面，应建立国际调解服务提供商，与新加坡国际仲裁中心（Singapore International Arbitration Center，SIAC）紧密合作，提供高质量的国际调解员和专家小组，以及以用户为中心的创新产品和服务；③在法律框架方面，应颁布《调解法》；④在免税和奖励措施方面，将适用于仲裁的现有措施扩大到调解；⑤在司法支持方面，加强司法规则和法院程序，以鼓励更多地使用调解；⑥在营销和推广方面，应接触国际商事调解目标市场和关键行业，将推广工作重点放在使用调解服务上。

在ICM WG报告指导下，SIMC和SIMI于2014年成立。SIMC旨在提供世界级的调解服务和产品，以满足跨境国际商事争议各方的需求②。目前，SIMC拥有一个国际调解员小组，该小组有70多名调解员，覆盖15个司法管辖区③，并设计了适用于该机构的《调解规则》。SIMI旨在通过调解的专业化，设定并实现世界一流的调解标准，向调解各方提供工具，以作出关于调解的基本决策，并普及对调解的认识，激励对调解的使用④。针对调解员，SIMI提供了一个四级认证系统。该系统根据课程的培训经历、调解经验等划分不同等级，并提供了《SIMI专业行为守则》和专业行为评估，确保调解员的专业性能够得到用户的监督。针对调解用户，SIMI提供了调解的基本信息，包括调解程序介绍、经认证的调解员名单以及认同其认证计划的合作调解机构信息等。

随后，SIDRA于2016年成立，致力于争议解决方面的应用研究，以期

---

① Singapore Ministry of Law，*FINAL ICMWG Press Release - Annex A*，（Aug.26，2021），https:// app.mlaw.gov.sg/files/news/press-releases/2013/12/FINAL%20ICMWG%20Press%20Release%2 0- %20 Annex%20A.pdf.

② SIDRA，*International Resolution Survey Report* 2020，（Nov.20，2021），https://sidra.smu.edu. sg/sites/sidra.smu.edu.sg/files/survey/2/index.html#zoom=z.

③ Gloria Lim，*International Commercial Mediation：The Singapore Model*，31 Singapore Academy of Law Journal Special Issue，377-404（2019）.

④ SIMI，*About SIMI*，（Aug.26，2021），https://www.simi.org.sg/About-Us/Organisation- Information/About-SIMI.

发展出能够沟通理论和实践的思想，并为政策制定提供有用的研究和分析①。

最后，《2017年调解法案》的颁布为新加坡商事调解制度提供了较为完整的法律框架。该法案的核心内容是：加强和解协议的可执行性（第12条）；明确调解的保密性和证据可采纳性规则（第9条、第10条、第11条）；调解协议可产生中止法庭诉讼的效力（第8条）；修订《法律职业法》，明确外国调解员和外国合格律师参与调解会议不构成未经授权的新加坡法律实践（第17条）。

以上措施，结合新加坡从2015年4月开始实行的针对非居民调解员的免税政策②，形成了新加坡商事调解在国内外生态发展的政策系统。一方面，通过颁布《2017年调解法案》向具有"新加坡因素"的和解协议提供快速救济机制，并限定调解第三方的资质，极大地提升了官方指定的调解机构和认证计划的吸引力和竞争力，尤其对于那些意欲依赖和解协议寻求强制执行的当事人。另一方面，针对外国调解员的鼓励和免税政策吸引着不同国家和文化背景下的调解员来新加坡执业。上述优势同样促使外国调解员为了迎合当事人对强制执行和解协议的需求，加入新加坡的调解机构或认证计划。这不仅丰富了新加坡调解机构和调解员的国际化背景，还得到了国际商事争议主体的青睐，而且促进了本土调解文化和其他调解文化的融合与交流，提升了本国商事调解服务在国际商事调解领域的认可度和接受度。

四、新加坡商事调解制度定位中本土化与国际化张力

如前所述，以中国式传统调解为核心的亚洲传统调解构成了新加坡商事调解的传统模式，并影响和型构了新加坡商事调解制度之后的发展。21世纪90年代中期，新加坡商事调解制度化的发展着眼于恢复争议解决的传统模

---

① Gloria Lim, *International Commercial Mediation：The Singapore Model*, 31 Singapore Academy of Law Journal Special Issue, 377-404（2019）.

② Singapore Ministry of Law, *Incentive and Exemption Schemes*,（Aug.26, 2021）, https://www.mlaw.gov.sg/law-practice-entities-and-lawyers/incentive-and-exemption-schemes/.

式，提供具有成本效益的方法来处理冲突以及加强社会凝聚力①。在制度化过程中，亚洲传统调解文化被强调和尊重，"面子"以及调解员被期望在实质性问题上提供建议和指导的亚洲视角被注入"促进式调解"之中②。作为国内商事调解制度化的标志性调解机构，SMC同样强调亚洲传统调解特色，并且致力于开发和研究亚洲传统调解优势。

2013年，新加坡商事调解制度进入国际专业化发展阶段。该阶段搭建了新加坡现行商事调解制度的框架。虽然该框架将商事调解服务市场的发展目标投向了国际商事争议领域。其代表机构SIMC强调发展以国际用户为中心的调解服务产品，SIMI致力于实现世界一流的调解标准，并结合《2017年调解法案》以及税收政策，形成了独特的国内外商事调解生态发展的政策系统。但是该框架下的商事调解程序构造仍然呈现出很强的本土化特征，深受以中国式传统调解为核心的亚洲传统调解影响③。

调解员仍然是新加坡现行商事调解制度的程序构造中心。从《2017年调解法案》第3条第1款④对调解程序的定义来看，该定义的主语是调解员。该法案将调解员作为调解程序展开的中心进行规制，明确了调解员可以辅助当事人作出和解的方式，如确定争议焦点、探讨解决方案、促进沟通、促进自愿达成协议等。从《SIMI调解员行为守则》来看，不同于澳大利亚的《国家调解员标准》⑤，SIMI守则并未将当事人自治作为调解的基本原则之一

---

① Dorcas Quek Anderson, *The Evolving Concept of Access to Justice in Singapore's Mediation Movement*, 16 International Journal of Law in Context 2, 128-145（2020）.

② Yong PH（former Chief Justice）, *Speech at the Launch of Dispute Manager.com*,（Aug.26, 2021）, https://www.supremecourt.gov.sg/news/speeches/launch-of-dispute managercom-speech-by-the-honourable-the-chief-justice-yong-pung-how（accessed 30 March 2019）.

③ 同①。

④《2017年调解法案》第3条第1款："在本法中，'调解'是指由一次或多次会议组成的过程，其中一名或多名调解员协助争议各方进行以下所有或任何工作，以期促进全部或部分争议的解决：（a）确定有争议的问题；（b）探讨和产生各种选择；（c）互相沟通；（d）自愿达成协议。"

⑤《国家调解员标准》第三部分第2.2条："调解是一个促进参与者自我决定的过程，参与者在调解人的支持下：……"

进行明确规定，对调解的定义仍然是以调解员为主语作出的[①]；并且在当事人同意的情况下，调解员仍然可以提出争议解决的方案，且并未被限制在程序性的问题之上。这样的程序构造明显受到亚洲传统调解的影响，也与新加坡试图将自己打造为国际争议解决中心的愿望密不可分。调解员的质量和国际认可度是其提供可靠调解服务的着力点。

这显然不同于《新加坡公约》对调解程序的认定标准。考虑到调解灵活性和技术多元化[②]，《新加坡公约》弱化了对特定术语的使用偏好，转而从明确调解的程序性特征来对调解进行定义，旨在平衡调解过程的可信度与灵活性。《新加坡公约》中调解这一定义，虽然没有确切区分是促进性的还是评价性的[③]，但是从《新加坡公约》整体内容来看，当事人意思自治原则贯穿了商事调解制度始终[④]。首先，在《新加坡公约》第2条第3款调解的定义中，该定义的主语是当事人，调解是以当事人意思自治为中心的，程序展开的核心在于当事人友好地去和解争议，尽管第三人的存在是调解所必需的但其无权对当事人施压。第3条、第4条、第5条意在赋予缔约方救济的义务并限制其自由裁量的范围——是否申请救济、选择何种救济、如何对救济进行抗辩均离不开当事人的意思自治[⑤]。调解员在《新加坡公约》中扮演的是一种佐证的角色，义务和职责在于辅助当事人友好和解、提供证据证明和解协议是由调解所得、确保调解符合正当程序原则等，关系到和解协议是否

---

① SIMI, *Code of Professional Conduct for SIMI Mediators*,（Aug.26，2021），https://www.simi.org.sg/.

② Natalie Y Morris-Sharma, *The Singapore Convention Is Live，and Multilateralism，Alive*，20 Cardozo Journal of Conflict Resolution 4，1009-1022（2019）.

③ UNCITRAL, *Report of Working Group II（Dispute Settlement）on the Work of Its Sixty-seventh Session（A/CN.9/929）*，para.68～71，（Jan. 23，2020），https://undocs.org/en/ A/CN.9/929; Harold Abramson, *New Singapore Convention on Cross-Border Mediated Settlements：Key Choices*，Mediation in International Commercial and Investment Disputes，in Catharine Titi，Katia Fach Gómez（eds），*Mediation in International Commercial and Investment Disputes*，Oxford University Press，2019.

④ Dorcas Quek Anderson, *Supporting party autonomy in the enforcement of cross-border mediated settlement agreements：A brave new world or unchartered territory? Max Planck Institute Luxembourg Summer School-International Association of Procedural Law Summer School*，2018，349-392.

⑤ 当然，当事人的意思自治并非毫无限制的，救济地公共政策和强制法规定为当事人意思自治划定了边界，并且当事人的意思自治想得到救济地的尊重和救济还须满足《新加坡公约》的适用条件。

能够合法有效地适用于《新加坡公约》。

因此，调解程序构造理念的差异，使得新加坡面临着商事调解制度发展道路本土化与国际化之间的两难。其一，富有本土化特色的商事调解制度更加符合新加坡国内甚至亚洲争议当事人的需求。在霍夫斯泰德文化维度理论模型中[1]，亚洲社会的权力距离指数、长期取向得分普遍非常高，个人主义指数得分较低[2]。这意味着社会成员对于等级制度的认可度高，普遍尊重和保持传统，且较为重视集体利益，内部忠诚度较高。因此，亚洲传统调解方式在新加坡以及亚洲社会的存在仍然有一定的社会合理性。有权威地位的调解员更容易得到争议当事人的认可和尊重，因此由具备一定权威的调解员针对实质性问题提出客观意见，更易得到争议当事人的尊重，从而促成和解协议的达成[3]。

其二，加入《新加坡公约》可以为新加坡围绕国际商事调解进行营销和推广提供平台，为实践ICM WG在2013年报告中的第6条战略建议提供契机。成为《新加坡公约》的署名国以及首批签署国、批准国和生效国，可以极大地提升新加坡的商事调解制度在国际商事争议解决领域的知名度，为新加坡积极参与和主导与《新加坡公约》相关的商事调解事务提供机会。然而，调解理念的差异或可导致新加坡法院对调解中调解员的干涉行为包容度较高，难以结合当事人争议解决的背景来确定意思自治的边界，从而无法准确判断和解协议是否是"在其（调解员）无权对争议当事人强加解决办法的情况下"[4]友好达成的。因此，与《新加坡公约》衔接不仅意味着救济程序上的衔接，调解理念的国际化也是《新加坡公约》所暗含的衔接要求之一。

---

[1] G Hofstede, *Dimensionalizing Cultures：The Hofstede Model in Context*, 2 Online Readings in Psychology and Culture 1, 3-29（2011）.

[2] 数据参见 Hofstede Insights, *Country Comparison*,（Aug.26, 2021）, https://www.hofstede-insights.com/country-comparison/china, japan, singapore/.

[3] 参见新加坡案例，Jonathan Lock v. Jessline Goh 2008 2 SLR（R）455, at 28–29.

[4] 参见《新加坡公约》第2条第3款。

五、新加坡快速救济机制与《新加坡公约》的衔接困境

除了调解程序构造理念上的差异，新加坡现行商事调解制度所提供的快速救济机制与《新加坡公约》同样存在着衔接困境。考虑到《新加坡公约》的目的不在于对各国的调解制度进行统一，而是提供一个和解协议的跨境救济机制[1]，救济机制的落实还须依赖救济地的程序法规定。因此，在现行商事调解制度中，新加坡法院如何决定是否给予救济、给予何种救济、当事人如何申请等[2]，都不可避免地会影响到新加坡履行救济义务的能力。但是，从《2017年调解法案》及调解相关法律、法规、案例法来看，新加坡现行商事调解制度在上述几个方面均与《新加坡公约》有较大差异，对其衔接《新加坡公约》提出挑战。

（一）适用标准的差异

根据《新加坡公约》第1条以及第2条的规定，适用于公约的和解协议在程序上必须是调解所得，在内容上必须围绕商事争议的解决展开，在形式上必须满足书面要求，在地域因素上必须符合国际性特征。新加坡《2017年调解法案》同样围绕调解的程序性要求、争议内容、协议形式、地域因素对和解协议的适用划定了标准，但是与《新加坡公约》存在一定的差异。

1.调解程序性要求的差异

在调解的程序性要求上，新加坡现行商事调解制度在两个维度上不同于《新加坡公约》，分别是调解程序启动的依据和调解第三方的资质要求。

（1）调解程序启动的依据

《新加坡公约》并未对调解的启动依据作出任何要求，无论调解"进行过程以何为依据"[3]均可适用。在此基础上，为了避免与其他国际救济框架产生救济重叠或空白，在第1条第3款依据可执行性标准对与法院和仲裁相

---

① UNCITRAL, *Report of Working Group* II（*Arbitration and Conciliation*）*on the Work of Its Sixty-second Session*（*A/CN.9/832*），（Jan. 23，2020），https://undocs.org/en/ A/CN.9/832.

②从主管部门拒绝救济的事由来看，二者并不根本性冲突，互相包容性较强，在此不做讨论。

③《新加坡公约》第2条第3款。

关的和解协议予以排除。

新加坡《2017年调解法案》主要适用于根据调解协议进行的调解，同时呈现出灵活性的特征。该法案第6条第1款将适用范围限定在"根据调解协议进行的任何调解，或与之相关的调解"。同时，为了避免与其他调解框架产生冲突[①]，第6条第2款（a）（b）项，排除了根据"任何成文法"进行的调解程序以及由法院进行的或根据法院指导进行的调解。在上述适用限定前提下，第6条第3款和第4款分别赋予了部长将本法适用于法院调解的扩大适用权力以及排除适用权力，使得该法案的适用范围无须经过立法程序即可灵活变动。

（2）调解第三方的资质要求

《新加坡公约》并未对调解第三方设定限制，无论是个人还是调解机构，均可作为《新加坡公约》中的调解第三方，为当事人友好达成协议提供辅助[②]。

但是，为了保障和解协议的质量足以作为法院命令记录和执行[③]，《2017年调解法案》对调解第三方作出了限制。该法案第12条第3款规定："该调解是由指定的调解服务提供者管理的，或由经认证的调解员进行的。"根据该法案第2条和第7条的规定，调解服务提供者的指定权被依法授予了部长，"经认证的调解员"指向依据已经核准的认证计划获得认证的调解员，认证计划的指定权同样被依法授予部长。目前，依据该法案第7条被部长指定的调解机构有SIMC、SMC以及世界知识产权组织仲裁与调解中心（World Intellectual Property Organization Arbitration and Mediation Center，WIPO仲裁与调解中心），SIMI认证计划是该法批准的唯一一个认证计划[④]。

---

① Singapore Parliament，*Official Report of Mediation Bill Second Reading*，（Aug.26，2021），https://sprs.parl.gov.sg/search/sprs3topic?reportid=bill-278.

② 程华儿：《涉外法治发展视域下我国法院对〈新加坡调解公约〉执行机制革新的因应》，载《法律适用》，2020年第4期。

③ 同①。

④ Gloria Lim，*International Commercial Mediation：The Singapore Model*，31 Singapore Academy of Law Journal Special Issue，377-404（2019）。

不难看出，新加坡现行商事调解制度对调解程序的要求更多。现有的司法救济不仅要求当事人依据调解协议进入调解，并且依赖本国的调解机构和认证计划对调解程序进行背书，从而确保救济的正当性。如果在这两个标准上与《新加坡公约》保持一致，一方面，与新加坡其他调解制度存在冲突的可能；另一方面，和解协议质量将难以保证，《2017年调解法案》与外国调解员税收减免形成的政策闭环也会因此被打破，使得本国的调解机构和认证计划吸引力降低，商事调解制度的国际化进程不进反退。

2.争议内容的限制

虽然《2017年调解法案》旨在为国际商事调解提供确定性，但并未明文规定限于商事争议适用。如前所述，《2017年调解法案》第6条第2款（a）（b）项按照调解程序启动的依据，排除了根据"任何成文法"进行的调解程序以及由法院进行的或根据法院指导进行的调解，还相应地排除了由社区调解中心依据《社区调解中心法》、人力部下属的争议管理三方联盟依据《就业索赔法》和《劳资关系法》、小额索赔法庭依据《小额索赔法庭法》、家庭司法法院依据《女性宪章》实施的调解方案[①]，以及由家庭司法法院和州法院的法官、工作人员或志愿者进行的调解会议[②]。此外，该法案第12条第4款将涉及儿童福利或监护权的争议排除在救济范围之外。

然而，SMC作为被认定的调解服务机构之一，除商事主体，SMC同样接受个人客户业务，提供涵盖家事、商品和服务交易、不动产争议、人身伤害、就业争议，与医疗机构以及私立教育机构的争议等领域的调解服务[③]。

因此，《新加坡公约》第1条第2款所排除的一些争议，如家事法及就

[①] 相应成文法依据：*Community Mediation Centres Act*（Cap 49A，1998 Rev Ed）. *Employment Claims Bill*（Bill No 20/2016）dl 3-7 and the Industrial Relations Act（Cap 136，2004 Rev Ed）s 30F. *Small Claims Tribunals Act*（Cap 308，1998 Rev Ed）. Women's Charter.

[②] Dorcas Quek Anderson, *A Coming of Age for Mediation in Singapore*, 29 Singapore Academy of Law Journal 1，275-293（2017）.

[③] SMC, *Overview of Services*,（Aug.26, 2021），https://www.mediation.com.sg/our-services/overview-of-services/mediation/.

业法有关争议、消费争议等，如果当事人并未启动法院程序或依据其他成文法启动调解程序，那么仍然有很大可能通过《2017年调解法案》求得救济。从SMC的设立，到围绕《2017年调解法案》构建的现行商事调解制度来看，新加坡对于商事调解的定性似乎更多是从调解机构的商事性、营业性，而非争议的商事性质来确定。

3.协议形式要求的差异

在形式上，《2017年调解法案》同样规定了书面的和解协议是申请执行的前提，但是书面的定义和范围含义模糊。《2017年调解法案》第12条第3款要求申请救济所依据的和解协议应当是书面形式的，但并未明确界定和解协议的"书面"含义。结合该法案第4条第4款针对调解协议的书面性要求来看，"……内容以任何形式记录下来，则为书面形式，无论……是否以口头、行为或其他方式达成"，似乎并未排除电子通信等现代科技手段记录的和解协议。《新加坡公约》第2条第2款同样强调"协议内容以任何形式被记录下来即为书面形式"，二者表达含义高度相似，只是《2017年调解法案》并未明确提及电子通信的可记录性。

此外，《2017年调解法案》第12条第3款要求协议必须具备一定的形式内容。根据新加坡法律部制定的《2017年调解规则》（Mediation Rules 2017）对该内容的解释，申请救济的和解协议必须包含以下内容："（a）经调解的和解协议的每一方的名称；（b）进行调解的每位调解员的姓名；（c）管理调解的调解服务提供者（如有）的名称；（d）每个进行调解的调解员所依据的每个认证计划（如有）的名称；（e）达成经调解的和解协议的日期；（f）各方在调解中达成的和解条款。"[1]

在和解协议的形式上，《2017年调解法案》的要求似乎比《新加坡公约》更多，实则不然。结合该法案整体内容来看，这些形式要求实则是与《2017年调解法案》的适用标准和申请救济的要求相对应的，如调解第三方的

---

[1] 参见新加坡《2017年调解规则》第2条。

资质要求、申请救济的时间、寻求救济的事项等，是和解协议当事人申请救济所必须满足的最低格式要求，与《新加坡公约》的立法精神保持了一致①。

4.地域性适用要求

新加坡出于将本土商事调解服务推向国际市场的目的拟定《2017年调解法案》，因而明确要求和解协议需要具备"新加坡因素"才可适用于该法案②。依据该法案第6条第1款的规定，这里所说的"新加坡因素"是依据调解进行的或者当事人共同选定的准据法确定的。如果调解的全部或者部分会议在新加坡进行（conducted wholly or partly in Singapore），或者在调解协议中当事人约定适用《2017年调解法案》抑或新加坡其他法律，均可适用本法案。

这与《新加坡公约》对和解协议国际性的认定标准相背离。《新加坡公约》在审议过程中抛弃了根据调解地来确定和解协议来源的做法，并对当事人合意选择适用《新加坡公约》即可满足国际性要求的做法持反对态度③，转而根据缔约时和解协议当事人的营业地、主要义务履行地、关系最密切地等客观标准来确定协议的国际性。

那么，对于符合《新加坡公约》国际性要求的和解协议，如果当事人最初选定符合《2017年调解法案》要求的调解服务机构或调解员进行调解，调解会议本身就有很大可能会在新加坡进行，即使未在新加坡境内召开过调解会议，只要调解协议中当事人约定了要适用新加坡法律也可适用《2017年调解法案》。从这一角度来看，《新加坡公约》中和解协议的国际性在缔约时即可确定，认定的标准更加客观、更具确定性。《2017年调解法案》中"新加坡因素"的满足在很大程度上取决于当事人的选择，如调解机构、调

---

① UNCITRAL，*Report of Working Group* II（*Arbitration and Conciliation*）*on the Work of Its Sixty-third Session*（*A/CN.9/861*），para.65，（Jan. 23，2020），https://undocs.org/en/ A/CN.9/861.

② Singapore Parliament，*Official Report of Mediation Bill Second Reading*，（Aug.26，2021），https://sprs.parl.gov.sg/search/sprs3topic?reportid=bill-278.

③ UNCITRAL，*Report of Working Group* II（*Dispute Settlement*）*on the Work of Its Sixty-seventh Session*（*A/CN.9/929*），para.68～71，（Jan. 23，2020），https://undocs.org/en/A/CN.9/929.

解会议地点、调解依据的法律调解等。这样的设定，虽然有利于通过快速救济机制吸引与新加坡有关的商事争议当事人进行商事调解，从而实现新加坡推广本国商事调解服务的目标，但是不可避免地导致与《新加坡公约》适用范围的重叠，从而造成新加坡衔接《新加坡公约》的困境。

（二）救济内容的差异

依据《新加坡公约》第 3 条的规定，和解协议既可以作为一把利剑（根据第 3 条第 1 款强制执行和解协议），也可以作为盾牌被援引（根据第 3 条第 2 款援引和解协议来证明争议已经和解）[1]。

《2017 年调解法案》第 12 条作为该法的亮点，同样为法院程序外达成的和解协议提供快速救济机制[2]，但仅限于强制执行。该条第 5 款规定，符合条件的和解协议可以被记录为法庭指令，进而"可以以与法院作出的判决或命令相同的方式强制执行"。这意味着，和解协议当事人可以通过执行令状、审查判决债务人、扣押人程序、拘押程序、指定接管人等方式实现协议权利[3]。

在 2019 年新加坡最高法院的一件上诉案件中[4]，当事人在仲裁程序中援引谈判所得的和解协议作为完全抗辩，用来证明争议已经得到解决，并未得到 SIAC 的承认，但是最终得到了新加坡最高法院的支持，并以此推翻了仲裁委员会对该争议的管辖权。这是新加坡第一个成功援引和解协议作为对仲裁程序完全辩护的判决[5]。虽然该案件并未直接指向调解所得和解协议的援

---

① Timothy Schnabel，*The Singapore Convention on Mediation：A Framework for the Cross-Border Recognition and Enforcement of Mediated Settlements*，19 Pepperdine Dispute Resolution Law Journal 1，1-60（2019）.

② Singapore Parliament，*Official Report of Mediation Bill Second Reading*，（Aug.26，2021），https://sprs.parl.gov.sg/search/sprs3topic?reportid=bill-278.

③ 新加坡《法院规则》（Rules of Court），Order 45.

④ 参见新加坡案例，Rakna Arakshaka Lanka Ltd v Avant Garde Maritime Services（Pte）Ltd 2019 SGCA 33.f.

⑤ Nadja Alexander，Shouyu Chong，*Mediation and Appropriate Dispute Resolution*，Singapore Academy of Law Annual Review of Singapore Cases，2019，614-641.

引抗辩效力，但是可以推测出新加坡法院对当事人在仲裁或法院诉讼中援引和解协议的支持态度。

因此，在新加坡现行商事调解制度下，和解协议可以通过《2017年调解法案》转化为法院指令，获得强制执行，但对于是否可以作为援引抗辩的依据以及抗辩效力如何，新加坡法院仍然有较大的自由裁量空间。因此，在《新加坡公约》与《2017年调解法案》适用范围存在重叠的情况下，同一份和解协议可能因为适用的法律依据不同，获得不一样的救济。而且根据前述《2017年调解法案》第12条第5款的规定，转化为法院指令的和解协议具备与法院判决相同的可执行力，进而被《新加坡公约》第1条第3款排除在适用范围之外，意味着即使二者适用范围重叠，救济内容不但不相同，救济的路径也是互相排斥的。

（三）救济申请程序的差异

依据《新加坡公约》第4条第1款的规定，和解协议一方当事人向救济地主管部门申请救济时，应当提交经当事人签署的书面和解协议。和解协议是调解所得的相关证明、翻译件以及其他必需文件，如用于核实适用条件是否得到满足所必需的文件[①]。

根据《2017年调解法案》第12条的规定，针对调解过程中没有启动法院程序的和解协议，协议当事人可以在征得其他各方同意的情况下，在达成协议的8周内向新加坡有关法院申请，将其记录为法院命令。申请需要提交当事人签署的书面和解协议，并且如前所述，协议中必须包含特定的内容，如调解机构信息等。

由此可见，除去考虑跨境商事调解背景所特别设定的申请要求，《新加坡公约》和《2017年调解法案》均要求当事人提交已经签署的书面和解协议。但是这仍然存在3个方面的差异。

---

① UNCITRAL, *Report of Working Group II（Dispute Settlement）on the Work of Its Sixty-seventh Session（A/CN.9/929）*, para.68～71,（Jan. 23, 2020）, https://undocs.org/en/A/CN.9/929.

其一，《新加坡公约》要求当事人提交和解协议是调解所得的证据，然而如前所述，《2017年调解法案》将和解协议是调解所得的要求作为和解协议的格式内容予以规定，并且与调解第三方的资质绑定，因此调解机构和认证机构对调解的背书，涉及调解的发生以及程序的正当性两个方面。

其二，在申请期限上，《新加坡公约》并不作出要求，但是《2017年调解法案》要求当事人必须在达成协议的8周内向法院提出申请，然而和解协议记录为法院指令后，执行令的申请同样有6年的期限。因此，援用《新加坡公约》当事人享有更灵活的时间选择；但在《2017年调解法案》的快速救济机制中，和解协议的救济期限从缔约之时即已确定。

其三，《2017年调解法案》中救济的申请必须以当事人的合意为前提，《新加坡公约》并无此规定。依据《2017年调解法案》设计的调解程序为实现争议的最终解决，实则需要当事人的"三重合意"，分别为调解的合意、和解的合意以及记录为法院指令的合意。《新加坡公约》在审议过程中，工作组会议曾对《新加坡公约》所提供的救济应当默认适用（opt-out）还是需要当事人明确适用（opt-in）进行激烈讨论，最后达成妥协作为第8条允许当事国自行保留。《2017年调解法案》实质上是采用了opt-in的方式，将来是否适用该法案救济的决定需要在较短时间内由当事人合意作出，同样地，其也将为当事人利用快速救济机制造成实质障碍[1]。

六、新加坡与《新加坡公约》的衔接策略

2020年1月6日，《2020年调解公约法案》（Convention on Mediation Act 2020）被提交到新加坡议会进行一读（first reading）[2]，敲响了新加坡批准和实施

---

① UNCITRAL, *Report of Working Group* II（*Arbitration and Conciliation*）*on the Work of Its Sixty-third Session*（*A/CN.9/861*），para.65，（Jan. 23，2020），https://undocs.org/en/ A/CN.9/861.

② 新加坡议会的法案（Statute）以法律草案（Bill）的形式开始，通常由政府部部长向议会提出，在议会中通常需要经历4个阶段：介绍和一读、二读、委员会阶段以及三读。一项法案的拟定通常需要至少两次议会会议才能通过，其中一读与随后的两读是分开进行的。但附有总统签署紧急证书的紧急法案可以在同一次会议上完成所有的三读。

《新加坡公约》的法律前奏[①]。2020年9月12日，该法案与《新加坡公约》同时在新加坡生效。考虑到本研究主旨，本章主要从救济义务的落实和本国制度的衔接两个方面对该法案进行分析。

（一）救济义务的落实

《2020年调解公约法案》为新加坡批准和落实《新加坡公约》提供了国内法基础，其中第4条至第8条为该法案的核心内容，划定了该法案的适用范围、协议的救济内容以及救济程序等，在尊重《新加坡公约》内容的基础上，规定了国内的落实程序。

《2020年调解公约法案》第4条第1款是新加坡落实《新加坡公约》义务的核心条款。依据该规定，和解协议当事人有两种路径可以实现救济：①向新加坡高等法院申请将和解协议转化为法院指令，进而实现强制执行，或者在任何法庭诉讼中援引该协议，证明争议已经和解。②在新加坡高等法院或上诉法院的诉讼程序中，和解协议当事人可直接援引和解协议，证明争议已经和解。

由此可见，其一，新加坡采取的是专属管辖的方式，将《新加坡公约》的救济申请收归高等法院或上诉法院管辖，不同于《2017年调解法案》根据争议标的划分管辖的方式[②]。

其二，该法案沿用了《2017年调解法案》将协议记录为法院指令之后才可申请强制执行的做法。虽然协议转化后"以类似于普通高等法院命令或判决的方式执行，并产生其通常的后果"[③]，但是不同于《2017年调解法案》，

---

① Singapore Parliament, *Official Reports of Singapore Convention on Mediation Bill*,（Aug.26, 2021）, https://sprs.parl.gov.sg/search/sprs3topic?reportid=bill-intro-371.

②《2017年调解法案》第12条第6款规定："（a）如果经调解的和解协议所涉及的争议标的是在家庭法院的管辖范围内，则对经调解的和解协议的提及，是指属于根据第14条制定的《家庭司法规则》中规定的经调解的和解协议的一个或多个类别，并可作为该法院的命令记录；以及（b）如果经调解的和解协议所涉及的争议标的属于国家法院、家庭司法法院或高等法院普通法庭的管辖范围，则对法院的提及就是对国家法院、家庭司法法院或高等法院普通法庭的分别提及。"

③ Nadja Alexander, Shouyu Chong, *Singapore Convention Series：Bill to Ratify before Singapore Parliament*,（Aug.26, 2021）, https://papers.ssrn.com/sol3/papers.cfm?abstract_id=3583560.

记录为法院指令的国际和解协议并不会影响基础合意协议的效力。原协议当事人依然可以在另一个加入《新加坡公约》的司法管辖区，继续使用该和解协议来执行或援引①。

其三，当事人只是援引和解协议的情况下，如果是高等法院或在上诉法院，当事人可以直接援引，但是其他法庭需转化为法院指令后才可援引。至于援引的效力如何，该法案在第5条第1款规定，记录为法院指令的和解协议可以用作辩护、抵消的依据。新加坡学者认为此类援引应相当于完全抗辩②。

《2020年调解公约法案》第6条规定了和解协议当事人申请救济须满足的要求，与《新加坡公约》第4条保持一致。对于这些申请要求，新加坡高级国务部部长唐英年先生在该法案二读时指明：在调解员签署、独立声明或调解机构证明无法提供的情况下，电子邮件的组合、书面或口头证据，只要有助于证明调解的发生和这个协议是调解的结果，均可满足要求；翻译件可由当事人自由聘请合格译员进行翻译③。其他必需文件，还包含一份宣誓书。该宣誓书需说明申请的目的、是否满足了适用条件以及说明申请人和寻求执行或援引国际和解协议所针对的任何人的姓名和通常或最后已知的居住或营业地点④。

《2020年调解公约法案》第7条法院不予记录的事由，与《新加坡公约》的第5条保持一致。该条第1款、第2款意在向被申请方提供救济的抗辩机会；第3款则是法院可以依职权驳回申请的事由，并且《2020年调解公约法案》在不改变原意的基础上，对《新加坡公约》第5条第1款（f）项的调解员未履行揭露义务事由进行了强调，指出调解员未履行揭露义务的行为需要对当事人进入和解协议有实质性或者不当影响。

---

① Singapore Parliament, *Official Reports of Singapore Convention on Mediation Bill-Second Reading*,（Aug.26, 2021）, https://sprs.parl.gov.sg/search/sprs3topic?reportid=bill-426.

② Nadja Marie Alexander, *Ten Trends in International Commercial Mediation*, 31 SAcLJ, 405-447（2019）.

③ 同①。

④ 参见新加坡《最高法院〈新加坡调解公约〉司法规则2020》［*Supreme Court of Judicature（Singapore Convention on Mediation）Rules* 2020］第4条。

不同于《新加坡公约》以及《2017年调解法案》，《2020年调解公约法案》第8条为被申请方提供了额外的抗辩机会。该条针对和解协议已经被记录为法院命令，且该决定是在被申请方缺席的情况下作出时，被申请方被额外赋予了再次提出救济抗辩的机会。被申请方可以根据第7条的内容，在法院作出准予记录决定后6周内提出[①]。6周期限经过前，或者当事人在期限内提出申请但是法院并未作出决定前，强制执行程序不得启动[②]。新加坡国会二读上的讨论记录显示，该条的意义在于表明该救济程序是强制的，法院不会因为被申请方缺席就拒绝记录和解协议，为被申请方逃避和解协议内容提供机会。但是为了确保程序上的缺席不会妨碍正义的实现，第8条允许根据缺席一方的申请，基于实质性的论据，即法院可以拒绝批准记录命令的申请的理由，将一方缺席时记录的命令撤销[③]。

除对《新加坡公约》的批准和落实之外，《2020年调解公约法案》修订了《新加坡最高司法法院法》第322章，赋予新加坡高等法院必要的司法管辖权，使其能够根据《新加坡公约》条款承认和执行调解所得的国际和解协议[④]。

（二）衔接路径选择及原因分析

针对现行商事调解制度与《新加坡公约》在调解理念以及救济机制上的差异，新加坡采取了双轨制的衔接路径。面对国内外调解程序构造理念的张力，《2020年调解公约法案》第2条第1款[⑤]沿用《新加坡公约》中调解的定义，并作出了一定的调整和释明，以确保法院正确理解《新加坡公约》的

[①] 参见新加坡《最高法院〈新加坡调解公约〉司法规则2020》[Supreme Court of Judicature (Singapore Convention on Mediation)Rules 2020]第7条。

[②] 参见新加坡《最高法院〈新加坡调解公约〉司法规则2020》[Supreme Court of Judicature (Singapore Convention on Mediation)Rules 2020]第6条第6款。

[③] Singapore Parliament，*Official Reports of Singapore Convention on Mediation Bill-Second Reading*，(Aug.26, 2021), https://sprs.parl.gov.sg/search/sprs3topic?reportid=bill-426.

[④]《2020年调解公约法案》第13条。

[⑤]《2020年调解公约法案》第2条第1款："'调解'是指一个过程[不论是用"调解"（mediation）或"调节"（conciliation）的说法，还是用任何类似的术语]：（a）调解各方在一个或多个第三方（在本法中称为调解人）的协助下，试图就其争议达成友好解决；以及（b）调解人无权将解决方案强加于争议各方。"

立法精神。在不改变《新加坡公约》原意的前提下，《2020年调解公约法案》进一步分解了调解程序中的核心元素，并从当事人角度和调解人角度分别列出，强调当事人在调解员的辅助下友好和解，以及调解人无权强加和解方案，从而突出《新加坡公约》当事人意思自治原则的核心地位。同时，针对调解程序与术语使用的关系，《2020年调解公约法案》在《新加坡公约》定义的基础上，不仅额外提及调解（mediation），如调节（conciliation）等类似术语的存在，更全面地将《新加坡公约》背后的考量列在法条之中。

此外，《2020年调解公约法案》并没有废除《2017年调解法案》已经构建的救济机制或者当事人依据合同救济的路径，而是在上述基础上为国际和解协议提供了依据《新加坡公约》进行另外的直接救济路径，从而为和解协议当事人提供一套广泛的救济选择①。《2020年调解公约法案》第7条对该法案之外的和解协议救济路径予以认可；第12条②对《2017年调解法案》进行了修订，允许符合《2017年调解法案》救济条件的国际和解协议，在并未依据《2020年调解公约法案》记录为法院指令的情况下，适用于《2017年调解法案》进行救济。

笔者认为，新加坡之所以采取这一路径，与新加坡在2013年围绕商事调解国际化提出的发展战略密切相关。一方面，如前所述，尽早加入《新加坡公约》对于新加坡来说意义重大，为实践ICM WG在2013年报告中的第6条战略建议提供了契机。双轨制可以确保新加坡尽早加入《新加坡公约》，同时保留原有商事调解发展战略优势。

另一方面，采取修订《2017年调解法案》的方式，对国内外商事调解制度进行统一，存在诸多不利。其一，必须通过立法程序对《2017年调解

---

① Singapore Parliament, *Official Reports of Singapore Convention on Mediation Bill-Second Reading*, （Aug.26, 2021）, https://sprs.parl.gov.sg/search/sprs3topic?reportid=bill-426.

② 根据《2020年调解公约法案》第12条的内容，《2017年调解法案》第6条新增一款内容："（2A）第（2）（a）款不排除以下情况：（a）《2020年新加坡调解公约法》第2（1）条所定义的国际和解协议（在本分节中称为国际和解协议）成为本法适用的调解和解协议，如果除了第（2）（a）分节之外，该国际和解协议有资格成为这种协议；或（b）如果国际和解协议没有根据《2020年新加坡调解公约法》第5条被记录为法院命令，则该国际和解协议也是本法适用的调解和解协议。"

法案》进行修订，花费时间长、立法成本高。其二，对《2017年调解法案》进行修订会打破新加坡商事调解在国内外生态发展的政策系统优势。《2017年调解法案》对调解第三方的限定以及"新加坡因素"的强调，是新加坡出口商事调解服务的重要政策构成，若对此进行修改，则其国内商事调解机构的吸引力将极大降低。其三，对《2017年调解法案》进行修订或可影响新加坡在亚太地区争议解决领域的地位。如前所述，富有本土化特色的商事调解制度可能更加符合新加坡国内甚至亚洲争议当事人的需求，对该法案进行改革极有可能损失法律的确定性和可预期性，从而导致目标客户群体流失。

七、总结与评析

在中国式传统调解占主导的社会争议解决背景下，新加坡首先同样是在法院系统内运用调解作为一种非对抗性的解决争端的方式来维护关系，从而维护新加坡的争议解决价值观[①]，之后才扩大至社区调解以及商事调解。社区调解在很大程度上是作为维持多民族、多宗教的新加坡社会结构核心的一种争议解决工具存在[②]。相关新加坡社区调解的案例同样支持这个观点。

新加坡商事调解制度的构建是以明确其制度定位为前提的。在新加坡20世纪90年代的现代调解制度化建设中，新加坡的商事调解区别于法院调解与社区调解的制度而存在。因此，与州法院和家庭司法法院的法庭调解服务以及社区调解服务不同，这一阶段成立的标志性调解机构SMC以提供收费的私人调解服务为主要特征。SMC业务范围并不局限于商事争议调解，而是扩大到家庭争议、过失和人身伤害索赔和特定行业等。此外，SMC还开设了争议管理培训课程、资格认证系统、企业内部争议解决咨询服务等业务。因此，该阶段SMC的主要业务来源是新加坡国内调解和法院移交的调

---

① Dorcas Quek Anderson, *The Evolving Concept of Access to Justice in Singapore's Mediation Movement*, 16 International Journal of Law in Context 2, 128-145（2020）.

② Pravin Prakash, *The Leviathan and Its Muscular Management of Social Cohesion in Singapore*, in Aurel Croissant, Peter Walkenhorst（eds）, *Social Cohesion in Asia: Historical Origins, Contemporary Shapes and Future Dynamics*, 2019.

解^①，机构发展定位与亚洲调解文化相融合，并且官方色彩浓厚。随着21世纪亚洲经济的快速发展以及中国的"一带一路"倡议，新加坡越发意识到其地理优势以及其作为普通法国家出口法律服务的优势^②。因此，在该阶段为了将新加坡打造成亚洲的争议解决中心，新加坡政府致力于提供国际可信度高的整套争议解决服务。发展商事调解制度的目的在于补充已相对完善的国际商事仲裁和诉讼制度，从而确保新加坡争议解决服务的商事用户能够选择从调解到仲裁等全方位的程序^③。根据这一制度定位，新加坡于2013年设立ICM WG，且就该商事调解制度发展提出6项关键建议，从而推动新加坡商事调解在立法、司法政策、市场等商事调解相关领域的一系列改革，并由此影响了新加坡批准《新加坡公约》的必然性和衔接策略。

因此，对于新加坡来说，发展国际商事调解服务和能力以补充相对完善的国际商事仲裁和诉讼制度，成为其发展商事调解的制度定位，因此其面临着调解制度在本土化与国际化之间不断进行平衡和摆动的情况，导致其现行商事调解制度与《新加坡公约》所设想的商事调解制度存在许多差异，这些差异同样存在于我国的调解制度中。

在调解程序构造的理念上，新加坡受亚洲传统调解文化影响，将调解员作为调解程序的重心，调解员可以就实质性的问题提出建议和意见；而《新加坡公约》主张当事人的意思自治是调解程序的核心，我国调解传统同样存在这种理念上的差异^④。在对调解第三方的要求上，新加坡与《新加坡公约》

---

① Singapore Ministry of Law, *FINAL ICMWG Press Release - Annex A*,（Aug.26, 2021）, https://app.mlaw.gov.sg/files/news/press-releases/2013/12/FINAL%20ICMWG%20Press%20Release%2 0- %20 Annex%20A.pdf.

② Gloria Lim, *International Commercial Mediation：The Singapore Model*, 31 Singapore Academy of Law Journal Special Issue, 377-404（2019）.

③ Singapore Ministry of Law, *FINAL ICMWG Press Release - Annex A*,（Aug.26, 2021）, https://app.mlaw.gov.sg/files/news/press-releases/2013/12/FINAL%20ICMWG%20Press%20Release%2 0- %20 Annex%20A.pdf.

④ "我国调解传统倾向于选择权威人士进行斡旋，这并不完全符合公约所倡导的调解理念"，参见刘敬东等：《批准〈新加坡调解公约〉对我国的挑战及应对研究》，载《商事仲裁与调解》，2020年第1期，第45～60页。

相背离，对于调解服务机构或认证机构的背书依赖性强。目前，我国可以进行司法确认的和解协议同样存在对调解机构的依赖性①。在争议内容上，新加坡《2017年调解法案》并未完全将适用的争议限定在商事领域，导致与《新加坡公约》的适用范围不一，我国现行司法确认制度同样不对争议类型进行限制②。在救济内容上，新加坡并未规定和解协议的援引抗辩问题；我国现行司法确认制度同样不包含此类内容。在救济申请要求上，新加坡要求救济的申请也是所有当事人的合意，并设定了申请的期限限制；我国司法确认制度同样存在类似的差异③。

新加坡对于二者的衔接采取的是双轨制的路径，《2020年调解公约法案》旨在与《2017年调解法案》平行运作④。这一衔接路径，使得新加坡可以尽早加入公约，节省立法成本，保留原有商事调解优势，维护已有的目标客户群体。然而，双轨制的衔接不可避免地会导致和解协议在新加坡的救济制度复杂化⑤，需要当事人以及法律从业者熟悉新加坡现有的不同救济选择并谨慎制定争议解决策略。

此外，《2020年调解公约法案》仅在《新加坡公约》的基础上为被申请人提供二次抗辩的机会。对于我国学者和实务部门所担心的虚假调解、第三人保护等问题，新加坡均未予以关注。这是否会在新加坡，或者说类似的亚洲国家，造成难以控制的不良影响尚无定论，因此需要持续关注新加坡商事调解制度发展以及《新加坡公约》在新加坡的落实情况。

---

① 参见温先涛：《〈新加坡公约〉与中国商事调解——与〈纽约公约〉〈选择法院协议公约〉相比较》，载《中国法律评论》，2019年第1期，第198～208页；孙南翔：《〈新加坡调解公约〉在中国的批准与实施》，载《法学研究》，2021年第2期，第156～173页。

② 程华儿：《涉外法治发展视域下我国法院对〈新加坡调解公约〉执行机制革新的因应》，载《法律适用》，2020年第4期。

③ 参见戴欣媛：《〈新加坡公约〉下中国执行国际商事和解协议路径探索》，载《国际经济法学刊》，2020年第4期。

④ Singapore Parliament, *Official Reports of Singapore Convention on Mediation Bill-Second Reading*,（Aug.26, 2021）, https://sprs.parl.gov.sg/search/sprs3topic?reportid=bill-426.

⑤ Najia Marie Alexander, *The Emergence of Mediation Law in Asia: A Tale of Two Cities*, 18 Transnational Dispute Management 3, 1-38（2021）.

第四章 >>>

《新加坡公约》范式下中国商事调解
制度构建的需求

在对我国商事调解制度如何构建展开研究之前，还得从我国商事调解领域现有发展如何、制度化程度如何等问题进行研究，从而发现我国商事调解制度构建的需求为何。因此，本章拟从我国民事司法语境下的商事调解发展现状入手，在制度的供给与需求框架下，对我国商事调解制度发展的内生需求与外部需求两方面进行分析。本章通过将我国民事司法语境下的商事调解发展现状与商事调解制度的域外规制框架进行比较，厘清我国商事调解制度发展亟待满足的本土需求。本章通过将其与《新加坡公约》语境下的商事调解范式进行比较，厘清在《新加坡公约》范式下发展我国商事调解制度的国际化需求。

第一节　中国民事司法语境下商事调解的发展

调解作为我国传统法文化的重要资源①，其在长期发展中已经发展出一系列极具本土特色的调解制度。然而，商事调解并不是一个确定和统一的制度②。商事调解虽然是我国多项政策推行的施力点，目前并未形成独立的制度架构，甚至对于商事调解的范畴尚未达成共识。外国学者认为中国现代商事调解的产生可追溯到《中华人民共和国民事诉讼法》2012 年修正案③；国内主流学者认为，中国在商事调解领域并无基础性的立法，与商事调解制度

---

① 范愉：《非诉讼争议解决机制研究》，中国人民大学出版社，2006年版，第65页。

② 范愉：《商事调解的过去、现在和未来》，载《商事仲裁与调解》，2020年第1期，第126页。

③ Peter H Corne, Matthew S Erie, *China's Mediation Revolution? Opportunities and Challenges of the Singapore Mediation Convention*,（Aug.26, 2021），http://opiniojuris.org/2019/08/28/chinas-media-revolution-opportunities-and-challenges-of-the-singapore-mediation-convention/.

有关的规定散见于相关的法律法规及政策性文件之中①。但是，从商事调解立法和司法实践来看，"商事调解"这一术语尚未出现在我国立法层面，更多的是出现在我国民事司法解释与司法政策性文件中，且此类法律文书中也缺乏商事调解的明确定义。从商事调解研究领域来看，学术界对于商事调解范畴目前存在较大分歧。部分学者认为我国商事调解范畴应涵盖民间组织调解、仲裁调解以及法院调解②等。也有观点认为，仲裁调解以及法院调解不应当属于商事调解范畴③，而人民调解④以及特殊行业与争议事项的调解规范如劳动争议调解⑤等则在我国商事调解范畴内。

对于我国来说，在立法层面并未对我国商事调解范畴进行统一，在研究领域对商事调解的范畴存在较大分歧的情况下，对我国商事调解制度发展的本土需求进行讨论，还需从我国民事司法语境下的商事调解范畴切入，以研究我国商事调解的发展现状为前提。

一、我国民事司法语境下商事调解的范畴

通过对我国涉及商事调解的司法解释与司法政策性文件进行梳理，一个显见的事实是，我国商事调解的范畴具有相当的模糊性。概言之，我国民事司法语境是从3个维度对商事调解进行间接界定的：调解第三方的性质、争

---

① 唐琼琼:《〈新加坡调解公约〉背景下我国商事调解制度的完善》，载《上海大学学报（社会科学版）》，2019年第36卷第4期，第116～129页。

② 穆子砺:《论中国商事调解制度之构建》，对外经济贸易大学，2006年博士学位论文；祁壮:《"一带一路"建设中的国际商事调解和解问题研究》，载《中州学刊》，2017年第11期，第61～66页；安文靖:《我国商事调解立法改革刍议——兼论国际商事调解立法对我国的启示》，载《商业时代》，2010年第3期，第88～89页。

③ 唐俊:《调解制度构建新论》，中国政法大学，2011年博士学位论文；齐树洁、李叶丹:《商事调解的域外发展及其借鉴意义》，载《中国海商法年刊》，2011年第22卷第2期，第97～103页；宋连斌、肯燕然:《中国商事调解协议的执行力问题研究——以〈新加坡公约〉生效为背景》，载《西北大学学报（哲学社会科学版）》，2021年第51卷第1期，第21～32页。

④ 包康赟:《〈新加坡调解公约〉的"后发优势"与中国立场》，载《武大国际法评论》，2020年第6期，第15～36页；杨秉勋:《再论〈新加坡调解公约〉与我国商事调解制度的发展》，载《北京仲裁》，2020年第1期。

⑤ 包康赟:《〈新加坡调解公约〉的"后发优势"与中国立场》，载《武大国际法评论》，2020年第6期，第15～36页。

议领域及调解服务模式。

（一）商事调解组织主持的调解

2009年，在最高人民法院发布的《关于建立健全诉讼与非诉讼相衔接的矛盾争议解决机制的若干意见》（以下简称2009年《意见》）中，商事调解首次被正式提及。在该意见中，商事调解与仲裁、行政调处、人民调解、行业调解等一并划定为"非诉讼争议解决方式"。笔者结合2009年《意见》后文中多次提及经商事调解组织调解后达成的协议认为，我国司法政策语境下的商事调解应以商事调解组织主持的调解理解为宜。

上述结论见中共中央于2015年发布的《关于完善矛盾争议多元化解机制的意见》（以下简称2015年《意见》）与最高人民法院于2016年发布的《最高人民法院关于人民法院进一步深化多元化争议解决机制改革的意见》（以下简称2016年《意见》）。2015年《意见》要求："……推动有条件的商会、行业协会、民办非企业单位、商事仲裁机构等设立商事调解组织，鼓励设立具有独立法人地位的商事调解组织……"2016年《意见》中，最高人民法院指明，"积极推动具备条件的商会、行业协会、调解协会、民办非企业单位、商事仲裁机构等设立商事调解组织、行业调解组织……提供商事调解服务或者行业调解服务"。

在2015年《意见》和2016年《意见》中，商事调解组织与商事调解服务直接呼应，并且确定了商事调解组织是由商会、行业协会、调解协会、民办非企业单位、商事仲裁机构等机构或者组织设立的。此类机构或组织的共同点在于其民间性，而"等"一词的出现，将商事调解组织的设立权扩大至具备条件的民间性质的组织或机构。

（二）民商事领域的争议

同样在2015年《意见》与2016年《意见》中，商事调解被间接地限定在商事领域的争议中。2015年《意见》要求："……鼓励设立具有独立法人地位的商事调解组织，在投资、金融、证券期货、保险、房地产、工程承包、技术转让、知识产权、国际贸易等领域提供商事调解服务……"在2016年《意见》中，最高人民法院指明，"……设立商事调解组织、行业调解组织，在投资、金融、证券期货、保险、房地产、工程承包、技术转让、环境保护、电子商务、知识产权、国际贸易等领域提供商事调解服务或者行业调解服务"。在2019年《最高人民法院关于政协十三届全国委员会第二次会议第2803号（政治法律类249号）提案的答复》中，最高人民法院指明"商事调解机制已经覆盖银行、证券期货、房地产、建筑、造价、知识产权、互联网、电子商务等领域"。

然而，2016年最高人民法院在《对政协十二届全国委员会第四次会议第0178号（政治法律类022号）提案的答复》中指出，商事调解同样适用于环境资源纠纷。最高人民法院于2018年颁布的《最高人民法院关于进一步深化家事审判方式和工作机制改革的意见（试行）》第八条规定，"依法成立的人民调解、行政调解、商事调解、行业调解及其他具有调解职能的组织，可以申请加入家事调解委员会特邀调解组织名册"。2020年最高人民法院在《对十三届全国人大三次会议第2772号建议的答复》中指明，商事调解适用于涉侨纠纷。最高人民法院于2021年颁布的《最高人民法院关于进一步推进行政争议多元化解工作的意见》规定，行政争议的解决需以相关民事纠纷解决为基础的，可以引导起诉人通过商事调解等程序，依法先行解决相关民事纠纷。

由此可见，我国商事调解的范畴并不仅限于商事争议领域，民事甚至家事争议领域均有商事调解存在的空间。

（三）市场化、专业化、职业化、有偿的调解服务模式

2017年，最高人民法院在《对十二届全国人大五次会议第4050号建议的答复》中指出，"进一步完善具有市场化特点的商事调解规则与对接机制，发挥商事调解组织化解专业争议的职业化优势"。2018年，最高人民法院在

《对十三届全国人大一次会议第1694号建议的答复》中指出，推动相关部门修订完善社会组织登记管理法规，出台商事调解收费标准。《最高人民法院司法改革领导小组关于印发〈人民法院司法改革案例选编（五）〉的通知》指出，"对于案情疑难、复杂的专业领域调解，探索商事调解组织有偿调解"。

根据这上述文件，我们可以看出，商事调解组织所提供的商事调解服务应当是市场化的、专业化的、职业化的、有偿的。

综上所述，在我国民事司法语境下，商事调解应为由民间实体设立的商事调解组织为民商事争议当事人提供的调解服务，并且商事调解服务具有市场化、专业化、职业化、有偿性的特点。

二、我国民事司法语境下商事调解制度现状

所谓商事调解制度，是指型塑商事调解活动的综合性规则系统。这里所说的规则包括在社区中实际或潜在使用的规则，而不只是形式上的规则。这些规则既包括非正式的行为规范和社会惯例，也包括正式的法律法规或其他正式规则[①]。然而，鉴于研究资源上的限制，本研究对我国民事司法语境下商事调解制度现状研究主要从成文规则的角度进行考察，同时由于前文已经从民商事司法政策文件中对商事调解的范畴进行了梳理，因此本章将研究对象集中在国家法律层面和机构规则层面。

1.国家法律层面

从上述商事调解三标准来看，在立法层面我国目前还未直接针对商事调解进行专门规制。唯有2021年修订的《中华人民共和国民事诉讼法》第二百零一条规定[②]，为我国民事司法语境下商事调解和解协议通过司法确认机制实现强制执行提供了法律依据。

---

① G M Hodgson, *On Defining Institutions: Rules Versus Equilibria*, 11 Journal of Institutional Economics 3, 497-505（2015）.

②"经依法设立的调解组织调解达成调解协议，申请司法确认的，由双方当事人自调解协议生效之日起三十日内，共同向下列人民法院提出：（一）人民法院邀请调解组织开展先行调解的，向作出邀请的人民法院提出；（二）调解组织自行开展调解的，向当事人住所地、标的物所在地、调解组织所在地的基层人民法院提出；调解协议所涉争议应当由中级人民法院管辖的，向相应的中级人民法院提出。"

《中华人民共和国民事诉讼法》第二百零一条将可进行司法确认的调解分为由法院邀请调解组织开展先行调解的，以及调解组织自行开展调解的两种，转换到我国民事司法语境下的商事调解范畴中，这应当理解为由法院邀请商事调解组织开展先行调解的以及商事调解组织自行开展的调解。后者即为当事人与商事调解组织之间直接沟通展开调解的情形，并无疑义。然而前者作何理解？先行调解作为在《中华人民共和国民事诉讼法》与《中华人民共和国仲裁法》中均存在的一种调解类型，目前立法并未给出明确的定义。但是国内主流观点认为，先行调解应为法院立案前邀请商事调解组织开展的调解[1]，即法院"委派调解"[2]。根据2019年《最高人民法院关于政协十三届全国委员会第二次会议第2803号（政治法律类）提案的答复》，最高人民法院曾确认将商事调解司法确认纳入先行调解、委派调解体系中进行完善，与我国主流观点对于先行调解的认识保持一致。

因此，依据《中华人民共和国民事诉讼法》第二百零一条的规定，法院立案前邀请商事调解组织开展的以及商事调解组织自行开展的商事调解和解协议当事人，是可以在法定期限内通过共同向法院申请司法确认来获得强制执行力的。

2.机构规则层面

目前，我国已经出现了诸多从事商事调解的专门组织，如中国国际贸易促进委员会/中国国际商会调解中心、上海经贸商事调解中心、"一带一路"国际商事调解中心、深圳市前海国际商事调解中心等。大部分商事调解机构针对商事调解程序制定了相应的调解规则，针对调解员制定了相应的调解员守则、调解员聘任规则、考核及培训机制等。

---

[1] 范愉：《委托调解比较研究——兼论先行调解》，载《清华法学》，2013年第7卷第3期，第57～74页，潘剑锋：《民诉法修订背景下对"诉调对接"机制的思考》，载《当代法学》，2013年第27卷第3期，第102～111页。

[2] 委派调解、委托调解为法院所特有，其区分标准为"立案前委派调解、立案后委托调解"。参见2012年《最高人民法院、中国保险监督管理委员会关于在全国部分地区开展建立保险争议诉讼与调解对接机制试点工作的通知》第9条。

从不同商事调解机构的调解程序规则来看，目前体例上的差异较大。中国国际贸易促进委员会/中国国际商会调解中心于2011年12月6日执行的调解规则，共计三章三十四条规定，内容分别为总则、调解程序以及附则。上海经贸商事调解中心于2012年10月制定并于2020年9月修订的调解规则，共计五章三十三条规定，内容包括总则、调解程序、调解费用、调解的效力以及调解附则。"一带一路"国际商事调解中心于2016年10月制定并于2021年7月修订的调解规则，并未分章，共计二十条规定。深圳市前海国际商事调解中心于2020年8月15日发布的调解规则，共计五章五十五条规定，内容涉及总则、当事人的权利和义务、调解服务事项与调解员义务、调解程序、收费等方面。

从调解程序内容来看，大部分商事调解机构均规定了与其他争议解决机构联合调解、规则的约定适用[①]、调解受理、调解员选定或制定、调解期限、调解方式、调解地点、调解不公开与保密义务、调解程序的终止、调解和解协议效力、调解费用等内容。

从不同商事调解机构针对调解员要求来看，不同的调解机构之间的调解员守则内容存在较大差异，其中调解员的中立原则、保密义务等得到了大部分调解员守则的承认；调解员任职资格的专业背景条件差异也较大，相关领域从业经验要求5年到10年不等。

此外，大部分商事调解机构提供了自己的收费标准，一般情况下包含案件登记费或管理费、调解费及其他实际支出费用。其中，大部分商事调解机构的案件登记费或管理费按照固定数额计算，为200～1 000元不等，也有少数商事调解机构根据案件争议金额计算为1 500～40 000元不等。调解费用均是根据案件争议金额，大部分商事调解机构比例浮动点起步于50万元[②]。而费用承担方式则分为按比例分担、平均分担、各自分担、约定分担等。

---

① 北京融商"一带一路"法律与商事服务中心《一带一路国际商事调解中心调解规则》（简称《一带一路调解规则》）除外。该规则并未有概括性的规定，指明当事人能够对调解规则进行约定变更或者约定补充。

② 贸促委除外，起算比例为5万元。

第二节　中国商事调解制度发展的本土需求

中国现行调解制度和实践与《新加坡公约》所设想的商事调解制度存在相当程度的断裂，这将对中国商事调解制度的国际化接轨、落实《新加坡公约》规定的国际义务造成很大阻碍。东京大学的海内秀介教授（Prof. Shusuke Kaiuchi）指出，日本恰恰是因为其民事执行制度与ADR立法及《新加坡公约》所设想的和解协议跨境救济制度不兼容，因而持中立态度，无意加入《新加坡公约》[①]。

通过对我国民事司法语境下的商事调解制度现状进行梳理，可以看到，我国商事调解的制度化发展存在以下几方面的需求。

一、商事调解规则系统亟须完善

目前，我国立法层面缺乏针对商事调解的专门规范，仅提供了法院立案前邀请商事调解组织开展的以及商事调解组织自行开展的商事调解和解协议司法确认机制。与此同时，我国民事司法政策对商事调解持鼓励态度，积极推动商事调解制度向市场化、专业化、职业化、有偿的服务模式发展，商事调解机构在全国范围内得到快速发展。因此，现阶段商事调解机构的发展主要依赖于商事调解服务市场的调节，通过自发地对商事调解市场发展趋势以及消费者需求进行分析和研究，制定相应的调解程序规则以及调解员相关准则来进行自律。

《新加坡公约》在全球的颁布与生效刺激了我国商事调解市场的发展。在市场规模方面，大批的商事调解机构顺势成立或扩展商事调解业务。2021年《人民法院服务和保障长三角一体化发展司法报告》数据显示，江苏省全省设立商会调解组织332个，聘用调解人员1 528名，各类商会调解组织有

---

① Olivia Sommerville, *Singapore Convention Series - Strategies of China, Japan, Korea and Russia*,（Aug.26, 2021）, http://mediationblog.kluwerarbitration.com/2019/09/16/singapore-convention-series-strategies-of-china-japan-korea-and-russia/.

效化解商事纠纷 3 757 件，化解标的金额达 10 余亿元①。此外，在机构自律规则方面，上海经贸商事调解中心、"一带一路"国际商事调解中心等均参考《新加坡公约》语境下的商事调解范式对机构调解程序规则进行了更新。

诚然，通过商事调解市场对商事调解机构进行规制有其诸多优势②，但是，我国大部分商事调解机构作为民办非企业单位成立，经其业务主管部门审查同意后在民政局登记成立，其长期发展可能存在以下几方面潜在问题。

首先，不同商事调解机构的业务主管部门存在较大差异。如上海经贸商事调解中心以上海市商务委员会、上海市社团管理局作为业务主管部门，"一带一路"国际商事调解中心则以北京市法学会作为其业务主管部门，深圳市前海国际商事调解中心以司法局、贸促委作为业务主管部门。依据我国《民办非企业单位登记管理暂行条例》的规定，业务主管部门承担监督、指导民办非企业单位按照章程活动的职责。来源各异的业务主管部门意味着对商事调解机构设立的审查标准不一，进而导致商事调解机构的资质各异、商事调解服务质量各异。

其次，需经业务主管部门审查同意后才可登记成立的模式，也导致我国商事调解服务市场存在一定的准入门槛，致使商事调解服务市场竞争力大幅降低，难以仅仅依靠市场调节督促商事调解机构提升自身竞争力，完善自身制度建设，提升商事调解服务的专业性。

最后，在商事调解机构资质各异、商事调解服务质量各异，并且市场调节作用受限的情况下，为该领域的所有商事调解机构经手的调解和解协议提供通过司法确认程序获得执行力的救济，一方面会增加司法机关的司法确认案件受理量，另一方面会导致仅仅局限于形式审查的司法确认程序或不够严谨。

因而在立法层面缺乏针对性规范，仅提供了概括性的救济程序，民事司法政策层面又不断鼓励商事调解发展的情况下，单单依靠商事调解市场对商

---

① 2021 年《人民法院服务和保障长三角一体化发展司法报告》。
② 详见前文第二章第一节。

事调解服务机构的发展进行规制是远远不够的。我国商事调解若想得到进一步的发展，为我国其他各项政策的实施提供有力保障，构建起较为科学完善的规则系统是首要的本土需求。

二、商事调解范畴亟须立法统一界定

如前所述，在我国民事司法语境下，商事调解应该是由民间实体设立的商事调解组织为民商事领域争议当事人提供的调解服务，且具有市场化、专业化、职业化、有偿性的特点。这是一个从调解第三方性质、调解当事人性质以及调解服务性质3个方面进行界定的范畴，并且极具模糊性。

目前，在我国民商事司法语境下，对调解的分类一般是依据调解第三方的性质进行划分。这也是学理上常见的分类方式[①]，可以分为法院调解[②]、人民调解、行业调解、仲裁调解、商事调解等类型。在这些调解类型中，法院调解因其主体不具备民间性而被排除在我国民事司法语境下的商事调解制度范畴之外。我国人民调解虽是由人民调解委员会这一"群众性组织"主持的调解，但因其具有无偿性的法定特征，也不应被划入我国民事司法语境下的商事调解制度范畴之内。行业调解、仲裁调解等则视其受理的争议性质，或可与我国民事司法语境下的商事调解制度产生重叠。因此，由于规则设计的理性程度不足[③]，在我国民事司法语境下商事调解本身的范畴界定不仅是模糊的，而且不同调解类型的范畴实际上存在重叠的可能性，对商事调解的制度化构建必然需要在立法层面对其予以厘清为前提。

此外，依据《中华人民共和国民事诉讼法》第二百零一条的规定，该条适用于"经依法设立的调解组织"，无论是法院立案前邀请商事调解组织开展的调解还是商事调解组织自行开展的商事调解和解协议当事人，都应当以"依法设立"的商事调解组织为调解第三方。然而，如前所述，商事调解组

---

① 范愉：《非诉讼争议解决机制研究》，中国人民大学出版社，2006年版，第65页。

② 也有学者称之为诉讼调解。

③ 范愉：《委托调解比较研究——兼论先行调解》，载《清华法学》，2013年第7卷第3期，第57~74页。

织可以是商会、行业协会、调解协会、民办非企业单位、商事仲裁机构等具备条件的民间性质的组织或机构。在商事调解组织或者机构的设立主体过于宽泛时，对《中华人民共和国民事诉讼法》中所规定的"依法设立"的不同解释和理解，或可直接影响到商事调解和解协议当事人是否可以申请司法确认程序，因而，有必要对商事调解组织设立的法律依据予以明确，以避免司法确认审查标准不一。

三、商事调解保密原则亟须立法保护

实际上，商事调解的保密原则是商事调解程序的核心优势之一。目前，国内大部分商事调解机构规定了调解的不公开与调解参与方的保密义务[①]，并要求当事人不得将调解过程中当事人作出的陈述、意见、观点、方案或建议等作为"申诉或答辩的依据"或者作为证据来提供和使用[②]，不得要求调解员作为证人出现在其他的争议解决程序中[③]等。

但是，商事调解机构的调解规则，因大部分允许当事人通过约定对其进行更改[④]，在某种程度上可以被看作商事调解机构提供的商事调解服务协议格式条款的一部分。商事调解案件一经正式受理，便产生拘束商事调解当事人、调解员以及商事调解机构的私法约束力。因此，在没有立法层面的认可下，此类规则要求各方参与者履行保密义务，当事人不可将调解相关信息或资料作为"申诉或答辩的依据"，或证据到底能在多大程度上实现其规定的法律效果值得考量。如果一方当事人违反保密义务，是否应当承担违约责任？如果一方当事人确将调解相关信息或资料作为"申诉或答辩的依据"或

---

① 参见《上海经贸商事调解中心调解规则》第十八条，贸促会《调解规则》第二十条，《一带一路调解规则》第14.1条、第14.2条，《深圳市前海国际商事调解中心调解规则（试行）》第九条、第三十九条、第四十条。

② 参见《上海经贸商事调解中心调解规则》第三十条，贸促会《调解规则》第三十一条，《一带一路调解规则》第14.3条，《深圳市前海国际商事调解中心调解规则（试行）》第三十八条。

③ 参见《上海经贸商事调解中心调解规则》第三十一条，《深圳市前海国际商事调解中心调解规则（试行）》第三十九条。

④ 参见《上海经贸商事调解中心调解规则》第六条，贸促会《调解规则》第三条，《深圳市前海国际商事调解中心调解规则（试行）》第六条。

证据在诉讼或者仲裁程序中使用，那么当事人应当承担什么样的后果以及此类证据能否得到仲裁庭或审判庭的承认？这些问题仅仅依赖于商事调解机构所提供的调解规则无法得到合理的解决，还需从立法或者司法解释层面作出规定。

第三节　《新加坡公约》范式下我国商事调解发展的国际需求

如前所述，《新加坡公约》语境下的商事调解范式可以看作商事调解发展的未来趋势。联合国试图通过《新加坡公约》来影响和引导未来的国际商事调解实践发展，甚至各国的国内商事调解立法发展，为调解和解协议提供特殊的救济机制，进而为调解成为独立的争议解决手段提供制度性的保障，最终实现提高调解在商事争议解决领域接受度和使用度的目的。在全球经济一体化的趋势下，商事调解作为促进市场经济与对内对外经济贸易的重要支撑，我国商事调解的发展必然不是孤立的，因而在《新加坡公约》范式下，对我国商事调解发展的国际需求进行研究，或可为我国商事调解制度的构建提供有益的方向指引。

一、调解和解协议定义与效力的理论衔接需求

《新加坡公约》语境下的商事调解范式对调解和解协议的定义与效力进行了重构与革新。一方面，在和解协议的传统构成要件与效力的理论基础上，《新加坡公约》对调解和解协议的理论外延进行了重构，从而为其革新性地赋予调解和解协议多层次的拟制效力提供了法理上的逻辑性和合理性；在承认和保留调解和解协议契约效力的基础上，赋予其强制执行力与援引抗辩效力，以便协议当事人能够依据调解和解协议申请特殊的救济。另一方

面,《新加坡公约》通过为调解和解协议划定技术性内涵,提升《新加坡公约》对调解和解协议理论外延与多层次拟制效力以及相应的特殊救济模式的接受度和普及性。《新加坡公约》通过理论上的革新促进商事调解实践的发展,并通过商事调解实践的发展,为《新加坡公约》语境下商事调解范式的发展提供理论依据。

反观我国有关和解协议的理论研究,研究内容仍主要集中在和解协议的传统构成要件及实体法效力上,研究数量与质量也远落后于其他有名合同。如王利明教授所撰写的《论和解协议》遵循的理论框架对和解协议的适用范围、效力之争以及违约责任作出了初步讨论[①]。我国台湾学者陈自强以《和解与计算错误》为题,对和解协议在民法上的效力进行了讨论,虽然跳出了已有研究的局限,提出了和解协议的确定效说,并对和解协议中的错误如何认定作出细致深入的研究,但是对和解协议在程序法上的效力,从法教义学出发持否定的态度[②]。

虽然,已有部分学者从程序法的角度对诉讼和解或者诉讼契约以及执行和解问题作出研究,但是此类研究通常将和解协议程序法上的效力研究局限在了特定的程序背景之下,对和解协议实体法上的效力与程序法上的效力进行了区分。而且此类研究能够为我国从理论层面理解和发展《新加坡公约》下商事调解范式提供多少理论支撑或研究价值仍有待评估。例如,张卫平教授在《论民事诉讼的契约化——完善我国民事诉讼法的基本作业》一文中,对诉讼和解契约的定义是“区别于诉讼外和解协议的理论存在”,因其在诉讼程序中发生,所以产生影响诉讼程序的效力[③]。汤维建教授等在《论民事执行程序的契约化——以执行和解为分析中心》中则将和解契约限定在执行程序背景中,对其正当性、表现形态进行研究,其同样认为,如果执行和解自始至终就只有当事人的个体意志,没有公法意志因素的参与,那么将因

---

① 王利明:《论和解协议》,载《政治与法律》,2014年第1期,第49~57页。
② 陈自强:《和解与计算错误》,元照出版社,2014年版,第114页。
③ 张卫平:《论民事诉讼的契约化——完善我国民事诉讼法的基本作业》,载《中国法学》,2004年第3期,第75~87页。

为缺乏公法上的效力正当性基础而无法产生诉讼法上的效果①。

因此，在目前有关和解协议的主流理论研究呈现出重实体轻程序、实体与程序相分离的状况下，我国民商事实体法未针对和解协议作出专门规范，民事程序法更未对和解协议的程序法效力进行关注。固然，这是《新加坡公约》在商事调解革新性的必然体现，但是这也意味着，如果我国试图科学、合理地落实《新加坡公约》所规定调解和解协议的救济机制，还需从理论研究的角度对调解和解协议的传统理论与《新加坡公约》语境下的商事调解范式进行更加深入的挖掘。

二、国际调解和解协议救济的程序衔接需求

《新加坡公约》第3条明确规定，在遵守《新加坡公约》所提供的商事调解范式之下，依据本国的国内程序法履行缔约方的救济义务。因此，衔接《新加坡公约》语境下的商事调解范式，不仅需要对《新加坡公约》语境下调解和解协议定义与效力的理论框架进行衔接，而且《新加坡公约》义务的履行要求缔约方在程序方面同样需要对《新加坡公约》语境下的商事调解救济程序理念与技术进行衔接。

然而，暂且不论我国立法层面并不存在与国际商事调解进行对接的规则设计，我国现有的调解和解协议救济机制同样无法为我国衔接《新加坡公约》语境下的商事调解救济程序提供有效的程序参考。如前所述，2021年修订的《中华人民共和国民事诉讼法》第二百零一条的规定②为我国民事司法语境下商事调解和解协议通过司法确认机制实现强制执行提供了法律依据。虽然作为一种为衔接《新加坡公约》所作出的尝试，《中华人民共和国

---

① 汤维建、许尚豪：《论民事执行程序的契约化——以执行和解为分析中心》，载《政治与法律》，2006年第1期，第89~97页。

② "经依法设立的调解组织调解达成调解协议，申请司法确认的，由双方当事人自调解协议生效之日起三十日内，共同向下列人民法院提出：（一）人民法院邀请调解组织开展先行调解的，向作出邀请的人民法院提出；（二）调解组织自行开展调解的，向当事人住所地、标的物所在地、调解组织所在地的基层人民法院提出；调解协议所涉争议应当由中级人民法院管辖的，向相应的中级人民法院提出。"

民事诉讼法》的修订极具现实意义。然而，这一立法状况作为衔接《新加坡公约》语境下的商事调解救济程序存在三方面的问题。

其一，《新加坡公约》语境下调解和解协议的援引抗辩效力如何实现，在我国现有程序法中缺乏规则参考。在我国缺乏前述相关理论研究与规则发展的情况下，根据《中华人民共和国民事诉讼法》及相关司法解释规定，调解和解协议在诉讼程序中仅能作为私文书证的一种。同大陆法国家的情况类似，我国并不存在这样一种新的保护性救济效力，即和解协议不仅仅是其他证据中的一个，也是争端得到解决的决定性证据，同时不妨碍法院开庭审理该抗辩。

其二，《新加坡公约》语境下救济申请程序要求与我国司法确认程序的不相洽。依据《新加坡公约》第4条第1款的规定，通常情况下，调解和解协议一方当事人仅需提供各方当事人共同签署的调解和解协议以及相应的能够证明调解和解协议是调解所得的证据即可申请救济当局；该条第3款、第4款则赋予救济当局索要翻译件以及其他必需文件的权力。然而，这里所说的其他必需文件仅限于用以核实调解和解协议符合《新加坡公约》各项要求为限，除此之外，救济当局不应再强制附加其他格式性要求。相较于此，《中华人民共和国民事诉讼法》第二百零一条规定，司法确认程序需要由调解和解协议各方当事人自调解协议生效之日起三十日内共同向法院提出申请。且不论"自调解协议生效之日起三十日内"这一期限能否适应国际商事调解的程序背景，该规定要求各方当事人共同申请，与《新加坡公约》条文背后要求救济当局不应再强制附加其他格式性要求的动机产生冲突。

其三，《新加坡公约》语境下救济抗辩事由的理解与适用，在我国司法确认程序中缺乏相应的规则与实践参考。《新加坡公约》第5条第1款规定了救济程序的被申请人可以据以申请不予救济的事由，其中和解协议的效力抗辩足以阻碍救济程序的展开。但是，如本研究第一章第二节所述，因其标的的特殊性，传统的和解协议有其特殊的构成要件，对其能否作为和解协议产生效力有着直接的影响。虽然《新加坡公约》对其构成要件予以重构，然而这并未改变其作为和解协议的本质，对于什么样的法律关系足以构成和解协议的标的、什么样的错误足以导致和解协议撤销[①]，我国因缺乏针对和解协议这一有名合同的相关规定，或可造成对此项抗辩事由的理解与适用的不统一。《新加坡公约》第5条第2款规定了救济当局可依职权不予救济的事由，然而关于何种争议事项不宜通过调解予以解决，我国在法律层面并未予以明确规定。

因此，如果我国试图科学、合理地落实《新加坡公约》所规定的调解和解协议的救济机制，还需从程序规则角度作出衔接。

三、相关术语使用的衔接需求

术语理解与使用上的不一致，对立法层面与实践层面的程序衔接造成实质性的障碍。除此之外，对于商事性争议的界定以及和解协议国际性的评价，中国的现有制度和实践也与《新加坡公约》存在差异，也会导致和解协议跨境救济的不确定。

（一）调解和解协议与调解协议

如前所述，《新加坡公约》的拟定来自美国政府代表团的一项提议，希望联合国贸法会第二工作组能够解决"国际商事调解所得和解协议"（settlement agreements resulting from international commercial conciliation）[②]的执行力问题。这一表述源于普通法国家的法律话语体系。在这一体系中和解是目的和结果，调解是过程和方法，调解与和解协议之间呈现出一种种属关系[③]。和解协议所指向的是当事人为解决全部或者部分争议达成的协

[①] 我国台湾学者陈自强就和解错误问题展开了较为广泛和深入的研究，在此不予赘述。参见陈自强:《和解与计算错误》，元照出版社，2014年版。

[②] UNCITRAL, *Planned and Possible Future Work — Part Ⅲ Proposal by the Government of the United States of America: Future Work for Working Group Ⅱ* (A/CN.9/822), (Jan. 23, 2020), https://undocs.org/en/A/CN.9/822.

[③] 周建华:《和解:程序法与实体法的双重分析》，载《当代法学》，2016年第30卷第2期，第126~134页。

议，调解则只是达成此种协议的一种程序背景或方式。此类协议也可能由当事人通过谈判达成。因此，在这一话语体系下，调解通常通过调解协议（mediation agreement或者agreement to mediate）来启动，即本研究所说的调解启动协议，以达成调解和解协议（mediated settlement agreement或者settlement agreement resulted from mediation）来结束调解程序。因而得益于英语在联合国层面的广泛使用，以及上述话语体系在相当程度上符合大陆法系国家相关法律实践的用语习惯与理论研究的逻辑构造，因而型塑了之后对《新加坡公约》进行审议与拟定的话语习惯，使得调解和解协议成为《新加坡公约》的核心规制对象。

然而，调解协议与和解协议在我国民事诉讼实践与理论研究领域有着不同的理解与使用。我国民事诉讼实务界和理论界对调解与和解之间的关系界定持"并行范畴说"的观点，即调解与和解是相互区别于彼此的两种争议解决方式。首先，在我国民事诉讼实践领域，经由调解所得的法律文书，因主持调解的第三方性质不同以及程序背景不同，可以分为调解书、调解协议等类型。其中，调解书是指由人民法院主持进行调解并根据调解结果制作的法律文书[①]；调解协议是指由人民法院以外的调解主体主持调解达成的协议。其次，在我国民事诉讼实践领域，和解协议是指在没有法官、仲裁员或调解员的协助下，争议各方当事人自愿达成的解决争议的协议[②]。因此，在我国民事诉讼实践领域，和解是当事人自行解决争议的一种方式，类似于前述话语体系中的谈判；调解协议与和解协议则是两种当事人分别使用调解与和解方式达成的协议；调解程序的启动依据则常常使用调解条款来替代。最后，我国相关的理论研究也通常默认在我国民事诉讼实践领域所形成的术语习惯下展开。

因此，调解协议在形成《新加坡公约》文本的话语体系中，指向了调解

---

①《中华人民共和国民事诉讼法》第九十八条、第九十九条。

② 连俊雅：《经调解产生的国际商事和解协议的执行困境与突破——兼论〈新加坡公约〉与中国法律体系的衔接》，载《国际商务研究》，2021年第42卷第1期，第50～62页。

的启动协议，而在我国民事诉讼实践与理论领域所形成的话语体系中，指向了调解和解协议。这必然会引起《新加坡公约》语境下商事调解范式在我国理论研究上以及程序衔接上的术语使用混淆，从而限制理论研究的发展，产生程序衔接上的实质性困境。

此外，值得注意的是，在中国民事诉讼语境下，调解书与调解协议的法律效力也并不相同。调解书具有与判决书、仲裁裁决相同的法律效力，当事人可依据调解书申请强制执行，因此可能被《新加坡公约》第1条第3款排除适用。调解协议则需要当事人共同向法院申请，经法院审查和司法确认之后方可再行申请强制执行；未经司法确认的调解协议法律性质约等于合同。这一差异不仅与协议所处的程序背景密切相关，与协议可能获得的法律效力也紧密关联，因此造成了与《新加坡公约》语境下商事调解范式进行衔接的复杂性。

（二）国际调解和解协议与涉外法律关系

如前所述，《新加坡公约》语境下的调解和解协议应当"具有国际性"，而国际性则应以调解和解协议达成时各方当事人营业地的异国性、营业地与合同主义务履行地的异国性、营业地与协议最密切联系地的异国性来判断。

中国目前使用"涉外"来指代跨境民商事法律关系。在法律关系"涉外"性的判断上采"要素说"，即法律关系的主体、客体或内容3个要素至少有一个与国外有联系[1]。结合《最高人民法院关于适用〈中华人民共和国涉外民事关系法律适用法〉若干问题的解释（一）》（2020年修正）第一条来看，法律关系的当事人国籍或经常居所地、标的物、法律事实等属于、处在、发生在中国境外时，才可被认定为涉外法律关系。与《新加坡公约》强调的国际性而非外国性的理念[2]，依据争议当事人营业地、实质义务履行地、最密切联系地来评价和解协议的国际性做法，存在一定程度的差异。

---

① 韩德培：《国际私法新论》，武汉大学出版社，2003年版，第3页。

② UNCITRAL, *Report of Working Group II（Arbitration and Conciliation）on the Work of Its Sixty-third Session*（A/CN.9/861），para.65，（Jan. 23, 2020），https://undocs.org/en/ A/CN.9/861.

（三）争议的商事性

从商事性界定来看，在学理上，中国采纳的是营利性标准[①]。在实体法领域，中国采取的是民商合一立法模式，对于商事性法律关系缺乏明确的立法规定。从《最高人民法院关于执行中国加入的〈承认及执行外国仲裁裁决《新加坡公约》〉的通知》看，中国明确将外国投资者与东道国政府之间的争议排除在外。但《新加坡公约》第2条第1款对商事争议采取的是开放性的排除列举，国家基础建设、国家自然资源开采或特许协议关系事项、投资者与东道国政府之间的争议[②]等均被涵盖在商事争议范围之内。

四、商事调解范畴上的衔接需求

撇开前述调解协议、商事、国际等术语在《新加坡公约》语境下与我国民事司法实践和理论中的理解与使用上的差异，《新加坡公约》语境下的商事调解范式对于商事调解的范畴界定也不同于我国民事司法语境下的商事调解范畴。《新加坡公约》语境下的商事调解范式实则以争议的商事性对调解和解协议的理论外延进行了立法技术上的限缩，并且为了避免与其他相邻争议解决立法所构建的救济机制产生重复或冲突，以调解和解协议的可执行性评价对调解的范畴同样进行了立法技术上的限缩。然而，上述差异会对我国商事调解的国际化发展造成哪些困境，还需以使用《新加坡公约》语境下的商事调解范畴的界定技术对我国商事争议解决实践进行分析为前提。

（一）解决商事争议的法院调解

从1982年到2021年，《中华人民共和国民事诉讼法》共经历了4次修正，其中以第八章为核心规范的法院调解制度始终是我国民事诉讼程序中的重要组成部分之一。在我国民商合一的实体法立法体系之下，法院调解制度

[①] 杜军：《我国国际商事调解法治化的思考》，载《法律适用》，2021年第1期，第150～156页。

[②] 蒭黄斌：《〈新加坡公约〉的普惠红利是一把双刃剑》，（Aug.26，2021），http://www.legaldaily.com.cn/index/content/2019-02/19/content_7772671.htm。

并不排斥商事争议的解决，从知识产权法院、互联网法院、金融法院、国际商事法院等专门法院的先后设立，以及对商事案件法院调解重视度来看①，甚至持鼓励态度。

根据《中华人民共和国民事诉讼法》第一百条的规定，经由法院调解的商事争议当事人达成调解协议的，原则上应当由法院依据协议内容制作调解书。调解书经双方当事人签收后，即具有法律效力。这里的法律效力包括赋予当事人依据该调解书申请强制执行的程序权利②。但是，商事争议的法院调解结果并不会必然转化为调解书。根据《中华人民共和国民事诉讼法》第一百零一条，能够即时履行的商事案件和不需要制作调解书的商事案件的调解协议内容应当记入庭审笔录，由双方当事人、审判人员、书记员签名或者盖章后，即具有法律效力。根据《中华人民共和国民事诉讼法》司法解释规定，对于不需要制作调解书的商事案件来说，当事人仍可请求法院依据庭审笔录制作调解书。当事人拒收调解书的，不影响调解协议的效力③。这里所说的，"不影响调解协议的效力"为何，立法及相关司法解释并未明确，但是参照我国相关司法案例处理结果，如果只是当事人不签收并不会导致调解书的撤销④。

因此，从我国商事争议的法院调解来看，经由法院调解解决的商事争议调解结果，虽然并不必然转化为法院调解书进而获得可执行性，但是记入庭审笔录的调解协议所产生的法律效力，同样赋予了当事人依据笔录请求制作调解书的程序权利，并且因为在司法实践中，如果当事人不签收依据调解笔录后期制作的调解书，也不会产生撤销调解书并停止执行的结果，那么记入

---

① 从江苏省高级人民法院的态度来看，法院并不排斥对商事案件进行法院调解，甚至提出应当依据商事案件的特点对法院调解方式等进行针对性的改善，见江苏省高级人民法院"和谐社会与民事制度创新"课题组：《民事案件与商事案件适用诉讼调解的区分研究》，载《法律适用》，2008年第11期，第45～49页。

② 参见《中华人民共和国民事诉讼法》第二百四十一条、第二百四十三条。

③《最高人民法院关于适用〈中华人民共和国民事诉讼法〉的解释》第一百五十一条。

④ 参见"贵州豪腾企业管理有限公司、贵州丰晟旭力商业运营管理有限公司房屋租赁合同争议民事申请再审查民事裁定书"（2021）黔23民中73号；"孙某、天津市红桥区华鹤护养院等房屋租赁合同争议民事申请再审查民事裁定书"（2021）津01民申314号。

庭审笔录的调解协议实质上能够实现调解书的法律效力。由此可见，经由法院调解的商事争议调解结果无论是转化为调解书还是记录为庭审笔录，均具备可执行性。对于进入法院调解程序的商事争议当事人来说，法院调解已经提供了相对完备的强制执行机制。

（二）解决商事争议的仲裁调解

仲裁调解是中国国际经济贸易仲裁委员会独创的[①]，最初在国际层面并未得到广泛的认可。然而，如前所述，随着联合国贸法会相关规则对该方面态度的日益开放，国际上对于仲裁中的调解接受度同样越来越高，国内的仲裁调解实践也越来越普遍。

仲裁调解作为我国颇具特色的一种实践，早已有立法对其进行保障。从1994年至今，《中华人民共和国仲裁法》已经过3次修改，其中以第五十一条和第五十二条为核心规定的仲裁调解一直得以保留。从《中华人民共和国仲裁法》已有规定来看，仲裁可适用于平等主体之间发生的合同争议和其他财产权益争议，而且商事争议的仲裁调解不仅是被允许，甚至是被仲裁实践欢迎的。从已有数据来看，北京仲裁委员会/北京国际仲裁中心（BAC/BIAC，以下简称北仲）2020年共审结仲裁案件5 274件，其中调解结案821件，以撤销案件形式结案1 265件，总体调撤率达到39.55%；截至2020年11月，广州仲裁委员会2020年的总体调撤率高达27.5%，同比增长12%，案件调撤率创近年新高[②]。

根据《中华人民共和国仲裁法》以及《中华人民共和国民事诉讼法》的相关规定，在当事人自愿的情况下，由仲裁庭主持调解，并应当或根据协议的结果制作调解书或裁决书，调解书与裁决书具有同等法律效力。依法成立的仲裁机构作出的裁决书可以作为申请强制执行的依据。那么，经由仲裁调解所达成的和解协议一般情况下均可通过转化为调解书，进而获得可执行

---

① 穆子砺：《论中国商事调解制度之构建》，对外经济贸易大学，2006年博士学位论文，第112页。

② 朱华芳、顾嘉、郭佑宁：《中国商事调解年度观察（2021）》，https://new.qq.com/omn/20211117/20211117A03K4Y00.html。

性；同时因为调解书不同于仲裁裁决的性质，《中华人民共和国民事诉讼法》第二百四十四条所规定的不予执行情形存在不适用的情况，因而其获得强制执行的可能性更高。

（三）解决商事争议的人民调解

依据《中华人民共和国人民调解法》的相关规定，人民调解委员会的设立目的在于解决民间争议。至于何为民间争议，目前立法并未说明。根据中华全国人民调解员协会案例库数据[①]，争议的民间性应是通过主体的民间性来确定，那么不具有官方背景的当事人之间所产生的商事争议仍有可能通过人民调解来解决。人民调解实践中业已出现针对商事争议解决的实践模型，如安徽商会人民调解组织的省、市、县三级构建[②]。

根据《中华人民共和国人民调解法》及司法解释的相关规定，经由人民调解委员会达成的调解协议可以制作调解协议书或者由人民调解员记录协议内容。当事人可以自调解协议生效之日起三十日内共同向人民法院申请司法确认；经司法确认后即可获得强制执行力。

所以，经由人民调解达成的商事争议调解和解协议，当事人同样据此获得强制执行救济，然而需经过司法确认程序。因此，申请形式上多了期限与共同提出的要求，从而有别于法院调解以及仲裁调解所得调解书的救济。

（四）解决商事争议的行业调解

除了本部分前述类型的调解以及商事调解之外，行业调解同样可能针对商事争议调解。近年来，知识产权、金融等商事领域出现了专门的行业机构或协会对该领域的争议进行调解的制度。比如，中国证券投资基金业协会根据《中华人民共和国证券投资基金法》、中国证监会规定及中国证券投资基

---

① 中华全国人民调解员协会网，"经典案例"，https://www.zhqgtjxh.com/anli.php?subtype=7&cid=9。

② 朱华芳、顾嘉、郭佑宁：《中国商事调解年度观察（2021）》，https://new.qq.com/omn/20211117/20211117A03K4Y00.html。

金业协会（以下简称基金业协会）章程、《投资基金争议调解规则》等主持的调解，中国期货业协会根据《期货交易管理条例》《证券期货争议调解工作指引》《中国期货业协会章程》《中国期货业协会调解规则》等主持的调解。此外，也有一些行业协会在司法政策鼓励下依法设立的调解中心，如中国中小企业协会下设的调解中心所主持的调解、中国建设工程造价管理协会调解中心等。

对于行业调解来说，调解和解协议的当事人通常可以依据2021年修订的《中华人民共和国民事诉讼法》第二百零一条的规定①向我国人民法院申请司法确认，从而为调解和解协议获得强制执行力提供制度保障。

（五）衔接必要性

综上所述，依据我国相关法律法规规定，因经由法院调解所产生的调解书往往可以作为民事判决来执行，经由仲裁调解所产生的调解和解协议与仲裁裁决书具有同等法律效力，同样可以获得强制执行力。因此，依据《新加坡公约》第1条第3款的规定，二者被排除在《新加坡公约》语境下的商事调解范畴之外。虽然，人民调解与行业调解所得调解和解协议能够通过司法确认程序获得强制执行力，然而二者对于商事争议的调解仍可被划入《新加坡公约》语境下的商事调解范畴之内。

反观我国民事司法语境下的商事调解范畴，商事调解组织调解的民事争议被排除在《新加坡公约》语境下的商事调解范畴之外，商事调解组织调解的商事争议与经由人民调解与行业调解进行解决的商事争议均在可被划入《新加坡公约》语境下的商事调解范畴之内。现阶段，上述范畴上的差异虽不至于导致不同调解第三方主持调解的商事争议在获得执行力上有差异，但是仍然对在《新加坡公约》范式下发展我国商事调解，乃至构建我国商事调

---

① "经依法设立的调解组织调解达成调解协议，申请司法确认的，由双方当事人自调解协议生效之日起三十日内，共同向下列人民法院提出：（一）人民法院邀请调解组织开展先行调解的，向作出邀请的人民法院提出；（二）调解组织自行开展调解的，向当事人住所地、标的物所在地、调解组织所在地的基层人民法院提出；调解协议所涉争议应当由中级人民法院管辖的，向相应的中级人民法院提出。"

解制度提出了挑战。这种范畴上的不一致，或可导致《新加坡公约》范式下我国商事调解制度定位不清、商事调解实践混乱等情况。

五、调解主体认可度上的衔接需求

如前所述，《新加坡公约》语境下的商事调解范式并未对调解第三方作出任何格式性的要求。从《新加坡公约》第2条第3款、第4条第1款、第5条第1款的内容来看，《新加坡公约》并未对调解第三方的资质或身份作出要求，无论是调解机构还是调解员个人，无论是法院、仲裁机构还是法官、仲裁员身份作为第三方主持进行的调解，只要所得调解和解协议在《新加坡公约》语境下的商事调解范式中的理论外延和技术性内涵之内，协议当事人即可依据《新加坡公约》请求救济当局救济，救济当局就应当准予救济，并且《新加坡公约》反对救济地对调解员的资质和身份附加任何形式要求。

然而，长期以来，中国对调解实施排他性的机构管理模式[1]。如前所述，司法机关目前只承认法院调解、仲裁调解、人民调解以及其他依法设立的调解组织所主持的调解等类型的调解所产生的和解协议的法律效力，而且人民调解以及其他依法设立的调解组织主持的调解所产生的和解协议，如行业调解、商事调解，还需经过司法确认程序得以实现。虽然在人民调解领域存在个人调解，但是实践中个人调解工作室制度是以人民调解员姓名或特有名称命名设立的调解组织[2]。个人调解仅存在于人民法院特邀调解员和律师调解等个别实践中，且二者也均高度依赖组织和机构。其实际上是由组织或机构指定或经由组织或机构背书的调解员[3]。

对调解员资质和参与度的宽松要求，与中国司法救济对于权威机构或组织背书的依赖性，形成了鲜明对比。批准《新加坡公约》将对中国司法机关对调解主体资质的认可现状造成冲击，也对中国审查国际和解协议的方式和

---

① 孙南翔:《〈新加坡调解公约〉在中国的批准与实施》，载《法学研究》，2021年第2期，第156～173页。

② 同①。

③ 同①。

范围提出了挑战。

六、司法救济能力的提升需求

我国承担和履行《新加坡公约》语境下商事调解和解协议的救济义务离不开一定的司法救济能力的支撑，然而，目前我国的司法救济能力是否能够支撑我国承担和履行救济义务面临诸多质疑。首先，"执行难"是长期以来颇受国内司法瞩目的焦点问题[①]。该问题被认为与地方保护主义和部门保护主义盛行密切相关。结合《新加坡公约》语境下商事调解和解协议的国际性要求，《新加坡公约》落实的实践中保护主义倾向可能不减反增，导致司法救济无法实现。其次，在"一带一路"倡议推动下，中国的跨国商业活动频繁且国内具有众多涉外商事主体的财产，中国加入公约则可能面临着"案件国际转移"和"执行爆炸"的压力[②]，现有的司法救济能力能否应对此种压力无法准确预知。最后，《新加坡公约》的普惠执行特征使得加入后的中国执行机构面临法律识别和适用的挑战。例如，主管机构将可能需要追踪并研判全球所有国家与国际商事调解相关的法律规范，以此判断国际调解协议依据其管辖法律是否有效，显著增加了司法机关的工作难度[③]。

七、虚假调解的应对需求

虚假调解是中国实务部门和学者对于批准《新加坡公约》最大的担忧。中国调解实践中对调解组织或机构的高度依赖，某种程度就是为了预防虚假调解对第三人合法权益或者公共利益造成危害。《新加坡公约》语境下商事调解范式的革新性并未减轻中国的这一担忧，并有进一步加剧的趋势。

首先，《新加坡公约》采取直接救济机制并且极大地限制救济地有权机

---

① 肖建国、赵晋山：《民事执行若干疑难问题探讨》，载《法律适用》，2005年第6期，第2~8页。
② 孙南翔：《〈新加坡调解公约〉在中国的批准与实施》，载《法学研究》，2021年第2期，第156~173页。
③ 同②。

关的审查范围。这不仅剥夺了中国救济机关对于来源地司法机关背书的依赖，也使得执行机构遭遇虚假调解的可能性增加[①]。其次，《新加坡公约》未对调解主体的资质作出相关规定，被认为可能导致私人调解泛滥，致使私人调解产生的和解协议缺乏较强的公信力，而使缔约国司法机关对协议效力的认定产生一定障碍[②]。再次，《新加坡公约》的国际性特征也会加剧中国对虚假调解的担忧。对国际背景下的虚假调解，中国法律往往鞭长莫及，面临较大的规制困境。因而这类虚假调解的作假成本低，有《新加坡公约》作为后盾，当事人却又容易达到作假目的[③]。最后，《新加坡公约》第2条第3款对调解作了宽泛的定义，并未对调解的程序规则、组织展开、进行方式、调解员的参与程度作出要求，结合中国对虚假调解的担忧，如何划定《新加坡公约》的调解范围和虚假调解的情形对中国司法理论和实践均提出了挑战。

① 孙南翔：《〈新加坡调解公约〉在中国的批准与实施》，载《法学研究》，2021年第2期，第156～173页。

② 孙长龙：《论〈新加坡公约〉的完善及其在中国的适用》，载《国际商务研究》，2020年第41卷第5期，第63～73页。

③ 刘敬东等：《批准〈新加坡调解公约〉对我国的挑战及应对研究》，载《商事仲裁与调解》，2020年第1期，第45～60页。

第五章 >>>

中国商事调解制度的顶层设计
与构建路径

经过前文第二章第四节，从系统政策角度对新加坡商事调解制度化、国际化的制度发展进行研究之后发现，商事调解在新加坡国内外的宏观政策定位决定了其在不同阶段的制度设计，并由此决定了新加坡衔接《新加坡公约》的策略。因此，对我国商事调解制度如何进行顶层设计以及如何构建两个问题进行研究。一方面，应从我国现有司法政策中探寻我国商事调解制度构建的政策定位切入，为我国是否批准《新加坡公约》、是否满足以及如何满足我国商事调解制度发展的国际需求，提供更具理性的制度效益与成本[①]的衡量基准。另一方面，本章拟结合本研究第三章商事调解的规制框架，兼顾我国商事调解发展的本土需求与国际需求，从商事调解规制的角度，对我国商事调解制度这一综合性规则系统如何设计进行讨论。

第一节　中国商事调解制度构建的政策定位

如前所述，新加坡商事调解制度的构建是以明确其制度定位为前提的。在新加坡20世纪90年代的现代调解制度化建设中，新加坡的商事调解是区别于法院调解与社区调解的制度存在。因此，在这一阶段商事调解以推动收费的私人调解服务为其主要制度定位，新加坡并无相关立法对商事调解进行

---

　　① 对立法、行政规章等规范进行制定成本与效益的评估，已在美国联邦以及州立法机构、行政机构中得到了制度化的推广。此类评估通常包括以下几个阶段，首先识别规范制定目标，调查并收集备选方案的信息资料，对不同备选方案的成本与效益进行定量或定性分析，最终作出决策选定方案。参见胡健：《美国法律规范的成本与效益评估简介》，载《中国人大》，2010年第10期，第50～51页。商事调解制度作为综合性的规则系统，其不同的规制手段实施成本各不相同，并且对于制度目标的实现也各有其优劣。满足不同的制度构建需求，需要不同的规制手段来实现，因此产生相应的制度成本。然而其效益如何，还需从商事调解构建的政策定位予以评价。

规制。而这一阶段成立的标志性调解机构SMC的业务范围并不仅限于商事争议调解，且业务类型繁杂。机构发展定位与亚洲调解文化相融合，并且官方色彩浓厚。随着21世纪亚洲经济快速发展以及中国"一带一路"倡议的逐步实施，新加坡越发意识到其在亚洲的地理优势以及其作为普通法国家出口法律服务的优势[①]，因此，在该阶段为了将新加坡打造成亚洲的争议解决中心，新加坡政府致力于提供国际可信度高的整套争议解决服务（entire suite of dispute resolution services）。发展商事调解制度的目的在于，补充已相对完善的国际商事仲裁和诉讼制度，从而确保新加坡争议解决服务的商事用户能够选择从调解到仲裁等全方位的程序[②]。根据这一制度定位，新加坡于2013年设立ICM WG并就该商事调解制度发展提出6项关键建议，从而推动新加坡商事调解在立法、司法政策、市场等商事调解相关领域的一系列改革，并由此影响了新加坡批准《新加坡公约》的必然性和衔接策略。

对于我国来说，明确商事调解的政策定位同样是我国商事调解制度构建的前提，只有明确的商事调解制度定位，才能为该制度的发展与构建提供切实可行的路径探讨。这是本研究讨论中国商事调解制度如何构建必须解决的基础性问题。特别是在我国立法层面与司法实践对商事调解范畴并未予以明确界定，理论研究领域同样对商事调解范畴存在较大分歧的情况下，明确的政策定位能够为商事调解范畴提供更具制度理性的界定依据，从而为我国商事调解发展的本土需求如何解决提供更可靠的政策价值衡量基准。在我国商事调解衔接《新加坡公约》存在诸多困境的情况下，我国如果想要借助《新加坡公约》在全球颁布与生效的机会推动国内商事调解的发展，为我国对内对外经济贸易发展提供争议解决服务支持，那么我国商事调解制度的构建面临着来自更多方面、更加具象的国际需求。明确的政策定位能够为我国在是

---

① Gloria Lim, *International Commercial Mediation: The Singapore Model*, 31 Singapore Academy of Law Journal Special Issue, 377-404（2019）.

② Singapore Ministry of Law, *FINAL ICMWG Press Release - Annex A*,（Aug.26, 2021）, https://app.mlaw.gov.sg/files/news/press-releases/2013/12/FINAL%20ICMWG%20Press%20Release%20-%20Annex%20A.pdf.

否批准《新加坡公约》、是否满足以及如何满足相应的国际需求方面提供更合理的政策价值衡量基准。

那么，如何确定我国商事调解制度构建的政策定位？如绪论部分所述，商事调解是我国多项政策落实的核心举措之一，而且在这些政策语境下，商事调解往往同其他争议解决方式一同出现，并共同为该项政策的落实提供支持。因而从政策理性的角度出发，在为达成同一政策目标设计了多项举措的情况下，不同的举措之间应当相互区别并提供不同的功能支持。因此，本节拟从不同政策语境入手，分析商事调解与其他争议解决方式在为同一政策目标提供支持时，如何区别于其他争议解决方式并提供其独特的功能支持，从而确定商事调解制度构建在我国的政策定位。

一、我国司法政策中的商事调解

在我国司法政策层面，商事调解是诉讼与非诉讼纠纷解决衔接机制、多元化纠纷解决机制、繁简分流优化司法资源配置等政策中的常见关键词。在诉讼与非诉讼纠纷解决衔接机制建设中，商事调解通常与仲裁、行政调解（调处）、人民调解、行业调解等作为非诉讼纠纷解决方式一同出现[1]。在纠纷调解联动工作体系构建中，商事调解通常与行政调解、人民调解、行业调解、司法调解等一同出现[2]。在法院特邀调解组织名册建立中，商事调解组织通常与行政调解、人民调解、行业调解及其他具有调解职能的组织一同入载法院特邀调解组织名单或者家事调解委员会特邀调解组织名单[3]。在"一带一路"建设中，商事调解通常与仲裁调解、人民调解、行政调解、行业调

---

[1] 2009年最高人民法院《关于建立健全诉讼与非诉讼相衔接的矛盾纠纷解决机制的若干意见》，2012年最高人民法院《关于扩大诉讼与非诉讼相衔接的矛盾纠纷解决机制改革试点总体方案》。

[2] 参见《最高人民法院关于全面深化人民法院改革的意见——人民法院第四个五年改革纲要（2014—2018）》，2016年《最高人民法院关于人民法院进一步深化多元化纠纷解决机制改革的意见》。

[3] 参见2012年《关于扩大诉讼与非诉讼相衔接的矛盾纠纷解决机制改革试点总体方案》，2016年《最高人民法院关于人民法院特邀调解的规定》，2018年《最高人民法院关于进一步深化家事审判方式和工作机制改革的意见（试行）》，2021年《最高人民法院关于进一步推进行政争议多元化解工作的意见》。

解、司法调解一同出现，并成为此类调解中的首推之选①。由此可见，在我国司法政策中，商事调解的政策定位主要是相对于行政调解、人民调解、行业调解等调解类型而言，并与民事诉讼机制保持着紧密联系。

从调解第三方性质来看，我国商事调解由商事调解组织作为调解第三方，从而区别于我国的行政调解、人民调解、行业调解等调解实践或制度。其中，我国行政调解是以行政机关为调解第三方，并且行政机关的调解行为通常伴随着行政执法行为，同时拥有调查权和一定的自由裁量权甚至进行处罚的权力②。我国人民调解以人民调解委员会为调解第三方。人民调解委员会虽然是群众性组织，但是人民调解同样体现出较强的行政主导色彩③。我国的行业调解虽然以行业协会作为调解第三方，但我国行业协会由于其民间性、自治性和独立性先天不足，同样呈现出行政色彩浓厚的特点，导致在纠纷解决中行业协会的中立性地位遭受质疑和挑战④。我国的行政调解、人民调解、行业调解均存在行政色彩浓厚的特征，一方面导致其在纠纷解决中的中立性存疑，另一方面与当代国际社会对于调解第三方的认识也存在一定程度上的背离，其背后的行政色彩和政府背景致使其在具体的调解场景下，或可对争议当事人产生一定的权威，促使其所提出的争议解决方案被当事人接受，从而难以被认定为"无权将解决方案强加在争议当事人之上"的调解第三方。

如前所述，在我国民事司法语境下，我国商事调解组织是由商会、行业协会、调解协会、民办非企业单位、商事仲裁机构等机构或者组织设立的，强调设立主体的民间性，一方面使得其在纠纷解决中的中立性借助其民间性

① 2015年最高人民法院《关于人民法院为"一带一路"建设提供司法服务和保障的若干意见》。

② 行政调解虽然不具有确定的概念和统一的制度，但是除行政诉讼中的调解外，其他意义上的行政调解基本上都是以行政机构作为解纷主体的，参见范愉：《行政调解问题刍议》，载《广东社会科学》，2008年第6期，第174～184页。

③ 唐琼琼：《〈新加坡调解公约〉背景下我国商事调解制度的完善》，载《上海大学学报（社会科学版）》，2019年第36卷第4期，第116～129页。

④ 熊跃敏、周杨：《我国行业调解的困境及其突破》，载《政法论丛》，2016年第3期，第147～153页。

得以加强，另一方面也因其民间性，缺乏将争议解决方案强加于当事人的权威外观，从而更加接近当代国际社会对于调解第三方的认识。

因此，秉持对我国国内司法政策中不同调解类型的理性设计与发展的理念，我国商事调解应当保留其民间性特征，从而规避前述行政调解、人民调解、行业调解等调解实践中存在的行政色彩浓厚的特征。从这一角度出发，我国司法政策对商事调解的鼓励和发展，毋宁说是在国内现有调解框架下对当代国际社会调解理念的一种认同或者尝试，在避免了对其他已有调解实践类型的理念或制度进行干预的同时，试图推动调解领域理念及制度对标国际。

从调解服务的发展模式来看，我国民事司法语境下的商事调解强调调解服务的市场化、专业化、职业化、有偿性提供，从而区别于我国的行政调解、人民调解、行业调解等调解实践或制度。我国行政调解因其调解第三方的性质，无法走市场化、有偿性提供的道路。我国人民调解则依法应当提供无偿的调解服务。至于行业调解，则因其通常是行业协会应当履行的职责之一，且行业协会通常有政府资助和会费收入，调解业务范畴涵盖协调解决会员之间、会员与非会员之间、会员与消费者之间涉及市场活动和经营活动的争议，以及协调本行业协会与其他行业协会或者其他组织之间的相关事宜、组织协调调解同行价格等争议①。行业调解所提供的调解服务在专业性极强的同时，也有范围上的限制，能否走市场化、有偿性的调解服务道路，还需进行具体的论证。此外，如前所述，我国商事调解组织也可由行业协会设立。这一做法实际上是为行业协会尝试走市场化、有偿性的调解服务道路提供了可能性。

因此，保留商事调解服务提供的市场化、专业化、职业化、有偿性特征，对于我国司法政策中的商事调解发展来说也极为重要。这是保留商事调解组织民间性特征的必然要求。保留商事调解组织的民间性使得商事调解组

---

① 熊跃敏、周杨：《我国行业调解的困境及其突破》，载《政法论丛》，2016年第3期，第147～153页。

织在争议解决过程中能够更加中立，并且契合了当代国际社会的调解理念。然而，这同样意味着，商事调解组织必须自主经营、自负盈亏、自我发展、自我约束，暗含了商事调解服务提供的市场化与有偿性要求。同时，对商事调解组织来说，试图在争议解决市场生存与发展下去，商事调解的专业化与职业化发展也不可或缺。

二、我国国际司法政策中的商事调解

近年来，我国积极参与全球治理，在我国国际司法政策领域，商事调解是自由贸易试验区建设、国际商事法庭"一站式"纠纷解决平台、国际商事争端多元化解平台机制建设、"一带一路"建设等政策实施的核心举措。在国务院印发的一系列自由贸易试验区总体方案通知中[①]，均要求建立健全国际仲裁与商事调解机制。其中2019年颁发的《国务院关于印发6个新设自由贸易试验区总体方案的通知》中，商事调解甚至被置于仲裁机制之前。在我国"一站式"国际商事纠纷多元化解决机制建设的相关政策规定中，商事调解往往伴随着国际商事法庭、商事仲裁等作为国际商事争议解决多元化工具之一出现[②]。因此，在我国国际司法政策领域，商事调解的政策定位主要是相对于国际仲裁、国际商事法庭而言的。

由此可见，在我国国际司法政策领域发展商事调解的首要目的同样在于补充已相对完善的国际仲裁和商事诉讼制度，从而确保商事争议当事人能够选择从调解到仲裁、诉讼等全方位的程序。正如进入21世纪后，新加坡发展商事调解制度的主要目的在于，补充已相对完善的国际商事仲裁和诉讼制

---

① 2015年《国务院关于印发中国（广东）自由贸易试验区总体方案的通知》，2017年《国务院关于印发中国（辽宁）自由贸易试验区总体方案的通知》《国务院关于印发中国（重庆）自由贸易试验区总体方案的通知》《国务院关于印发中国（四川）自由贸易试验区总体方案的通知》，以及2019年《国务院关于印发6个新设自由贸易试验区总体方案的通知》。

② 2018年最高人民法院《关于设立国际商事法庭若干问题的规定》《最高人民法院国际商事法庭程序规则（试行）》《最高人民法院办公厅关于确定首批纳入"一站式"国际商事纠纷多元化解决机制的国际商事仲裁及调解机构的通知》，2019年《最高人民法院关于人民法院进一步为"一带一路"建设提供司法服务和保障的意见》，2020年最高人民法院《关于人民法院服务保障进一步扩大对外开放的指导意见》。

度，从而更好地利用其在亚洲的地理优势以及其作为普通法国家出口法律服务的优势，将新加坡打造成亚洲的争议解决中心。因此，商事调解在我国国际司法政策领域的发展定位与新加坡存在一定相似性。

然而，需要注意的是，我国这一政策定位背后的动力并非依赖于法律服务的出口来带动国内经济发展，而是为了推动更为广泛的改革开放政策的落实，从而促进市场经济全面发展。无论是自由贸易试验区建设、"一带一路"建设，还是国际商事法庭"一站式"纠纷解决平台、国际争端多元化解平台机制建设，商事调解在此类政策中的功能在于优化营商环境，鼓励国内企业"走出去"，吸引国外企业"走进来"，为我国商事争议当事人提供更多的能够被国际认可的争议解决方式与平台。这一动机虽然需要通过让商事调解与国际接轨，从而得到国际认可来实现，但是不同于新加坡作为法律服务出口国的角度，新加坡商事调解的上述发展定位需要以迎合国际商事调解市场需求为首要目标；对于我国来说，为涉及我国的商事争议当事人提供更加便利、便捷、公平、国际认可度高的商事调解平台，从而保护我国商事争议当事人的切实利益，甚至我国的经济利益、政治利益为首要目标，与国际接轨从而得到国际认可则是达到上述目标的路径之一。因此，这决定了在我国国际商事争议解决政策领域思考商事调解，不能仅仅关注与国际商事调解趋势，本土商事争议当事人的需求与利益更应得到关注。

我国商事调解的发展应当充分保留和发挥商事调解不同于国际商事法庭、商事仲裁的特征和优势。目前，仲裁与诉讼在国际商事争议解决市场上仍然居于主流地位，但是二者在商事争议解决中存在着相应的局限性。通过国际商事诉讼解决争议面临着司法制度差异大、地方保护主义、时间长、成本高等困境[1]。国际商事仲裁的法律主义倾向，亦使得争议解决成本上升、拖延和程序上日趋诉讼化[2]。与此同时，调解以当事人意思自治原则为程序

---

① 廖永安、段明：《我国发展"一带一路"商事调解的机遇、挑战与路径选择》，载《南华大学学报（社会科学版）》，2018年第19卷第4期，第27～34页。

② S I Strong, *Increasing Legalism in International Commercial Arbitration：A New Theory of Causes，A New Approach to Cures*, 7 World Arbitration & Mediation Review 117, 117-118（2013）.

的正当性来源①，而且在商事争端解决中具备便捷、低廉、尊重当事人意思自治、遵循调解保密性原则、具备相当友好性和灵活性等优势，更加符合商事争议当事人的纠纷解决需求。因此，在我国国际司法政策领域发展商事调解，应当保留商事调解的上述优势与独特性，从而为商事争议当事人提供从调解到仲裁、诉讼等不同的争议解决程序选择。

三、我国商事调解制度构建的定位与张力

综上所述，在我国宏观政策领域，商事调解处于国内与国际司法政策领域构建的交叠之处。从国内司法政策发展来看，我国商事调解制度是在避免对其他已有调解实践类型的理念或制度进行干预的前提下构建的。其着力点应在保留和发展商事调解组织的民间性之上，这意味着商事调解服务的市场化、专业化、职业化、有偿性的发展。在国内现有调解框架内，保留和发展商事调解组织的民间性，使得商事调解组织作为调解第三方的形象更加接近于当代国际社会对于调解第三方的认识，并能够作为制度突破点对当代调解理念进行尝试，同时，试图实现调解理念的国际接轨。从国际司法政策发展来看，我国商事调解制度是加大开放力度，大力发展市场经济的有力支持。发展商事调解是为了补充已相对完善的国际商事仲裁和诉讼制度，确保商事争议当事人能够选择从调解到仲裁、诉讼等全方位的程序，从而保护我国商事争议当事人的切实利益，这也意味着要充分保留和发挥商事调解在国际商事争议解决中的独特性和优势。

因此，即使在国内司法政策领域，我国商事调解制度构建也夹杂着与国际接轨的倾向。在国际司法政策领域，我国商事调解制度的构建同样应当尊重本土争议解决需求。我国这一复杂的商事调解制度定位，必然导致商事调解制度构建本土与国际需求解决之间的张力。如前文第二章第四节所分析，新加坡的发展同样在本土化与国际化之间存在类似的张力。然而，新加坡因

---

① 申琛：《现代社会治理中的司法强制与当事人自治——以法院角色二元冲突论为切入点》，载《黑龙江社会科学》，2021年第6期，第67～73页、第128页。

其商事调解制度构建的阶段性目标的不同，通过不同阶段的制度构建使这一张力得以分散化处理，加之新加坡社会构成、地域经济等方面差异较小，使得对该问题的解决显得较为简单。但是，我国所面临的商事调解制度构建局面更加复杂，一方面需要在我国商事调解制度发展的本土路径中考虑到我国商事调解制度与国际接轨的政策倾向；另一方面，需要在我国商事调解发展的国际路径中，衡量和兼顾我国商事调解制度发展的本土需求。

第二节　中国商事调解制度与《新加坡公约》衔接路径

如前所述，无论是从国内司法政策层面还是国际司法政策层面看，我国商事调解制度构建的定位对于与国际商事调解接轨均有着很强的政策驱动力。《新加坡公约》在全球范围内的颁布与生效，是联合国贸法会试图影响甚至引导未来国际商事调解实践发展，以及各国的国内商事调解立法发展的一种尝试。联合国贸法会试图通过《新加坡公约》为调解和解协议提供特殊的救济机制，进而为调解成为独立的争议解决手段提供制度性的保障，最终实现提高调解在商事争议解决领域接受度和使用度的目的。因此，作为全球商事调解未来的型塑规范，签署并批准《新加坡公约》似乎能够为我国商事调解制度实现国际化接轨提供绝佳的机遇。

但是，由于商事调解发展水平目前仍然较低，我国加入《新加坡公约》仍有诸多国际需求亟待满足。如前文所分析的，如果借助《新加坡公约》推动国内商事调解的发展，我国商事调解制度的构建与设计还需满足与《新加坡公约》所提供的商事调解范式下相关理论研究的衔接、救济程序上的衔接、术语使用方面的衔接、调解第三方认可度上的衔接、司法救济能力的提升、虚假调解的应对等国际需求；解决这些问题需要付出相应的制度成本。东京大学的海内秀介教授（Prof. Shusuke Kaiuchi）指出，日本恰恰因其民事执行制度及ADR立法与《新加坡公约》所设想的和解协议跨境救济制度不兼容，而持中立态度，近期无意加入《新加坡公约》[①]。此外，《新加坡公约》能够在多大程度上代表现阶段甚至未来的国际商事调解领域发展，并因此为我国商事调解提供国际化接轨的机会仍然有待评估。

本节拟在上一节内容的基础上，对批准《新加坡公约》的制度效益与成本进行分析，继而为我国商事调解制度的构建进路，即是否需要衔接以及如何衔接《新加坡公约》提供基础性的判断。

一、批准《新加坡公约》的制度效益分析

中国实务部门曾经就是否签署《新加坡公约》存在分歧，但考虑到《新加坡公约》在国际商事争议解决领域的重要性，以及中方代表全程参与起草并充分表达了我国的立场和关切，我国最终决定作为首批签约方签署《新加坡公约》[②]。就目前情况而言，实务界与理论界对于批准《新加坡公约》抱持着积极态度。2021年，我国对《中华人民共和国民事诉讼法》进行了第四次修订，其中第二百零一条扩大了司法确认程序的适用范畴，依法设立的商事调解组织主持调解所得和解协议当事人也可通过司法确认程序获得强制执行保障，从而为我国衔接《新加坡公约》语境下的商事调解范式提供法律层面的接口。商务部条约法律司处长温先涛认为，加入《新加坡公约》必然推动中国多元化解决商事纠纷领域的发展[③]。范愉教授认为，《新加坡公约》带来了商事调解发展的重大契机，中国需要把握好这个重要的时代契机，推动商事调解走向远大的未来[④]。

---

① Olivia Sommerville，*Singapore Convention Series - Strategies of China*，*Japan*，*Korea and Russia*，（Aug.26，2021），http://mediationblog.kluwerarbitration.com/2019/09/16/singapore-convention-series-strategies-of-china-japan-korea-and-russia/.

② 孙南翔：《〈新加坡调解公约〉在中国的批准与实施》，载《法学研究》，2021年第2期，第156~173页。

③ 温先涛：《〈新加坡公约〉与中国商事调解——与〈纽约公约〉〈选择法院协议公约〉相比较》，载《中国法律评论》，2019年第1期，第198~208页。

④ 范愉：《商事调解的过去、现在和未来》，载《商事仲裁与调解》，2020年第1期，第126~141页。

批准《新加坡公约》所带来的直接制度效益在于推动中国商事调解的全面发展①。借助批准《新加坡公约》的机会，不仅可以更新国内商事调解理念，促进国内商事调解理论的国际化接轨，更重要的在于促进中国商事调解基本法律制度、程序规则、技术标准的形成和完善，推动商事调解人才的培养，商事调解组织的建设，商事调解市场的发展，最终收获商事调解制度层面和国内外商事调解市场层面的双重利好。

在上述利好的基础之上，《新加坡公约》可以为中国在国际和国内政策层面带来不同的发展机遇。在国际领域，《新加坡公约》为中国掌握国际话语权、提高中国商事调解在国际商事调解市场的影响力和竞争力提供了契机。在国内领域，《新加坡公约》可以为中国近年来的诸项政策提供良好助力。

（一）国际层面的制度效益

随着改革开放逐步深入，中国的经济发展在国际社会得到瞩目，相应地，中国在参与全球治理中呈现出积极主动的态势。2013年，中国共产党十八届三中全会将"一带一路"升级。2018年，宪法修正案在前言中明确指出，中国要"发展同各国的外交关系和经济、文化交流，推动构建人类命运共同体"。2021年，全国人民代表大会通过《中华人民共和国国民经济和社会发展第十四个五年规划和2035年远景目标纲要》，明确将"推动构建新型国际关系，推动全球治理体系朝着更加公正合理的方向发展"列入未来发展规划。

在全球治理战略背景下，大国司法理念在民事诉讼法领域应运而生。在该理念指导下，中国作为经济大国，其经济利益的保护离不开民事诉讼制度的国际化。同时，作为法治大国，要在国际争议解决市场和平台提升影响力

---

① 段明:《〈新加坡公约〉的冲击与中国商事调解的回应》，载《商业研究》，2020年第8期，第129～137页。

和竞争力，必须提升司法服务水平[1]。

调解虽然是中国传统的纠纷解决方式，但是长期以来，由于中国司法制度对调解体系化、专业化、职业化、标准化的忽视，导致中国调解在国际调解领域逐渐失去了先发优势和话语影响[2]。近代以来，西方发达国家在调解方面取得了飞跃式的发展，关于调解研究和规则制定的话语权也逐渐掌握在了西方发达国家的手中。无论是从本国利益保护还是国际影响力来看，中国国内商事调解领域的发展都不足以为中国积极参与全球治理提供制度支持。

《新加坡公约》恰好为中国参与全球治理、践行大国司法理念提供了国际平台。一方面，《新加坡公约》使得在海外开展贸易投资活动的中资企业有运用调解工具化解国际商事争议的动机，中国有动力加强对中资企业利益的法律保护，并从中国的角度出发，对《新加坡公约》进行适用和解释，将经济优势转化为国际商事争议解决中的主导权和话语权，以此提升并巩固中国在国际商业版图中的地位[3]。另一方面，《新加坡公约》为中国商事调解制度打入全球商事争议解决市场提供了平台。《新加坡公约》的适用压力必然倒逼中国商事调解制度规范的现代化、国际化和法治化改革，提升中国商事调解服务的专业水平和业务能力，并进一步提高中国争议解决制度的国际竞争力与国际影响力[4]。

值得注意的是，《新加坡公约》的制定和发展与《纽约公约》时代背景不同，中国全程参与制定并首批签署了《新加坡公约》，并因此占据先机，有机会在《新加坡公约》的发展适用过程中发挥积极的主导作用，从而推动

---

[1] 何其生：《大国司法理念与中国国际民事诉讼制度的发展》，载《中国社会科学》，2017年第5期，第123～146页、第208页。

[2] 廖永安等：《中国调解的理念创新与机制重塑》，中国人民大学出版社，2019年版，第327页。

[3] 孙南翔：《〈新加坡调解公约〉在中国的批准与实施》，载《法学研究》，2021年第2期，第156～173页。

[4] 刘敬东等：《批准〈新加坡调解公约〉对我国的挑战及应对研究》，载《商事仲裁与调解》，2020年第1期，第45～60页。

形成新的国际习惯法和一般法律原则，实现由规则的接受者向规则的制定者和改善者转变[①]。

新加坡与中国香港在亚太地区的国际商事争议解决领域处在高度的竞争关系中。新加坡在此次公约签署中因举办签署仪式，已经将其国际形象与国际商事调解紧密绑定，并且通过颁布《2020年调解公约法案》针对《新加坡公约》进行了衔接，且率先批准了《新加坡公约》。因此，无论是从中国香港的国际商事争议解决中心的地位保持，还是争夺话语权和抢占国际商事调解市场份额来看，中国及早加入《新加坡公约》才是关键。

（二）国内层面的制度效益

从中国国内看，商事调解成为中国多元化纠纷解决制度、营商环境优化、"一带一路"争端解决机制建设等多项司法改革政策关注的重点。2015年《最高人民法院关于人民法院为"一带一路"建设提供司法服务和保障的若干意见》、2016年《最高人民法院关于人民法院进一步深化多元化纠纷解决机制改革的意见》、2019年国务院颁布的《优化营商环境条例》、2020年《最高人民法院关于人民法院深化"分调裁审"机制改革的意见》、2021年《中华人民共和国国民经济和社会发展第十四个五年规划和2035年远景目标纲要》等法律法规政策文件，均明确应进一步推动完善或健全商事调解、仲裁调解、人民调解、行政调解、行业调解、司法调解联动工作体系或商事调解与诉讼的衔接机制。2019年《最高人民法院关于人民法院进一步为"一带一路"建设提供司法服务和保障的意见》、2019年《国务院关于印发6个新设自由贸易试验区总体方案的通知》、2021年《最高人民法院关于人民法院为海南自由贸易港建设提供司法服务和保障的意见》、2021年《中华人民共和国海南自由贸易港法》等法律法规政策文件，均强调了国际商事调解在多元化商事纠纷解决机制中的重要地位。

[①] 孙长龙：《论〈新加坡公约〉的完善及其在中国的适用》，载《国际商务研究》，2020年第41卷第5期，第63～73页。

然而，中国的商事调解在人民调解制度的框架内缓慢发展，而且人民调解对传统调解在一定程度上阻碍了商事调解制度的发展[①]。《新加坡公约》反映了国际社会对调解的主流发展趋势和意见，是审视中国调解发展的一个良好参照物[②]。批准《新加坡公约》能够倒逼中国商事调解制度快速发展。中国借助完善的商事调解制度，可以为和解协议当事人提供确定的跨境救济框架，发挥商事调解在弥合法系和文化差异方面的重要优势[③]，避免因商事争议导致商业合作关系破裂，为当事人节约了争议解决成本，从而确保国内营商环境的提升，并以此增强国内外投资者的信心，维护"一带一路"沿线国际贸易友好往来，以实现构建人类命运共同体的目标，促进纠纷解决领域的多元化发展，形成司法机关减负和社会纠纷解决个性化的双赢局面。

二、批准《新加坡公约》的制度成本分析

如前所述，我国商事调解发展水平目前仍然较低，我国加入《新加坡公约》面临着诸多国际需求亟待满足，如与《新加坡公约》所提供的商事调解范式下相关理论研究的衔接、救济程序上的衔接、术语使用方面的衔接、调解第三方认可度上的衔接、司法救济能力的提升、虚假调解的应对等国际需求。

所幸的是，《新加坡公约》实则为框架性规则[④]的一种，为国际商事调解确立了正式的、法律上认可的调解活动框架。在此框架范围内，作为成员的立法实体可以采用其他形式规制填补细节。

从适用范围来看，《新加坡公约》所规定的商事调解是以商事争端的调解为限，商事与调解的范畴设定得极为宽泛。除了消费者争议或者家庭法、继承法、就业法有关的争议之外，其他类型的争议皆可划入商事争议的范

[①] 杨秉勋：《再论〈新加坡调解公约〉与我国商事调解制度的发展》，载《北京仲裁》，2020年第1期，第107～120页。

[②] 蔡伟：《从〈新加坡调解公约〉看中国商事调解的改革》，载《安徽大学学报（哲学社会科学版）》，2021年第45卷第2期，第114～122页。

[③] 杜军：《我国国际商事调解法治化的思考》，载《法律适用》，2021年第1期，第150～156页。

[④] 参见本研究第二章第一节内容。

畴。《新加坡公约》所使用的调解程序，不论程序启动的依据，只要由无法强加给当事人以争议解决方案的调解第三方主持，调解程序即在适用范围之内。当然，对此，《新加坡公约》根据其拟定的直接目的，依据调解和解协议作为判决或裁决的可执行性，对不限程序启动依据的调解程序范围进行了限缩。

从规定的缔约方救济义务来看，《新加坡公约》仅规定了各国需要通过其国内法律制度执行调解和解协议的职责，但没有试图在全球范围内对执行调解和解协议的具体程序进行协调和统一①。依据《新加坡公约》第3条的规定，无论是执行调解和解协议还是赋予其援引抗辩的效力，各个缔约方均有权依据本国程序规则进行相应的救济。依据《新加坡公约》第5条第1款的规定，缔约方的救济当局在救济被申请方申请不予救济时，有权就不予救济事由进行评估，甚至在不予救济事由符合《新加坡公约》要求的情况下仍然批准救济。依据《新加坡公约》第5条第2款的规定，缔约方有权立法规定不宜调解事项，并且救济当局有权依据本国公共政策考虑驳回当事人的救济请求。由此可见，《新加坡公约》为缔约方的救济当局履行《新加坡公约》义务留下了相当大的自由裁量空间。

批准《新加坡公约》所需的最直接且必须付出的制度成本在于商事调解救济程序规则上的衔接。《中华人民共和国民事诉讼法》第二百零一条已经就商事调解的救济程序在立法上作出了有益探索，程序规则上的衔接还需探索调解和解协议援引抗辩效力如何实现的问题，评估我国司法确认程序是否与《新加坡公约》语境下救济申请程序要求相兼容的问题，以及《新加坡公约》语境下的救济抗辩事由如何理解与适用的问题。然而，需要注意的是，在《新加坡公约》语境下商事调解范式极具革新性的情况下，对于以上程序规则的衔接必然是理论与实践层面共同推动的。如前所述，缔约方的救济义

---

① UNCITRAL, *Planned and Possible Future Work — Part III Proposal by the Government of the United States of America*: *Future Work for Working Group II*（A/CN.9/822），（Jan. 23，2020），https://undocs.org/en/A/CN.9/822.

务履行是建立在每个国家国内程序规则的基础之上的，那么不同的规则实践与理论必然导致衔接的方式不同。对此进行制度移植还需理论上的充分论证，加之《新加坡公约》语境下商事调解范式在一定程度上脱离了全球商事调解实践，使得借鉴参考其他法域具体程序规则衔接的可能性大大降低。因此，我国应当依靠理论研究为此作出准备，来设计程序规则衔接的框架，并通过实践层面的不断丰富来丰富衔接策略。这不仅是我国商事调解对标国际的必然要求，也是在商事调解领域获得更多话语权的实现路径。

除此之外，与《新加坡公约》所提供的商事调解范式下相关理论研究的衔接、术语使用方面的衔接、商事调解范畴上的衔接、调解第三方认可度上的衔接、救济能力提升、虚假调解的应对等国际需求的解决，更多需要从价值衡量或者政策考量的角度作出解决方案，并针对是否需要解决、如何解决以及何时解决进行制度成本与效益上的评估。

总述之，批准《新加坡公约》的制度成本主要在于，我国商事调解制度如何满足加入《新加坡公约》所面临的国际需求这一问题之上。除了商事调解救济程序规则上的衔接是批准《新加坡公约》所需付出的最直接的制度成本之外，其他国际需求的满足仍可从价值衡量或者政策考量的角度进行评估之后，再做安排。

三、成本效益与衔接路径选择

从我国商事调解制度的理想定位来看，批准《新加坡公约》所能带来的制度效益是多重且现实的，而且制度成本是可以在一定程度上得以控制的，因此，《新加坡公约》的批准对我国来说存在一定的必然性。这一结论迎合了我国实务界与理论界的主流态度。所以，从我国商事调解的长期发展来看，核心问题在于，我国商事调解制度如何满足加入《新加坡公约》所面临的国际需求，即如何衔接的问题，而非是否批准《新加坡公约》。

目前，就如何对我国商事调解制度与《新加坡公约》语境下的商事调解范式进行衔接，存在双轨制和单轨制两种不同观点。支持双轨制的学者认为,《新加坡公约》与中国现行调解制度在对和解协议的效力认定方面存在认知差异①,应当参考《纽约公约》与中国仲裁制度接轨的模式,对国际和解协议和国内和解协议的效力进行不同的认定,并设计相应的救济机制。国际和解协议可以依据《新加坡公约》采取直接救济机制,但是国内的和解协议仍然维持现行做法,待国内商事调解制度完善之后再考虑给予相同待遇②。"一步到位"式的衔接,剥夺了中国调解制度在与国际趋同的过程中将法律本土化的过程;双轨制模式的衔接则避免了过于激进和草率的改革③。然而,双轨制被批评造成当事人的权利不对等,给予外国企业"超国民待遇"④。支持单轨制观点的学者认为,国际和解协议和国内和解协议并不存在本质上的差异,为了促进调解的适用,实现《新加坡公约》可能带来的利好,必然要求国内商事调解制度的国际化接轨,因此,应当吸取《纽约公约》衔接过程中的教训,避免给予国际和国内和解协议差异待遇⑤。

然而,前述观点的讨论发生在《中华人民共和国民事诉讼法》第二百零一条修订之前。事实上,我国立法已经就调解和解协议的效力问题采取了与《新加坡公约》接近的态度,开放了我国民事司法语境下商事调解和解协议获得相应的强制执行力的程序规则入口。因此,主张双轨制的学者已经失去了有力的论据,即调解和解协议效力认定上的差异并不足以构成我国选择双轨制的充分条件。这是否意味着单轨制衔接道路才是我国应该选择的衔接方式?

---

① 孙长龙:《论〈新加坡公约〉的完善及其在中国的适用》,载《国际商务研究》,2020年第41卷第5期,第63~73页。

② 张艳、房昕:《〈新加坡调解公约〉下我国商事调解协议的执行力问题研究》,载《法律适用》,2021年第5期,第38~45页。

③ 宋连斌、胥燕然:《中国商事调解协议的执行力问题研究——以〈新加坡公约〉生效为背景》,载《西北大学学报(哲学社会科学版)》,2021年第51卷第1期,第21~32页。

④ 杨秉勋:《再论〈新加坡调解公约〉与我国商事调解制度的发展》,载《北京仲裁》,2020年第1期,第107~120页。

⑤ 包康赟:《〈新加坡调解公约〉的"后发优势"与中国立场》,载《武大国际法评论》,2020年第6期,第15~36页。

如本研究第一章第一节所述，《新加坡公约》语境下的商事调解范式因具备相当程度的革新性，与现阶段的商事调解实践与理论存在相当程度的断裂。因而其借助《新加坡公约》在全球范围内的落实和普及，必然一方面影响与型塑现阶段商事调解实践与理论，另一方面又依赖于受其影响的实践与理论来丰富其内容，其必然是一个不断发展的具有极强生命力的商事调解范式。可以预见的是，在国内与国际商事调解实践环境不同，以及《新加坡公约》语境下商事调解范式不断发展的背景下，我国如果在不批准《新加坡公约》的情况下，在前述制度构建的国际需求方面作出制度上的实践与准备，也并不意味着我国商事调解制度必然能在某个时间点与《新加坡公约》语境下的商事调解范式保持高度的一致，从而降低衔接《新加坡公约》所需付出的制度成本。在这种等待国内制度足够完善，并与《新加坡公约》语境下的商事调解范式保持高度一致时，才进一步批准《新加坡公约》的单轨制衔接路径，意味着我国商事调解制度就国际需求的满足需要付出更多时间成本以及可能的试错成本，同时还要加上我国在国际商事调解领域争夺话语权的机会成本。当然，这一预测是在假设《新加坡公约》能够获得同《纽约公约》一样，在全球范围内高度普及的前提下作出的，对此前文已有分析，不再赘述。

放眼全球商事调解实践，如本研究第三章所述，奥地利作为欧洲商事调解制度发展的先锋者，新加坡作为《新加坡公约》的首批签署国、首批批准国以及首批生效国，均在框架性规则设立了调解和解协议救济义务，且与本国商事调解制度存在一定程度差异的情况下，采取了双轨制的衔接策略。综其优势，双轨制允许国内相关制度与实践在保有其完整性和系统性的前提下，在框架性义务的履行上付出了最小的制度成本，为框架性规则与本土相关制度与实践的磨合提供了充分的空间。此外，对于新加坡来说，其商事调解制度定位本身暗含着及时批准《新加坡公约》能够为其带来更多制度效益，双轨制的衔接路径更是为其大大节省了时间成本。因此，从制度效益与成本的角度来看，我国商事调解制度与《新加坡公约》语境下的商事调解范式进行衔接，采取双轨制路径会更佳。

四、双轨制衔接路径下的国际需求考量

如前所述，批准《新加坡公约》所能带来的制度效益是多重且现实的。制度成本主要在于我国商事调解制度如何满足加入《新加坡公约》所面临的国际需求这一问题上，采取双轨制的衔接路径满足上述国际需求更加符合制度理性。

在双轨制衔接前提下，商事调解救济程序规则上的衔接是我国商事调解制度构建所必须付出的最直接的制度成本。这意味着我国在立法层面需要探索调解和解协议援引抗辩效力如何实现的问题，评估我国司法确认程序是否与《新加坡公约》语境下救济申请程序要求相兼容的问题，以及《新加坡公约》语境下的救济抗辩事由如何理解与适用的问题。既然对该需求的满足存在必然性，本章第三节将就我国商事调解规则系统如何设计进行讨论，以期这一问题得到关注与解决。

至于本研究第四章第三节提出的其他国际需求，如相关理论研究的衔接、救济程序上的衔接、术语使用方面的衔接、调解第三方认可度上的衔接、司法救济能力的提升、虚假调解的应对等国际需求，存在是否满足、如何满足、何时满足等问题的考量空间。因此，该部分主要就其他国际需求的满足方案分别作出制度成本与效益上的分析，从而为我国商事调解规则系统的设计提供理论基础。

（一）理论衔接需求考量

如本研究第二章所述，《新加坡公约》语境下商事调解范式极具革新性，寄生于现有争议解决实践经验与理论知识，在一定程度上与全球现有商事调解制度实践与理论呈现出背离的状态。因此，如果我国试图科学、合理地落实《新加坡公约》所规定的调解和解协议的救济机制，还需从理论研究角度，对调解和解协议的传统理论与《新加坡公约》语境下的商事调解范式进

行更加深入的挖掘。

但是，在我国采取双轨制衔接路径的前提下，我国必须就商事调解救济程序规则上的衔接作出立法层面的安排。这注定离不开理论研究与司法实践的共同推动。如前所述，缔约方的救济义务履行是建立在每个国家国内程序规则的基础之上的，那么不同的规则实践与理论必然会导致衔接方式的不同。对此进行制度移植还需在理论上充分论证，更何况《新加坡公约》语境下商事调解范式一定程度上脱离了全球商事调解实践。这使得借鉴参考其他法域具体程序规则衔接的可能性大大降低。依靠理论研究来为设计程序规则衔接框架作准备，并通过实践层面的不断丰富来丰富衔接策略，也是在商事调解领域获得更多话语权的实现路径。

因此，即使我国采取双轨制的衔接路径，对《新加坡公约》语境下的商事调解范式进行理论上的衔接也是必须同步进行的。在立法层面就商事调解救济程序规则进行衔接会推动理论研究的发展，同时理论研究的不断发展也会反过来推动与完善我国的救济程序规则立法与司法实践。这意味着，我国就立法层面作出规则衔接时，应当给出足够的规则空间，允许理论研究与司法实践对其进行填充，并且司法实践应当就调解和解协议的救济实践提供案例资料，为国内理论研究发展提供本土经验，同时不断总结本土理论研究成果与实践经验，通过司法解释等方式发展立法层面的商事调解救济程序规则，形成规则与实践、理论的良性循环。

（二）术语衔接需求考量

目前，我国商事调解实践与《新加坡公约》语境下的商事调解范式在术语方面存在3个不能忽视的差异，如调解程序中启动协议与解决方案的术语表达、调解和解协议的国际性认定与我国涉外法律关系之间的差异，以及商事性争议等问题。这些术语上的差异将对我国履行《新加坡公约》的义务提出直接挑战。

就调解程序中启动协议与解决方案的术语表达问题，我国确有必要从理论研究角度对其进行统一。从理论研究层面看，首先，调解启动协议与调解和解协议这一术语的表达更加符合调解程序中不同协议在程序中的作用，因此并不存在理解或使用上的词语壁垒，目前已有不少学者采用此种表达展开相关研究。其次，这一术语表达能够厘清大陆法以及普通法争议解决理论中和解与调解之间的种属关系，在我国相关研究不足且呈现出重实体轻程序、实体与程序相分离的情况下，延续我国调解与和解"并行范畴说"的做法，将会极大限制我国对于和解协议性质的研究以及调解和解协议的特殊性①。最后，这一术语习惯符合《新加坡公约》语境下的商事调解范式的表达方式，在理论领域的广泛使用能够为我国在司法实践中对术语进行统一提供基础。

此外，就调解程序中启动协议与解决方案、调解和解协议的国际性认定与我国涉外法律关系之间的差异以及商事性争议在法律法规层面的术语使用差异问题，在我国批准《新加坡公约》之后可就此针对相关司法执法人员进行培训，以确保《新加坡公约》义务的履行以及商事调解救济程序规则的正确理解与适用，其他可留待司法实践逐步适应之后进行统一。

（三）商事调解范畴衔接需求考量

我国民事司法语境下的商事调解范畴以调解第三方的性质以及调解服务的提供模式来界定。这与我国商事调解制度的政策定位紧密相关，集中体现了我国调解本土发展需求与国际发展需求的张力。然而，《新加坡公约》语境下的商事调解范式是以争议的商事性界定商事调解的。在这一差异下，商事调解组织作为调解第三方的民事争议调解被排除在《新加坡公约》语境下的商事调解范畴之外，商事调解组织调解的商事争议、经由人民调解与行业调解解决的商事争议均在可被划入《新加坡公约》语境下的商事调解范畴之内。

---

① 参见本研究第三章第三节。

幸而《新加坡公约》实则为框架性规则[1]的一种，所以其语境下的商事调解范式具有向下兼容的特点。《新加坡公约》语境下的商事调解只要符合由第三方协助当事人自愿达成的和解协议，均可被归入调解范畴之中；而商事的概念更是以负面清单的范式保留了其广泛性和发展适应性，那么，对我国商事调解制度范畴划定，不如根据我国商事调解制度的政策定位构建相应的规则系统，即我国民事司法语境下的商事调解范畴。

这一做法并不会对《新加坡公约》目的的实现造成实质性障碍。首先，如第一章第二节所述，《新加坡公约》将适用范围限制在商事调解领域主要是出于一种政策考量，是为了避免与各国国内强制性法律产生冲突造成《新加坡公约》适用的复杂，以及增强各国加入公约的意愿。其次，《新加坡公约》语境下的商事调解范式以《新加坡公约》直接目的的实现为出发点，以调解和解协议的可执行性为判断标准，从而对其宽泛的商事调解内涵进行限缩，无论调解程序、调解方式或者调解第三方类型的技术逻辑如何，采取的是确保商事调解和解协议协议当事人能够获得强制执行的结果即可。最后，从国内层面来说，我国商事调解组织调解所得的和解协议无论民商事争议皆可依据《中华人民共和国民事诉讼法》第二百零一条获得强制执行，人民调解、行业调解同样可以依据此条获得强制执行救济；从国际层面来说，我国具备国际性因素且就商事争议进行调解的商事调解、人民调解、行业调解的，皆可依据《新加坡公约》来获得救济。因此，无论从国内还是国际层面来看，上述做法都没有不合理地限制调解和解协议的救济可能性，国内甚至将救济程序的适用范围扩大到了针对民事争议进行调解的商事调解、人民调解、行业调解。

然而，需要注意的是，商事争议的调解与民事争议的调解存在一定程度上的差异。民事争议的调解营利性动机较弱，相应争议解决的伦理性需求更高，因此也更容易产生放大了当事人谈判能力的不平等、次等正义、公共利

---

[1] 参见本研究第二章第一节内容。

益和福利保护的缺失、阻碍民事裁判权的行使等弊端①。依据《中华人民共和国民事诉讼法》第二百零一条构建的司法确认程序，我国对于调解和解协议的救济并不区分民事与商事争议，我国商事调解的实质是以调解第三方的性质以及调解服务的提供模式来界定的，那么在为调解和解协议提供强制执行力的同时，或许我国更应该考虑如何划定不宜调解事项范围或者不予执行事由，从而维护民事争议调解的伦理性需求。

（四）调解第三方认可度上的衔接需求考量

如第二章所述，为确保调解的质量，大部分国家是通过对调解员进行统一管理实现的，我国调解实践对于调解机构或者组织的依赖其中很大一部分原因也在于此。但是，《新加坡公约》语境下的商事调解范式并未对调解第三方作出任何格式性的要求。因此，在调解第三方的认可上，产生了两方面的衔接需求：其一，我国商事调解制度应否承认个人调解员，为经由个人调解员调解所得的调解和解协议进行救济；其二，我国如何处理依据《新加坡公约》申请救济的个人调解员调解所得的调解和解协议。

首先，就我国商事调解制度应否承认个人调解员的问题，单从衔接《新加坡公约》的角度来看，批准《新加坡公约》并不意味着国内层面必须对经由个人调解员调解所得的调解和解协议进行救济。第一，从奥地利与新加坡实践来看，二者国内法层面均对调解员的资质存在区别于其上游框架性规则的要求，但是二者采取了双轨制的衔接路径，保留了通过调解员确保调解质量的制度设计。这样的做法并未对框架性义务的履行造成实质性困难。第二，虽然我国商事调解组织的民办非性质并不意味着调解服务质量必然得到一致的保障，但某种程度上为调解的正当性提供了官方的背书。商事调解组织的民办非企业性质，使得从设立到年度检查均须在主管业务部门监督管理之下进行。其中，年度检查很重要的一项内容是其日常活动的合法性检查。

---

① Jack B Weinstein, *Some Benefits and Risks of Privatization of Justice Through ADR*, 11 Ohio St. J. on Dispute Resolution 2, 241-295（1996）.

在我国商事调解规则系统并不完善且商事调解实践发展不够成熟的情况下，业务主管部门所提供的年度检查，在某种程度上为商事调解组织的日常调解服务活动的合法性提供了背书，因此对其进行司法救济的合理性也得到了官方背书。第三，值得注意的是，在我国商事调解组织能够同时对商事争议、民事争议进行调解的情况下，民事争议调解的伦理性要求必须对调解质量有着更高的要求。奥地利现代调解制度的构建源于家事调解。家事争议的伦理性必然要求较高的调解质量，相应地，奥地利对于调解员的管理也采用了最严格的规制工具，即从立法层面对其进行规制。综上所述，虽然个人调解员能够为商事调解市场提供更具活力的市场力量，但是，在现阶段我国无须为了衔接《新加坡公约》语境下的商事调解范式而承认个人调解员，为经由个人调解员调解所得的调解和解协议进行救济。

其次，依据《新加坡公约》申请救济的个人调解员调解所得的调解和解协议，我国不应过分担心而设置额外的审查标准。《新加坡公约》语境下商事调解范式背后的合理性，相当程度上依赖于对"为解决商事争议"这一技术的限定。对争议主体作出这样的限定，意味着商事争议当事人的谈判能力相当，能够有效地保护自己的合法权益，所以应当尊重当事人意思自治。那么，这一理念反映在调解和解协议的救济程序中，同样应当带入一种商事争议当事人能够及时有效地保护自己的合法权益的假设，依赖于救济被申请人行使救济抗辩请求权来维护自身权益。

（五）司法救济能力提升需求考量

就提升司法救济能力确保我国能够履行《新加坡公约》所规定的框架性义务而言，我国商事调解制度衔接《新加坡公约》可能是无须刻意解决即可随着制度的完善得到相应解决的问题。

首先，通常情况下和解协议依靠自动履行，有公约的制约，相应的直接救济制度的保障会产生威慑效应，和解协议的自动履行率必然会大幅提高，因此，向救济部门申请执行的请求不会大幅增长[1]。其次，即使有大幅增长，通常也是短期内的。长期来看，对司法救济能力的要求反而会降低[2]。有在华执行或者救济需求的商事争议的数量并不会因为商事调解的推广而变化。在数量不变的情况下，商事争议即使不通过调解解决，也会选择诉讼或者仲裁路径来解决。和解协议是当事人自愿达成，自动履行率不应当比诉讼或仲裁低。因此，通过商事调解路径进行分流后的商事争议进入诉讼或仲裁程序，甚至最终进入执行程序的数量都会有所降低。最后，随着《新加坡公约》的逐步实施、衔接措施的精细化落地，构建起完善的和解协议救济机制，不仅可以直接构建起当事人解决商事争议的渠道，使得当事人可以选择更加便捷、友好、高效、经济的方式解决纠纷，对于司法系统来说，也可以大幅减轻负担，从而实现商事争议当事人和民事司法领域的双赢。

（六）虚假调解的应对需求考量

就虚假调解问题而言，目前国内各界对于防范虚假调解并没有成熟的看法[3]。从目前学界和实务的讨论来看，大致包含以下几种解决思路：①在执行程序中设置救济程序，如案外人异议制度、执行担保执行回转[4]；②通过在执行审查程序中设立专门的审查程序，要求当事人在申请救济时，提交经过公证的文书、个人声明等[5]，甚至依据《新加坡公约》第5条第2款中的公共政策抗辩对虚假调解进行实质审查[6]；③在执行程序中为调解员识别虚假

---

① 段明：《〈新加坡公约〉的冲击与中国商事调解的回应》，载《商业研究》，2020年第8期，第129～137页。

② 刘敬东等：《批准〈新加坡调解公约〉对我国的挑战及应对研究》，载《商事仲裁与调解》，2020年第1期，第45～60页。

③ 蔡伟：《从〈新加坡调解公约〉看中国商事调解的改革》，载《安徽大学学报（哲学社会科学版）》，2021年第45卷第2期，第114～122页。

④ 同②。

⑤ 同②。

⑥ 孙南翔：《〈新加坡调解公约〉在中国的批准与实施》，载《法学研究》，2021年第2期，第156～173页；孙长龙：《论〈新加坡公约〉的完善及其在中国的适用》，载《国际商务研究》，2020年第41卷第5期，第63～73页。

调解提供相应的激励或者惩罚机制[①]；④参考我国《刑法》第一百一十二条中对虚假诉讼的刑事规制，将"虚假调解"入刑，从而达到威慑作用[②]；⑤检察系统事务人员认为，可以由最高人民法院出台司法解释，明确检察机关可以依申请或者依职权对虚假调解进行监督[③]。但是，这些措施的可行性、正当性和有效性目前国内尚缺乏关注和讨论。

反观奥地利与新加坡均未对虚假调解问题进行有针对性的衔接规则设计，对于该问题该给予多大程度的重视，难以从比较法中得出任何预判。虚假调解所得调解和解协议给予救济可能产生的危害有两点：其一，救济被申请人的合法权益未知；其二，案外第三人的合法权益未知。

首先，对救济被申请人的合法权益，不如从信赖当事人有效保护自己合法权益的能力来解决。《新加坡公约》语境下商事调解范式背后的合理性，在相当程度上依赖于对"为解决商事争议"这一技术限定。对争议主体作出这样的限定，意味着商事争议当事人的谈判能力相当，能够有效地保护自己的合法权益，所以应当尊重当事人意思自治。那么，这一理念反映在调解和解协议的救济程序中，同样应当带入一种商事争议当事人能够及时有效地保护自己的合法权益的假设，依赖于救济被申请人行使救济抗辩请求权来维护自身权益。

其次，为保护案外第三人的合法权益免受虚假调解所得和解协议救济的危害，从程序规则设计的角度来看，只能从相应的执行救济规则、执行回转规则等角度切入。在这些程序规则中，调解区别于仲裁与诉讼的在于其保密性原则与案外第三人合法权益保护的平衡。与其说这是一个可以通过先验的规则设计就足以避免发生的问题，倒不如说是一个需要在实践过程中不断总

---

① 孙南翔：《〈新加坡调解公约〉在中国的批准与实施》，载《法学研究》，2021年第2期，第156~173页。

② 孙长龙：《论〈新加坡公约〉的完善及其在中国的适用》，载《国际商务研究》，2020年第41卷第5期，第63~73页。

③ 谢文英、贺恒扬：《建议明确检察机关对虚假调解进行监督》，https://www.spp.gov.cn/spp/zdgz/202103/t20210305_510661.shtml。

结经验并完善相应规则的过程。尤其《新加坡公约》语境下的商事调解范式具备相当程度的革新性，且在国外立法例对此问题缺乏关注的情况下，不如在批准《新加坡公约》后，先适用通常民事执行程序中的执行救济规则、执行回转规则，对此问题进行关注，观察此类现象是否造成相当程度的危害以及能否通过现有程序规则进行应对，之后再作出调整。完全在假设状态之下，基于对案外第三人的合法权益的保护而止步不前，从制度效益与成本的角度来看并不具有合理性。

第三节　中国商事调解制度规则系统设计

如前文第三章所述，相较于商事调解制度的域外规制框架，现阶段我国商事调解的制度主要依赖于商事调解服务市场的调节，通过自发地对商事调解市场发展趋势以及消费者需求进行分析和研究，制定相应的调解程序规则以及调解员相关准则来进行自律，并通过签订调解服务协议来对参与商事调解的各方进行约束。然而，在国内民事司法政策层面不断鼓励商事调解发展，以及在国际层面，《新加坡公约》在全球的颁布与生效极大刺激我国商事调解市场发展的情况下，我国现阶段的商事调解制度依然无法满足我国商事调解实践的发展需求。因此，我国商事调解制度的发展存在完善规则系统、通过立法明确范畴与保密性原则等本土需求。

在明确了我国商事调解制度构建的政策定位，并且确定了《新加坡公约》的衔接路径后，本节拟沿用本研究第三章提出的商事调解制度的域外规制框架，对我国的商事调解综合性规则系统从规制密度、规制工具与规制内容三方面进行讨论和设计。

一、规制密度与制度构建

目前，针对商事调解制度如何构建这一问题，国内存在商事调解独立说和调解综合说两种观点，围绕商事调解独立立法是否可行存在争议。商事调解独立说是目前主流学说。该观点认为，国外已有较为程序性的商事调解立法可供参考，国内调解机构也已有较为完善的调解规则，对商事调解进行独立立法符合我国立法现实[①]。但是，仍有学者持调解综合说观点，认为国内对于商事和调解不存在普遍认同的共性理论[②]，反观国外立法例也极少有独立且专门的商事调解立法，商事调解的独立立法并不可行，制定综合性的调解法[③]或者调解相关的软法[④]更加可行。

如前文第二章第三节所述，西方比较法研究学者所认为的调解规制密度，其核心判断标准在于，国家或者某个具有规制权力的实体对调解活动的直接干预程度。比较法的观点表明，调解的成功与某种规制方法没有明确的联系。调解在规制力度较小的辖区（如英国）以及规制力度较大的辖区（如奥地利）都取得了成功[⑤]。至于其背后的原因，或与不同的商事调解制度定位以及商事调解的发展阶段有关。不同的规制方法始于调解是否需要国家规制的问题，以及如果需要，在何种程度上需要国家规制。

从规制工具来看，制度设计者通常情况下使用市场调节、行业自律、示

---

① 持该观点的论文参见唐琼琼：《〈新加坡调解公约〉背景下我国商事调解制度的完善》，载《上海大学学报（社会科学版）》，2019年第36卷第4期，第116～129页；连俊雅：《经调解产生的国际商事和解协议的执行困境与突破——兼论〈新加坡调解公约〉与中国法律体系的衔接》，载《国际商务研究》，2021年第42卷第1期，第50～62页；段明：《〈新加坡调解公约〉的冲击与中国商事调解的回应》，载《商业研究》，2020年第4卷第8期，第129～137页；张艳、房昕：《〈新加坡调解公约〉下我国商事调解协议的执行力问题研究》，载《法律适用》，2021年第5卷，第38～45页。

② 蔡伟：《从〈新加坡调解公约〉看我国商事调解的改革》，载《安徽大学学报（哲学社会科学版）》，2021年第45卷第2期，第114～122页。

③ 持该观点的论文参见高奇：《论国际和解协议在我国的跨境执行：理论分析与制度建构》，载《理论月刊》，2020年第8期，第96～108页；孙长龙：《论〈新加坡公约〉的完善及其在中国的适用》，载《国际商务研究》，2020年第41卷第5期，第63～73页。

④ 蔡伟：《从〈新加坡调解公约〉看我国商事调解的改革》，载《安徽大学学报（哲学社会科学版）》，2021年第45卷第2期，第114～122页。

⑤ Steffek F, *Mediation in the European Union: An Introduction*,（Nov.20, 2021), http://www. diamesolavisi.net/kiosk/documentation/Steffek_Mediation_in_the_European_Union.pdfx, 2012.

范性规则、框架性规则、法律法规等类型的规制工具对商事调解活动进行规制，这些工具依次反映了国家能够对调解进行直接干预的程度。其中，市场调节为软性规制工具的典型代表，国家或者某个具有规制权力的实体能够借此对商事调解活动进行直接干预的程度最弱；法律法规则为硬性规制工具的典型代表，国家或者某个具有规制权力的实体能够借此对商事调解活动进行直接干预的程度最强。使用市场调节这样的软性规制工具，意味着规制实体通过减少对商事调解活动的直接干预，促使商事调解活动通过持续追踪市场趋势与消费者需求，在不断通过自律实现规范化的同时，实现商事调解的创新性发展，从而保留商事调解活动的多样性与灵活性，为商事调解的发展提供了更多的制度空间。然而，低程度规制实体直接干预也意味着，商事争议当事人在不同法域寻求通过商事调解解决争议的成本以及难度骤升。使用法律法规这样的硬性规制工具，则可以摆脱这一困境。因其意味着规制实体能够通过法律法规对商事调解活动进行直接干预，为商事调解活动的相关规则提供相当程度的确定性与可靠性，从而达到规范化与均质化商事调解活动的结果。这样的做法能够为跨法域或者跨辖区的商事争议调解活动提供可预期的规则指导，从而促进商事调解的广泛使用，但是商事调解实践发展的市场回应性和创新性也将随之折损。

因此，规制实体对商事调解活动直接干预程度高，意味着商事调解规则的可预测性与统一性；直接干预程度低则意味着商事调解实践的市场回应性和创新发展力。单一的规则系统将使得二者优势无法兼得，综合性的规则系统通过使用不同的规制工具始能平衡上述利弊。

从规制内容来看，制度设计者通常会对商事调解活动的不同内容使用不同的工具进行规制。通常情况下包括对调解启动、调解程序、调解员、调解中的权利与义务、相邻争端解决机制协调以及国内国际详解等内容进行规制。如何使用不同的规制工具对相应的内容进行规制，则主要是在商事调解制度构建的政策定位的基础上，对不同规制工具的可能利弊进行政策衡量。比如，对于调解如何启动，规制实体可能使用市场调节、行业自律、示范性规则、框架性规则、法律法规等方式进行规范；在缺乏规制实体直接干预的情况下，当事人往往只能依据调解启动协议进入调解程序。随着直接干预程度的加强，依据法律法规相关对于调解启动协议可能产生超出私法范围的效力，甚至无须调解启动协议的存在调解程序亦可启动。此外，在比较法领域，对于特定的内容大部分国家更倾向于选择某种特定的规制工具进行规制。这些规制内容多涉及司法程序和权力行使的问题，如调解和解协议的可执行性问题、保密性问题、在民事诉讼领域的期间计算问题等。

如本章第一节所述，我国国内与国际的司法政策共同决定了商事调解制度构建的政策定位。从国内司法政策发展来看，我国商事调解制度应当在保留和发展商事调解组织的民间性之上，促进商事调解服务的市场化、专业化、职业化、有偿性发展。从国际司法政策发展来看，我国商事调解制度是为了补充已相对完善的国际商事仲裁和诉讼制度，确保商事争议当事人能够选择从调解到仲裁、诉讼等全方位的程序，从而保护我国商事争议当事人的切实利益。这也意味着要充分保留和发挥商事调解在国际商事争议解决中的独特性和优势。上述政策定位要求我国商事调解规制密度的确定，需要兼顾与平衡我国商事调解制度发展的本土与国际需求，即需满足我国商事调解制度完善规则系统，在通过立法明确范畴与保密性原则等本土需求的基础上，我国同样应当对衔接《新加坡公约》语境下的商事调解救济程序作出衡量。一方面，考虑到我国商事调解发展水平不高，幅员广阔、地域差异大等现实状况，规制密度不宜过高，以免限制不同地区商事调解实践与理论的发展。另一方面，考虑到我国商事调解制度的本土需求需要国家层面的规制力量介入，以及我国应当借助《新加坡公约》提供的制度效益，通过商事调解和解协议救济程序衔接国内外程序规则的国际需求，我国商事调解制度的构建又不能局限于仅仅使用商事调解第三方完全的自我调节方式，如市场调节、行业自律等。因此，从规制理论角度对我国商事调解规则系统进行设计，还需结合我国的现实条件进行具体分析。

二、我国商事制度的规制工具选定

综合考虑我国商事调解制度构建的政策定位以及我国商事调解制度发展需求，我国商事调解制度的规制工具应当是多层次的。首先，我国商事调解制度构建的政策定位要求市场规则在我国商事调解规则系统中扮演着重要角色。一方面，秉持对我国国内司法政策中不同调解类型的理性设计与发展的理念，我国商事调解应当保留其民间性特征，从而规避前述行政调解、人民调解、行业调解等调解实践中存在的行政色彩浓厚的特征。这一要求决定了市场规则应当是我国商事调解制度最基础的规制规则。另一方面，我国民事司法语境下的商事调解强调调解服务的市场化、专业化、职业化、有偿性提供，从而区别于我国的行政调解、人民调解、行业调解等调解实践或制度。该政策定位同样要求市场规则为我国商事调解制度提供最基础的规制规则。

其次，我国商事调解制度完善规则系统、通过立法明确范畴与保密性原则等本土需求，要求在法律法规层面为商事调解活动提供相应的规制依据。在国内民事司法政策层面不断鼓励商事调解发展，以及在国际层面《新加坡公约》在全球的颁布与生效，极大地刺激我国商事调解市场发展的情况下，我国现阶段的商事调解制度依然无法满足我国商事调解实践的发展需求。因此，我国商事调解制度的发展存在完善规则系统以及通过立法明确范畴与保密性原则等本土需求。

再次，我国商事调解发展水平不高、幅员广阔、地域差异大等现实状况，以及我国大陆地区没有法律法规的不统一适用问题，使得在法律法规层面无法作出过于详细的规定，而过于依赖市场调节填补规制细节，则无法为商事调解质量提供保障，因此，应当将行业自律纳入我国商事调解制度的规制工具类型中。

最后，《新加坡公约》作为框架性规则以及联合国贸法会《调解示范法》《调解规则》等示范性规则均可作为我国商事调解制度的规制工具来源，以丰富我国商事调解制度的规则层次。相关规则的内容与作用在前文已有充分讨论，在此不单独作为构建我国商事调解制度的规制工具类型进行讨论。

（一）市场调节

目前，在商事调解领域引入市场规则来促进我国商事调解组织发展已经得到我国司法政策的肯定[①]以及国内学者的支持。早在2006年，学者穆子砺就提出，商事调解机构不但需要以法律服务者的身份面向市场提供服务，而且需要按照市场经济的规律规范自身的运作，主动地参与市场竞争[②]。齐树洁教授等同样认为，商事调解应当走一条机构专门化、市场化发展的道路[③]。廖永安教授等认为，商事调解只有走向市场化，才能体现商事调解的基本规律，才能有效地发挥商事调解组织的独特优势，使其适应市场经济中的纠纷解决需要[④]。

奥地利作为高密度规制的代表国家，以及新加坡以政府为主导的、自上而下构建的商事调解制度，均给予了商事调解以市场调节为基础的规制模式。对于商事调解来说，市场调节能够有效地保留其对市场趋势和消费需求的敏感性与回应性，从而保证商事调解的灵活性特征。

目前，我国商事调解的制度虽然主要依赖于商事调解服务市场的调节，通过自发地对商事调解市场发展趋势以及消费者需求进行分析和研究，制定相应的调解程序规则以及调解员相关准则来进行自律，并通过签订调解服务协议来对参与商事调解的各方进行约束。但是，目前我国商事调解市场调节规则的作用发挥是极为有限的，可以考虑从以下几个方面出发进行改革。

首先，我国应当设定相应的商事调解服务资质条件作为商事调解组织设立依据，并将商事调解组织的设立方式从审查注册制改为登记注册制。如前文第三章第二节所述，我国商事调解组织大部分是民办非企业单位的性质，须经业务主管部门审查同意才可登记成立。但不同商事调解机构的业务主管

---

① 参见本研究第三章第一节以及本章第一节分析。

② 穆子砺：《论中国商事调解制度之构建》，对外经济贸易大学，2006年博士学位论文。

③ 齐树洁、李叶丹：《商事调解的域外发展及其借鉴意义》，载《中国海商法年刊》，2011年第22卷第2期，第97～103页。

④ 廖永安、段明：《我国发展"一带一路"商事调解的机遇、挑战与路径选择》，载《南华大学学报（社会科学版）》，2018年第19卷第4期，第27～34页。

部门实质上存在较大的差异，导致商事调解组织并不是以其调解服务的专业性或质量为评价标准，决定其能够进入商事调解市场进行经营，而是以官方公共关系维护为前提的。因此，如果想要保留我国商事调解组织的民间性，并以市场化、专业化、职业化、有偿性的模式提供商事调解服务，就有必要参考奥地利在管理调解培训机构上的做法，为商事调解组织的设立设定相应的资质条件来确保其具备相应的商事调解服务能力，由登记机构对其资质条件进行形式审查，符合资质条件即可予以登记注册，并赋予其进入商事调解服务市场的资格。

其次，我国应当设立相应的官方网络平台或者实体信息平台，提供商事调解的相关信息，并提供不同的商事调解服务组织的简介与信息，以供商事争议当事人及时、全面地获取商事调解服务信息。如前文第二章第一节所述，市场规制有效性的前提是，商事争议当事人会在了解关于商事调解市场的准确信息后作出经济上的理性决定。然而，商事调解在我国发展时间并不长，且处于较为低级的发展阶段，所以有必要为争议当事人提供两方面的信息：其一，商事调解本身的相关信息，意在通过普及商事调解作为争议解决方式的优劣，辅助当事人作出争议解决方式的理性决策；其二，商事调解组织的地理位置、相关资质、收费等相关信息，供当事人自行选择具体的商事调解组织进行调解。

（二）行业自律

目前，以商事调解行业作为自律主体对我国商事调解组织以及商事调解活动进行规制的观点，已经得到国内学者的关注。吴卡等认为，当事人对调解员极易产生不信任心理正是因为调解员的资质认定以及从业资格缺少统一的行业标准和行业自治规范[①]。周建华认为，我国调解员的职业化改革应当以省为单位，通过调解员协会设立调解执业标准、道德规范以及适度的行业

---

① 吴卡、张洛萌：《涉外商事争议调解新模式探寻——以义乌市涉外争议人民调解委员会为例》，载《浙江师范大学学报（社会科学版）》，2017第42卷第2期，第62～70页。

监督评估机制[①]。蔡伟同样提出，应当通过集中化的自律规制机构（如调解的行业协会）严格统一、规范国际商事调解程序和调解员资质，从而确保调解的质量[②]。

由此可见，行业自律在确保调解质量方面的作用已得到国内外实践与理论的一致赞同，然而行业自律如何在我国商事调解制度中具体实施，本研究认为，上述学者的讨论脱离了我国商事调解发展实践。如前所述，我国商事调解是以商事调解组织为调解第三方进行限定的。这一政策定位源于我国对调解组织或机构背书的依赖[③]，决定了我国在立法层面并不承认或关注个人调解员作为调解第三方的商事调解活动。因此，个人调解员只能依赖或者挂靠于商事调解组织来展开商事调解活动，且不论商事调解组织往往有适用于本组织调解员的道德规范[④]，商事调解行业协会能够在多大程度上跳过商事调解组织，对个人调解员进行规制同样存疑。

因此，就商事调解行业机构或者协会作为自律主体对我国商事调解组织以及商事调解活动如何进行规制的问题，首先需要明确的是，在我国商事调解制度的规则系统中，行业自律是处于市场调节基础上的商事调解组织自律与法律法规规制之间的一种规制工具，其主要目的在于平衡我国商事调解发展水平不高、地域差异大等现实状况。在这一前提下，第一，商事调解行业机构或者协会的规制对象应当为商事调解组织。商事调解行业机构或者协会可以通过制定相应的规则文本来对商事调解组织进行规制。例如，制定调解程序的示范规则，以供商事调解组织参考；制定调解员道德规范作为调解员的最低工作行为准则，以供商事调解在此基础上发展组织内的道德规范，为商事调解组织提供培训计划要求，或者直接提供培训课程等，要求商事调解组织参与。

第二，我国商事调解行业机构或者协会应当采取政府授权的完全自律

---

① 周建华：《论调解的市场化运作》，载《兰州学刊》，2016年第4期，第132～138页。
② 蔡伟：《从〈新加坡调解公约〉看中国商事调解的改革》，载《安徽大学学报（哲学社会科学版）》，2021年第45卷第2期，第114～122页。
③ 参见本研究第三章第三节。
④ 参见本研究第三章第一节。

或者部分自律模式[①]。我国商事调解组织的特殊性在于其设立主体的多样性，如商会、行业协会、调解协会、民办非企业单位、商事仲裁机构等机构或者组织均可设立商事调解组织。虽然原则上要求民间性的实体才可设立，但是在商事调解组织多为民办非企业性质并且有相应业务指导部门的情况下，商事调解组织的监督管理来源较为多元，由商事调解行业本身私下进行的规则制定和执行恐难实现。因此，宜参考新加坡的做法，由政府授权或者设立相关商事调解行业协会，对本行业的规则进行制定，至于如何执行，似乎采取政府监督执行的方式更加符合我国国情。此外，经由政府授权或者设立相关商事调解行业协会在资源可得性问题上更能得到保障，专家资源、资金支持等均可得到一定程度的支持。

第三，我国商事调解行业机构或者协会宜根据地域设立。我国地域辽阔且商事调解实践发展的地域差异较大，使用行业自律对商事调解进行规制的核心目的之一即照顾各地差异，以弥补市场调节的任意性以及法律法规层面规制的僵硬。至于根据何种地域范围设立商事调解行业机构或者协会，本研究赞同周建华学者的观点，即以省为单位能在为商事调解活动提供相当程度确定性与可预测性的同时，兼顾地域差异问题。

（三）法律法规

目前，就如何在法律法规层面对商事调解活动进行规制，国内仍然存在较大分歧。主流观点认为，国外已有较为完善的商事调解立法可供参考，国内调解机构也已有较为完善的调解规则，对商事调解进行独立立法符合我国立法现实[②]。但是，仍有学者认为，国内对于商事和调解不存在普遍认同的

---

① 参见本研究第二章第一节。
② 持该观点的论文参见唐琼琼：《〈新加坡调解公约〉背景下我国商事调解制度的完善》，载《上海大学学报（社会科学版）》，2019年第36卷第4期，第116～129页；连俊雅：《经调解产生的国际商事和解协议的执行困境与突破——兼论〈新加坡公约〉与中国法律体系的衔接》，载《国际商务研究》，2021年第42卷第1期，第50～62页；段明：《〈新加坡公约〉的冲击与中国商事调解的回应》，载《商业研究》，2020年第8期，第129～137页；张艳、房昕：《〈新加坡调解公约〉下我国商事调解协议的执行力问题研究》，载《法律适用》，2021年第5期，第38～45页。

共性理论[1]，反观国外立法例也极少有独立且专门的商事调解立法，商事调解的独立立法并不可行，应制定综合性的调解法[2]。也有学者就专门立法与综合性立法分别提出了更为切实可行的立法方案。刘敬东认为，我国商事调解立法体系可以采取"两步走"的方式。第一步，在《中华人民共和国民事强制执行法》中设置专门条款对国内外调解协议作出原则性规定，并通过发布司法解决方式解决执行国际和解协议程序规则；第二步，可对商事调解进行专门立法。周建华认为，我国商事调解立法体系应当采取"三步走"递进式构建方案。具体为：近期由国务院先行制定"商事调解暂行条例"，可快速满足现实中的迫切需求。继而，国家立法机关遵循科学立法原则对《中华人民共和国人民调解法》进行与时俱进的整合修改，使其转化为一部综合"调解法"，把"商事调解暂行条例"中的条文提升至商事调解专章中。在未来民事程序的法典化编纂中，则在"民事程序法典"中设立"协商解决纠纷"专编，其中的"调解"专章整合前述"调解法"的全部条文，该章下设商事调解专节，包含商事调解的特殊条文[3]。

　　针对应当进行专门的商事调解立法还是综合性的调解立法这一问题，本研究认为还应回到我国司法政策领域对商事调解的定位。如前文第二章所述，大部分国家在调解领域的立法采取的是一种概括性的模式，并不区分商事争议的调解与民事争议的调解，在这些国家调解第三方多为民间个人或者调解机构。与此相较，新加坡的调解法是针对商事调解的，因其本土已经存在法院调解、社区调解等，以不同的调解第三方进行区分的调解实践类型。反观我国仲裁立法领域，《中华人民共和国仲裁法》主要是针对我国商事仲裁进行拟定的，劳动仲裁由劳动争议仲裁委员会主持进行，农村土地承包

---

　　① 蔡伟：《从〈新加坡调解公约〉看中国商事调解的改革》，载《安徽大学学报（哲学社会科学版）》，2021年第45卷第2期，第114~122页。

　　② 持该观点的论文参见高奇：《论国际和解协议在我国的跨境执行：理论分析与制度构建》，载《理论月刊》，2020年第8期，第96~108页。孙长龙：《论〈新加坡公约〉的完善及其在中国的适用》，载《国际商务研究》，2020年第41卷第5期，第63~73页。

　　③ 周建华：《商事调解立法体系的递进式构建研究》，载《北京理工大学学报（社会科学版）》，第1~14页。

经营纠纷则由农村土地承包仲裁委员会主持进行，二者均有其独立的仲裁立法依据。从该角度看，我国商事调解是以商事调解组织为调解第三方进行限定的，因此从立法层面对我国商事调解活动进行规制，切入点同样在于商事调解组织，对商事调解进行专门立法似乎更能维护与保留商事调解组织的民间性与相应的调解服务模式，从而区别于人民调解、行政调解、法院调解等类型。

对于我国商事调解制度如何实现其最终立法的路径，还需从我国商事调解发展的国内外需求出发进行分析。就我国商事调解制度的国际需求而言，目前《中华人民共和国民事诉讼法》第二百零一条已经为商事调解和解协议提供了强制执行依据的情况下，对于国内的调解和解协议的执行仍需在司法确认的申请程序以及不予确认两方面作出更具操作性的程序规则。对此，最高人民法院通过司法解释的方式可提供暂时性的规则过渡。而正式批准与衔接《新加坡公约》还需通过立法的形式分别予以规定，程序规则的衔接接口应参考国际仲裁的做法置于《中华人民共和国民事诉讼法》之中。从我国商事调解制度的本土需求出发，商事调解保密性的相关规制，必须以立法的方式作出，商事调解组织的规范化管理同样意味着在立法层面对其作出规定。

三、我国商事调解制度的规制内容设计

最终决定我国商事调解制度规制密度以及制度发展空间的仍在于，作为一个综合性的规则系统，市场调节、行业自律、法律法规等规制工具如何与调解启动、调解程序、调解员、调解中的权利与义务、相邻争端解决机制协调，以及国内国际详解等规制内容进行组合与搭配，从而兼顾与平衡我国商事调解制度发展的本土与国际需求，在为我国商事调解实践与理论提供发展空间的同时为其提供一定的确定性与可预测性，从而促使其能够上升至与诉讼、仲裁相平等的地位，具备作为独立争议解决手段的程序价值。

（一）调解启动规则

鉴于我国的商事调解应当是由民间实体设立的商事调解组织，以市场化、专业化、职业化、有偿性提供商事调解服务，同时充分保留和发挥商事调解不同于国际商事法庭、商事仲裁的特征和优势，那么，我国商事调解应当以自愿型启动规则为主。如前所述，就商事调解域外实践而言，存在开放型、自愿型与强制型3种类型的启动规则安排。其中，开放型启动规则适宜框架性或者示范性规则以向下兼容的方式作出规定；强制型普遍适用于法院调解或者司法调解，因而不适用于我国商事调解立法；自愿型的启动规则适用于我国商事调解有以下几方面的合理性。

首先，我国调解实践普遍遵循当事人自愿原则，即使在法院调解、行政调解、人民调解、行业调解等职权性较强的调解实践中也不例外。我国商事调解强调其民间性特征的原因之一，即在于其缺乏强加当事人解决方案的权力，所以我国商事调解程序的启动应当以当事人的自愿为前提。

其次，我国商事调解实践也的确以争议当事人的自愿启动为主。我国大部分商事调解组织适用的机构规则对此作出了规定。《上海经贸商事调解中心调解规则》第八条，贸促会《调解规则》第八条，北京融商一带一路法律与商事服务中心《一带一路国际商事调解中心调解规则》第3.1条、第3.2条，《深圳市前海国际商事调解中心调解规则（试行）》第十三条，均规定了当事人之间应当以已经订立的调解约定或调解条款为前提，如果当事人之间没有达成调解约定或调解条款而一方当事人申请调解的，商事调解组织在征得对方当事人同意后也可以受理。

最后，现有机构规则以争议当事人的自愿启动为主的做法具备诸多优势，能够契合我国民事司法语境下商事调解的政策定位和已有实践。现有机构规则以争议当事人的自愿启动为主的做法与SIMC《调解规则》（Mediation Rules）第3条保持了一致。这一做法在确保当事人意思自治原则得以尊重的前提下，给予了商事调解组织一定的能动性，避免因为调解约定或调解条款的缺失而完全将争议当事人诉诸调解的权利排除的情况，符合商事调解组织市场化的运作方式，即允许商事调解组织以积极主动的方式开拓商事调解市场、承揽商事调解业务。此外，依据奥地利调解实践经验，在法院转介的调解背景下，调解组织依然能够依据争议当事人的调解合意受理调解案件。因此，以争议当事人的自愿启动为主也并未背离我国最高人民法院曾确认将商事调解司法纳入先行调解、委派调解体系中进行完善的做法。

然而，目前以机构规则为当事人意思自治在程序启动方面提供制度保障的方式同样存在相应的弊端。首先，从各个机构的调解规则来看，各机构受理案件范畴并不相同，甚至与我国民事司法政策语境下的商事调解基本范畴并未保持一致，难以据此为基础设计出科学、可靠的商事调解综合性规则系统。《上海经贸商事调解中心调解规则》第三条、第七条规定，该中心受理当事人之间在金融、贸易、航运、知识产权以及其他国内外商事领域的争议调解，但不受理为解决其中一方当事人（消费者）为个人、家事进行交易所产生的争议、涉及人身权利的争议，例如，有关婚姻法、继承法、劳动法等的争议、刑事案件的争议。贸促会《调解规则》第八条规定，贸促会调解中心受理国内外平等主体的自然人、法人和其他组织之间发生的民商事争议及其他特殊主体之间约定的特别争议。《一带一路国际商事调解中心调解规则》规定一带一路国际商事调解中心承接包括但不限于与"一带一路"相关的国内外民商事/海事纠纷申请，以及法院及其他机构委托调解的案件。《深圳市前海国际商事调解中心调解规则（试行）》则依据当事人的身份性质，将该中心的受理案件范围划定为当事人各方均为内地企业、机构、自然人的商事争议，当事人一方或双方为香港特别行政区、澳门特别行政区和台湾地区企业、机构、自然人的商事争议，当事人一方或双方为外国企业、机构、自然人的商事争议，并将贸易、投资、并购、金融、证券、保险、知识产权、房地产、工程建设、运输以及其他商事、海事等领域发生的纠纷均归类为商事争议范畴。相较于此，我国民事司法语境下的商事调解范畴，商事调解组织不仅可以受理商事争议，亦可受理民事争议，甚至行政争议案件中的民事部分也可由商事调解组织受理。因为缺乏立法层面的范畴界定，机构层面依据机构自身对市场认识、业务能力等划定自身受理案件范畴来作为商事调解范畴的做法并不可取，所以无法使商事调解以符合自身政策定位的方式得到稳定、独立的发展，更不用说在此基础之上构建出综合性的规则系统。

其次，调解启动协议的效力问题。从比较法来看，仅有新加坡在调解立法层面明确规定了调解启动协议的效力，被赋予了暂停法庭程序的效力，调解启动协议的任何一方均可向该法庭申请中止相关事项的诉讼。但在缺乏相关法律依据的法域，调解启动协议的效力则存在更大的不确定性。目前，我国立法并未就调解启动协议的法律效力作出任何规定，依据《中华人民共和国民事诉讼法》第一百五十三条，我国民事诉讼程序的中止事由并不包含当事人依据调解启动协议启动调解程序的情形，并存在相当的不确定性。

因此，在现有的机构规则基础上，我国应当在立法层面作出回应。首先，在商事调解专门法中明确商事调解启动的自愿原则，并将适用范围限制在商事调解组织作为调解第三方的调解程序中，从而符合我国商事调解制度构建的政策定位。其次，在商事调解专门法以及《中华人民共和国民事诉讼法》中规定调解启动协议应当具备拥有暂停其他争议解决程序的效力。需注意的是，调解启动协议不宜具备类似于仲裁协议的效力，因为在调解程序中当事人能否达成和解协议以当事人自愿使用调解为根本动力。虽然我国无论是在诉讼程序还是仲裁程序中，如果当事人有意通过调解解决争议均能得到支持，但是是以在各自程序中不断作出期限延长来解决的，因此应当通过立法为调解启动协议的效力提供更为明确的法律依据，确保当事人不会因同意调解损失其他程序性权利，从而提升其参与调解的意愿。

（二）调解程序规则

对于商事调解调解程序规则问题来说，我国应当在法律法规层面完善当事人与调解员相关权利义务规则的前提下，由商事调解行业协会制定调解程序的示范规则，以供商事调解组织参考，或由市场调节之下的商事调解组织机构自律进行规制。

如前文所述，在比较法领域，程序规则由调解机构或者调解员提供为通常做法，由在行业领域内的权威机构提供示范性程序规则为例外。无论是机构自拟还是权威机构的示范性程序规则，当事人均有就程序规则作出是否适用以及是否修改的权利。但是这是在不同国家已经就调解员和当事人的权利义务在法律法规层面具有相应规定的情况下才能得到正常运行的。在缺乏法律依据的情况下，程序规则中所规定的事项仅能产生私法约束力，对于任何一方的不遵守也只能依据合同请求权进行救济。这就使得对于调解程序正当性具备较高价值的调解员保密义务、揭露义务等如果被违反，当事人仅能求得私法保护。

此外，涉及与诉讼程序等紧密相关的调解员和当事人的权利义务，更是超出了程序规则所具备的私法效力能够提供保护的范畴。因此，目前我国调解程序规则由商事调解组织机构自行制定并提供给当事人这一现状并无问题，甚至可以考虑在形成行业自律模式之后，鼓励行业向成员商事调解组织提供示范性的程序规则。更本质的问题在于，法律法规层面应当就调解员和当事人的权利义务作出相应的规定，从而保护调解程序的正当性。

（三）调解员规范

我国商事调解调解员规制问题可以考虑综合行业自律以及市场调节两种方式展开。第一，由商事调解行业协会为商事调解员提供资质认证或培训。在此之外，可同时面向商事调解组织提供培训计划要求或者直接提供培训课程等，要求商事调解组织参与。这一方面能够为调解质量提供更有确定性的保障，另一方面能够为商事调解员的职业化道路提供支撑，避免因其资质认定与某个商事调解组织绑定而限制个人发展。

第二，由商事调解行业协会制定调解员道德规范作为调解员的最低工作行为准则，以供商事调解在此基础上发展适用于组织内的道德规范。

第三，由商事调解行业协会督促商事调解组织设立相应的调解员投诉机制，并在协会层面向商事争议当事人提供投诉渠道。

那么，那些未加入某些商事调解组织的个人是否有权展开相关调解活动？如前文第二章第二节所述，目前各国商事调解行业或立法均未禁止相关调解活动，并采取一种将选择权交给争议当事人的理念，试图间接通过市场调节方式来督促调解员获取相应的资质或培训，同时兼顾不同争议当事人的不同调解需求。从我国调解实践来看，同样应当予以允许，但是对于此类调解活动所得和解协议的效力问题应当持保守态度，无须从法律法规层面给予其特别的救济。

（四）权益规则

权益规则即调解员与当事人在调解中的权利义务规则，我国应当在法律法规层面对此作出相应的规定。

首先，我国应当在立法层面，对调解员以及其他调解参与人员的保密义务，以及与调解相关的沟通信息作为证据的可采性进行规定。目前，我国商事调解组织提供的程序规则、调解员道德规范等成文规则中均涉及调解的保密性问题，然而，此类规定仅能产生私法范围之内的效力。保密原则一旦被违反，当事人能够获得何种救济，以及在其他争议解决程序背景下保密原则能够获得何种程度的承认存在相当大的不确定性。保密原则作为调解程序的基础性原则，是当事人秉持善意参与调解程序的保障，也是调解员辅助各方当事人达成解决方案的基础，应当从立法层面给予更多的关注与规制。

其次，我国应当在立法层面对和解协议如何申请司法确认并获得强制执行力作出更细致的规定。

最后，为了推广调解程序的使用，避免争议当事人因担心诉讼时效问题而不愿尝试调解直接诉诸诉讼与仲裁的情况，我国有必要参考奥地利的做法，明确规定在调解期间诉讼时效停止计算，在调解程序结束后才恢复计算。

（五）国际国内衔接规则

在我国拟采取双轨制衔接路径对《新加坡公约》进行批准的前提下，就我国如何具体地承担和履行《新加坡公约》的义务，因涉及缔约方的权利义务关系，应以依赖于法律法规层面的硬性规制工具为主。这应当是多层次的。

从立法层面来看，我国需要解决两个维度的问题。一是《新加坡公约》的批准问题，二是我国依据《新加坡公约》行使缔约方权利和履行缔约方义务的法律依据问题。鉴于《纽约公约》是《新加坡公约》拟定过程中的参考模板之一，且我国已经批准并适用《纽约公约》，在我国现有立法传统的框架下，《纽约公约》在立法层面的规则模式能够为我国批准与适用《新加坡公约》提供有益借鉴。

首先，我国需依法定程序批准《新加坡公约》，并就是否作出《新加坡公约》第8条所规定的声明进行明确。依据《中华人民共和国缔结条约程序法》第7条的规定，条约签署后，仍须经法定程序批准，"由外交部或者国务院有关部门会同外交部，报请国务院审核；由国务院提请全国人民代表大会常务委员会决定批准；中华人民共和国主席根据全国人民代表大会常务委员会的决定予以批准。……多边条约和重要协定经批准后，由外交部办理向条约、协定的保存国或者国际组织交存批准书的手续。批准书由中华人民共和国主席签署，外交部部长副署"。

其次，我国应参考《纽约公约》在我国的实施先例，尊重我国立法传统，在《中华人民共和国民事诉讼法》中为我国依据《新加坡公约》行使缔约方权利和履行缔约方义务提供法律依据。目前，《中华人民共和国宪法》《中华人民共和国立法法》和《中华人民共和国缔约法》对条约在国内的适用方式问题上未作统一规定。一般情况下，公约或者条约在我国通过以下两种方式适用：第一，并入式。在法律法规条文中明确规定条约优先适用，无须将条约内容转换为国内法便可以直接适用，例如《中华人民共和国民法通则》第一百四十二条、《中华人民共和国商标法》第十七条、最高人民法院的《对外经济贸易部〈关于执行联合国国际货物销售合同应注意的几个问题〉的通知》第一条等。第二，转化式。经过立法转化为国内法而适用，例如《中华人民共和国领海及毗连区法》《中华人民共和国专属经济区与大陆架法》《中华人民共和国外交特权与豁免条例》以及《中华人民共和国领事特权与豁免条例》等。其中，调整私人间权利义务关系的条约和调整国家与私人之间的权利义务关系的条约因为私人据此主张权利或追究责任时必须诉诸国内法律程序，还将产生如何在中国国内法律程序中适用条约所创设的规则的问题，还产生了国内法与条约规则的相洽性问题①。《新加坡公约》所构建的调解和解协议跨境直接救济机制，不仅涉及商事调解主体之间权利义务关系的调整，也涉及国家与商事调解主体之间的权利义务关系的调整;《纽约公约》作为外国仲裁裁决在缔约方内部直接救济机制的构建载体，同样涉及以上两方面的权利义务关系调整。因此，在我国已有立法传统框架下，可参考《纽约公约》在我国的适用和施行模式，通过在《中华人民共和国民事诉讼法》第四编涉外民事诉讼程序的特别规定中，设置专门小节，用以明确我国司法机构在行使缔约方权利和履行缔约方义务过程中的基本规则，参考包括《新加坡公约》中有关适用范围、救济效力、申请救济程序、抗辩事由等内容进行拟定。

此外，在采取双轨制衔接路径对《新加坡公约》进行批准的前提下，还应当参考新加坡《2020年调解公约法案》的做法，在商事调解专门立法中明确我国商事调解的范畴以及可以据以申请司法确认程序的法律依据，并在为国内适用《新加坡公约》提供依据的立法中沿用《新加坡公约》的适用范围，同时允许在二者适用交叉范围内的调解和解协议当事人依据自身权衡利弊选择救济路径。

从司法层面来看，《纽约公约》的施行同样能为我国司法机关如何具体依据《新加坡公约》行使缔约方权利和履行缔约方义务提供制度借鉴。这一借鉴主要包括以下两方面:第一，调解和解协议管辖的借鉴。目前，依据《最高人民法院关于执行我国加入的〈承认及执行外国仲裁裁决公约〉的通知》，《纽约公约》在我国申请承认与执行的仲裁裁决由被执行人户籍所在地

---

① 车丕照:《论条约在我国的适用》，载《法学杂志》，2005年第3期，第96～99页。

或者居所地、主要办事机构所在地或财产所在地的中级人民法院管辖，且依据2002年3月1日起施行的《最高人民法院关于涉外民商事案件诉讼管辖若干问题的规定》，受理法院还应当有涉外案件管辖权。将涉外仲裁裁决集中在中级人民法院管辖的优势在于，一定程度上保证了相关案件受理以及救济的统一性。我国在具体依据《新加坡公约》行使缔约方权利和履行缔约方义务的过程中，应参照此做法。其意义不仅在于确保相关案件受理以及救济的统一性，而且中级人民法院往往具备了相应的涉外案件经验以及涉外仲裁裁决救济经验，能够为我国适用《新加坡公约》提供实践中的经验借鉴。

第二，逐级报核制度的借鉴。最高人民法院在适用《纽约公约》的司法实践当中建立了逐级报核制度。对于拒绝承认和执行《纽约公约》项下裁决的情况，要逐级报告到最高人民法院，核准之后才可以作出最后的决定。如果地方法院受理的当事人申请承认和执行外国仲裁裁决的案件，地方法院准备拒绝承认和执行的，需要首先报告到该地的高级法院。如果高级法院同意地方法院拒绝的意见，则要报告到最高人民法院，经最高人民法院同意之后才可以作出拒绝承认和执行外国仲裁裁决的意见或裁决。这一制度的设计较好地保证了《纽约公约》得以实现，尽可能地对仲裁协议作有效解释，支持仲裁协议的有效性，尽可能地使仲裁裁决在缔约国之间得到承认和执行。《新加坡公约》是以调解和解协议的跨境救济为前提下促进调解推广为目的的，同样要求调解和解协议尽可能地在缔约方之间得到救济。从《新加坡公约》第1条和第4条来看，《新加坡公约》始终在坚持最低的格式要求、最便于当事人的情况下，为调解和解协议的直接救济提供必要的确定性；从《新加坡公约》第5条来看，《新加坡公约》对抗辩事由的规定是建议性的而非强制性的[①]，允许缔约方依据本国实际情况进行取舍，但不允许缔约方附加

---

① Interventions of the United States and Belarus, in UNCITRAL Audio Recordings: U.N. Comm'n on Int'l Trade Law, 48th Session, July 2, 2015, https://icms.unov.org/CarbonWeb/public/uncitral/speakerslog/f3e453 lb-7187-411 c-a063-27bb8elbc546. 转引自Timothy Schnabel, *The Singapore Convention on Mediation: A Framework for the Cross-Border Recognition and Enforcement of Mediated Settlements*, 19 Pepperdine Dispute Resolution Law Journal 1, 1-60 (2019).

格式性的要求对当事人的救济请求予以驳回。在《新加坡公约》语境下商事调解范式在全球都极具革新性，参考我国司法机关在《纽约公约》的适用实践中产生的逐级报核制度，不仅可以尽可能地使调解和解协议得到救济，确保国内司法的一致性，而且能够充实司法机关对于《新加坡公约》语境下商事调解范式适用的相关实践经验与理论知识，从而为我国在国际商事争议解决领域争取相应的话语权和领导权提供平台。

然而，在司法层面同样应当注意到调解和解协议与仲裁裁决的差异。这一差异构成了《新加坡公约》与《纽约公约》中抗辩事由的根本差异，在解释与适用调解和解协议的抗辩使用时，还需结合调解和解协议的具体特征和程序背景。此外，《新加坡公约》与《纽约公约》在适用范围、救济效力、救济程序等方面同样存在相当的差异，有待司法机关以区别于《纽约公约》的方式对待依据《新加坡公约》救济的调解和解协议。

第六章 >>>

结　语

在联合国试图通过《新加坡公约》来影响和引导未来的国际商事调解实践，乃至各国的商事调解立法的国际背景下，我国就商事调解如何发展面临着诸多亟待解决的难题。一方面，《新加坡公约》的制定不是将成熟的国际商事调解实践通过国际立法的形式予以制度化，也并非基于成熟的商事调解理论将其实践于立法之中，因而《新加坡公约》语境下的商事调解范式是什么，我国商事调解制度的发展该以何种态度对待《新加坡公约》，是我国商事调解制度构建所不得不解决的现实问题。另一方面，我国商事调解亟待发展，商事调解实践的制度化进程亟待推进。然而，就如何发展我国商事调解，如何推进我国商事调解实践的制度化进程等问题，我国目前尚未形成完善可行的制度路径。

针对这些难题，本研究从《新加坡公约》实施的视角对中国商事调解制度的构建进行了研究。该研究对《新加坡公约》语境下的商事调解范式进行了重构，并对域外商事调解实践进行了广泛的讨论，同时与中国商事调解政策发展紧密结合，深入分析了我国商事调解制度构建的本土需求与国际需求，并深入挖掘商事调解制度在我国司法政策语境中的政策定位，从而为本研究核心问题，即我国是否批准以及如何衔接《新加坡公约》、我国商事调解规则系统如何设计两个问题的讨论奠定了扎实的理论与实践基础。

第一，本研究从理论框架与程序设计两个角度对《新加坡公约》语境下的商事调解范式进行了重构。从中发现，《新加坡公约》语境下的调解和解协议定义与效力构成其核心理论框架。该理论框架作为《新加坡公约》革新性集中体现的同时，与前《新加坡公约》时代的和解协议定义和构成要件、效力与救济等理论问题紧密相关。

《新加坡公约》语境下的调解和解协议定义实则可以从理论外延与技术内涵两个角度进行划分。其中，脱胎于前《新加坡公约》时代的和解协议定义与构成要件,《新加坡公约》对调解和解协议的理论外延进行了革新,调解和解协议的契约性质以及调解因果性为《新加坡公约》赋予其超出私法范围的效力提供了理论合理性,由此构成理论外延。同时,为实现其拟定目的,促使各国积极加入,《新加坡公约》对调解和解协议的理论外延进行了技术上的限定,如适用相邻争端解决机制排除条款对调解的因果性范围进行了限制,适用具有国际性、为解决商事调解、以书面形式订立以及可供缔约方自由调整适用条件等对和解协议的内容与形式进行了限定,由此构成了《新加坡公约》语境下的调解和解协议的技术型内涵。

基于《新加坡公约》语境下的调解和解协议的理论外延与技术内涵,《新加坡公约》所提供的特殊救济机制实则赋予了调解和解协议多层次的拟制效力。针对国际商事调解实践的困境,《新加坡公约》通过回应性立法,通过特殊救济机制的设计,实则拟制并赋予调解和解协议不同于前《新加坡公约》时代的效力,在保留与承认调解和解协议的合同效力的前提下,赋予了其在公法领域获得强制执行的效力以及援引抗辩的效力,其中后者到底如何实现还需通过司法实践与理论不断探索和研究。

第二,《新加坡公约》从程序理念以及程序技术两个方面对商事调解救济程序进行了设计,从而为《新加坡公约》语境下调解和解协议的理论框架提供程序上的保障。《新加坡公约》语境下的商事调解救济程序以当事人意思自治原则、灵活性与正式性相平衡原则,围绕调解和解协议的理论外延设计了相应的救济申请条件以及依申请不予救济的抗辩事由。虽然《新加坡公约》并未明文规定,但是调解和解协议的技术内涵同样构成了依申请不予救济的抗辩事由。

第三,本研究从规制理论角度和系统政策角度对域外商事调解制度实践进行了比较研究。研究发现,全球商事调解常用规制工具依其强制性由弱到强分别是市场调节、行业自律、示范性规则、框架性规则以及法律法规等。这些规制工具经常被用于规制调解的启动、程序规则、调解员规范、权益规则(调解参与方的权利和义务)、国际国内衔接规则等。不同规制工具与规制内容的系统搭配呈现在某国国内法之中就形成了不同的规制密度，并影响着该国商事调解发展。例如，奥地利是典型的高密度规制模式国家，英国则是低密度的规制模式国家代表。从比较法的观点来看，规制密度的高低并不必然意味着商事调解发展的好坏，更重要的是结合本国商事调解的发展状况以及制度需要。然而，以一定程度的国家干预为基础的行业自律或机构自律更能平衡商事调解的可靠性与灵活性需求。

在大部分国家并不严格区分商事与民事调解的制度实践中，上述研究无法为我国如何构建商事调解制度进行系统政策上的参考。因此，在该部分本研究从系统政策角度，对新加坡商事调解制度如何从以中国式调解为主的传统商事调解，发展到现代化调解制度化中的商事调解，进而形成争议解决服务国际化中的商事调解制度，最终与《新加坡公约》相衔接，这一过程进行分析，为商事调解作为独立的调解类型如何进行制度构建提供了比较法的参考。

第四，本研究将研究视角转向了我国商事调解发展的本土需求与国际需求之上。本研究从我国民事司法背景下的商事调解范畴界定切入，对我国商事调解制度现状进行了梳理。一方面，将上述现状与商事调解制度的域外规制框架比较，从中发现我国商事调解制度发展存在着规则系统完善、通过立法统一商事调解范畴以及立法保护保密性规则等本土需求。另一方面，将上述现状与《新加坡公约》语境下的商事调解范式进行比较，从中发现在衔接《新加坡公约》过程中存在相关理论研究的衔接、救济程序上的衔接、术语使用方面的衔接、调解第三方认可度上的衔接、司法救济能力的提升、虚假调解的应对等国际需求。

第五，本研究在前述研究的基础上对我国商事调解制度的顶层设计与建构路径展开研究。本研究综合比较和借鉴新加坡商事调解制度化、国际化的政策定位与构建思路，从我国商事调解制度的政策定位切入，挖掘商事调解制度在我国国内与国际司法政策领域的制度理性，从而为我国是否批准《新加坡公约》、是否满足以及如何满足我国商事调解制度发展的国际需求确定制度效益与成本的衡量基准，并为我国商事调解制度规则系统的设计提供政策上的指引。最后，在已有研究内容基础上，结合前述商事调解规制框架，兼顾我国商事调解发展的本土需求与国际需求，对我国商事调解制度这一综合性规则如何设计展开探讨。

在联合国通过《新加坡公约》推动国际商事调解市场发展之际，我国商事调解的发展应当借助《新加坡公约》所提供的平台在理论、实践以及制度等层面实现快速的发展。然而，由于我国商事调解制度发展仍然处于初级阶段，当务之急便是为我国商事调解理论与实践的发展从宏观层面提供合理的规制框架，确保发展方向与质量的同时，为其提供充足的发展空间。这正是本研究意图解决的问题。

从我国商事调解发展的长远来看，在合理的规制框架之上，随着我国商事调解实践的不断丰富与发展，以及伴随实践发展作出的回应性、持续性的理论研究，能够为我国商事调解制度框架的不断发展与完善提供更为扎实的理论基础。鉴于《新加坡公约》的革新性以及其在全球的影响力，我国应当考虑及时批准《新加坡公约》并作出衔接，为在《新加坡公约》范式下的商事调解实践与理论的发展提供制度动力，从而为我国在国际商事调解领域的发展抢占时间上的先机。

参考文献

一、书籍专著

[1] BOULLE L，FIELD R M. Mediation in Australia[M]. Sydney：LexisNexis Butterworths，2018.

[2] CATHARINE TITI，KATIA FACH GÓMEZ. Mediation in International Commercial and Investment Disputes[M]. Oxford：Oxford University Press，2019.

[3] DESCOULLAYES P. De La Transaction Dans Quelques Législations Européennes：Étude de Droit Comparé[M]. Paris：Corbaz & Cie，1902.

[4] FILLER E A. Commercial Mediation in Europe：An Empirical Study of the User Experience[M]. New York：Kluwer Law International BV，2012.

[5] GARY BORN. International Commercial Arbitration[M]. London：Wolters Kluwer Law & Business，2014.

[6] KLAUS J. Hopt，Steffek Felix. Mediation：Principles and Regulation in Comparative Perspective[M]. Oxford：Oxford University Press，2013.

[7] JOEL LEE，HWEE HWEE TEH. An Asian Perspective on Mediation[M]. Singapore：SAL Academy Publishing，2009.

[8] LEE JOEL. Contemporary Issues in Mediation - Volume 1[M]. Danvers：World Scientific Publishing Co.，2016.

[9] LEE-PARTRIDGE JOO ENG. Alternative Dispute Resolution in Business，Family，and Community：A Multidisciplinary Perspective[M]. Singapore：Center for Advanced Studies，National University of Singapore and Pagesetters Services，2000.

[10] H. KRONKE，P. Nacimiento，D. Otto. Recognition and Enforcement of Foreign Arbitral Awards：A Global Commentary on the New York

Convention[M]. New York：Kluwer Law International BV，2010.

[11] NAJIA MARIE ALEXANDER，S. WALSH，M. SVATOS. EU
Mediation Law Handbook：Regulatory Robustness Ratings for Mediation
Regimes[M]. New York：Kluwer Law International BV，2017.

[12] NAJIA MARIE ALEXANDER. Global Trends in Mediation[M]. New
York：Kluwer Law International BV，2006.

[13] PENNY BROOKER，SUZANNE WILKINSON. Mediation in the
Construction Industry：An International Review[M]. London：Routledge，
2010.

[14] POPPER，KARL. The Open Society and Its Enemies[M]. London：
Routledge Classics，1994.

[15] RICHARD A. ROSEN，LIZA M.VELAZQUEZ. Settlement Agreements
in Commercial Disputes：Negotiating，Drafting & Enforcement[M]. New
York：Wolters Kluwer，2019.

[16] J. SINGER，K. J. MACKIE，T. HARDY. The EU Mediation Atlas：
Practice and Regulation[M]. New York：LexisNexis，2004.

[17] 陈自强.和解与计算错误[M].台北：元照出版社，2014.

[18] 范愉.非诉讼争议解决机制研究[M].北京：中国人民大学出版社，2000.

[19] 顾培东.社会冲突与诉讼机制[M].北京：法律出版社，2004.

[20] 韩德培.国际私法新论[M].武汉：武汉大学出版社，2003.

[21] 江伟.民事诉讼法学原理[M].北京：中国人民大学出版社，1999.

[22] 廖永安，等.中国调解的理念创新与机制重塑[M].北京：中国人民大学
出版社，2019.

[23] 刘敬东.《新加坡调解公约》批准与实施机制研究[M].北京：中国社会
科学出版社，2021.

[24] 尹力.国际商事调解法律问题研究[M].武汉：武汉大学出版社，2007.

[25] 王钢.国际商事调解规则研究[M].北京：中国社会科学出版社，2019.

二、期刊论文

[1] BAUMOL W J, WILLIG R D. Fixed Costs, Sunk Costs, Entry Barriers, and Sustainability of Monopoly[J]. The Quarterly Journal of Economics, 1981, 96（3）: 405-431.

[2] CARROLL R. Trends in Mediation Legislation: "All for One and One for All" or "One At All" ?[J]. University of Western Australia Law Review, 2002, 30（2）: 167-208.

[3] CHARNY D. Nonlegal Sanctions in Commercial Relationships[J]. Harvard Law Review, 1990: 373-467.

[4] CHIA H B, LEE-PARTRIDGE J E, CHONG C L. Traditional Mediation Practices: Are We Throwing the Baby Out with the Bath Water?[J]. Conflict Resolution Quarterly, 2004, 21（4）: 451-462.

[5] DORCAS QUEK ANDERSON. The Evolving Concept of Access to Justice in Singapore's Mediation Movement[J]. International Journal of Law in Context, 2020, 16（2）: 128-145.

[6] DORCAS QUEK ANDERSON. A Coming of Age for Mediation in Singapore[J]. Singapore Academy of Law Journal, 2017, 29（1）: 275-293.

[7] DUURSMA A. A Current Literature Review of International Mediation[J]. International Journal of Conflict Management, 2014.

[8] ELLEN E. Deason. Uniform Mediation Act: Law Ensures Confidentiality, Neutrality of Process[J]. Disp. Resol. Mag., Fall 2002: 7-8.

[9] ELLEN E. Deason. What's in a Name: The Terms Commercial and Mediation in the Singapore Convention on Mediation[J]. Cardozo J. Conflict Resol., 2019, 20（4）: 1149-1172.

[10] ANNE-KARIN GRILL. Ethical Guidelines for Mediators-the Austrian

Status Quo[J]. Tijdschrift Voor Mediation en Conflictmanagement, 2019, 23（2-3）: 55-65.

[11] GUNNINGHAM N, REES J. Industry Self-regulation: An Institutional Perspective[J]. Law & Policy, 1997, 19（4）: 363-414.

[12] HAVIGHURST H C. Problems Concerning Settlement Agreements[J]. Nw. UL Rev., 1958, 53: 283-307.

[13] HECTOR FLORES SENTIES. Grounds to Refuse the Enforcement of Settlement Agreements under the Singapore Convention on Mediation: Purpose, Scope, and Their Importance for the Success of the Convention[J]. Cardozo J. Conflict Resol., 2019, 20（4）: 1235-1258.

[14] HODGSON G M. On Defining Institutions: Rules Versus Equilibria[J]. Journal of Institutional Economics, 2015, 11（3）: 497-505.

[15] HODGSON G M. What are Institutions?[J]. Journal of Economic Issues, 2006, 40（1）: 1-25.

[16] HOFSTEDE G. Dimensionalizing Cultures: The Hofstede Model in Context[J]. Online Readings in Psychology and Culture, 2011, 2（1）: 3-29.

[17] WEINSTEIN J B. Some Benefits and Risks of Privatization of Justice Through ADR[J]. Ohio St. J. on Disp. Resol., 1996, 11: 241-295.

[18] JEAN-CHRISTOPHE BOULET. The Singapore Convention and the Metamorphosis of Contractual Litigation[J]. Cardozo J. Conflict Resol., 2019, 20（4）: 1209-1234.

[19] LIM G. International Commercial Mediation: The Singapore Model[J]. SAcLJ, 2019, 31: 377.

[20] LON L. FULLER. Consideration and Form[J]. Columbia Law Review, 1941, 41（5）: 799-824.

[21] MARC GALANTER, MIA CAHILL. Most Cases Settle: Judicial

Promotion and Regulation of Settlements[J]. Stan. L. Rev., 1993, 46: 1339-1369.

[22] MARIANNE ROTH. The Proposal for an EU Directive on Certain Aspects of Mediation[J]. London Law Review, 2005: 120-122.

[23] MARYAM SALEHIJAM. A Call for Harmonized Approach to Agreements to Mediate[J]. YB on Int'l Arb., 2019, 6: 199-228.

[24] MCKENNA. The EU Mediation Atlas: Practice and Regulation[J]. Transnational Dispute Management(TDM), 2005, 2(1).

[25] MONICA RAUSCH. The Uniform Mediation Act[J]. Ohio St. J. Disp. Resol., 2002, 18: 603-618.

[26] MORRIS-SHARMA N. The Singapore Convention Is Live, and Multilateralism, Alive[J]. Cardozo J. Conflict Resol., 2019, 20(4): 1009-1022.

[27] MOUTOUALLAGUIN S. Note Sous Tribunal Administratif de Saint-Denis de La Réunion, 30 Juin 2011, Numéro 0800808, Société de Transport de Marchandises Contre Préfet de la Réunion[J]. Revue juridique de l'Océan Indien, 2012(15): 190-192.

[28] NAJIA MARIE ALEXANDER. The Emergence of Mediation Law in Asia: A Tale of Two Cities[J]. Transnational Dispute Management, 2021, 18(3): 1-38.

[29] NAJIA MARIE ALEXANDER. Mediation and the Art of Regulation[J]. QUT Law Review, 2008, 8(1): 1-23.

[30] NAJIA MARIE ALEXANDER. Ten Trends in International Commercial Mediation[J]. SAcLJ, 2019, 31: 405-447.

[31] NAJIA MARIE ALEXANDER, SHOUYU CHONG. Mediation and Appropriate Dispute Resolution[J]. Singapore Academy of Law Annual Review of Singapore Cases, 2021: 724-760.

[32] PRAVIN PRAKASH. The Leviathan and Its Muscular Management of Social Cohesion in Singapore[A]. Aurel Croissant and Peter Walkenhorst eds. Social Cohesion in Asia: Historical Origins, Contemporary Shapes and Future Dynamics (Routledge, 2019).

[33] RECHBERGER W H. Mediation in Austria[J]. Ritsumeikan Law Review, 2015, 32: 64.

[34] RENATE DENDORFER-DITGES, PHILIPP WILHELM. Mediation in a Global Village: Legal Complexity of Cross-Border Mediation in Europe[J]. Yearbook on International Arbitration, 2017 (5): 235-246.

[35] MOREK R. Waiting for the Directive: Recent Developments in Civil and Commercial Mediation Law in Central and Eastern Europe: Selected Issues (European Mediation Conference, 2007).

[36] SANDERS P A. Twenty Years' Review of the Convention on the Recognition and Enforcement of Foreign Arbitral Awards[C]//Int'l L. 1979, 13: 272-273.

[37] SARAH RUDOLPH COLE. Managerial Litigants-The Overlooked Problem of Party Autonomy in Dispute Resolution[J]. Hastings Law Journal, 1999, 51: 1199-1263.

[38] SHEN C. Opportunities, Challenges and Strategies: A Current Overview of Commentaries Towards the Singapore Convention Within China[J]. Asian Social Science, 2021, 17 (12): 1-61.

[39] STRONG S 1. Increasing Legalism in International Commercial Arbitration: A New Theory of Causes, A New Approach to Cures[J]. World Arb. & Mediation Rev., 2013, 7: 117-146.

[40] STRONG S I. Use and Perception of International Commercial Mediation and Conciliation: A Preliminary Report on Issues Relating to the Proposed UNCITRAL Convention on International Commercial Mediation and

Conciliation[J]. University of Missouri School of Law Legal Studies Research Paper, 2014: 16-57.

[41] STRONG S I. Beyond International Commercial Arbitration-the Promise of International Commercial Mediation[J]. Wash. UJL & Pol'y, 2014, 45: 10-27.

[42] STRONG S I. Realizing Rationality: An Empirical Assessment of International Commercial mediation[J]. Wash. & Lee L. Rev., 2016, 73: 1973-1986.

[43] STRONG S I. The Role of Empirical Research and Dispute System Design in Proposing and Developing International Treaties: A Case Study of the Singapore Convention on Mediation[J]. Cardozo J. Conflict Resol., 2019, 20(4): 1103-1145.

[44] STEELE B L. Enforcing International Commercial Mediation Agreements as Arbitral Awards under the New York Convention[J]. UCLA L. Rev., 2006, 54(5), 1385-1412.

[45] STIPANOWICH T J, LAMARE J R. Living with ADR: Evolving Perceptions and Use of Mediation, Arbitration, and Conflict Management in Fortune 1 000 Corporations[J]. Harv. Negot. L. Rev., 2014, 19: 1-60.

[46] TIMOTHY SCHNABEL. The Singapore Convention on Mediation: A Framework for the Cross-Border Recognition and Enforcement of Mediated Settlements[J]. Pepperdine Dispute Resolution Law Journal, 2019, 19(1): 1-60.

[47] TIMOTHY SCHNABEL. Recognition by Any Other Name: Article 3 of the Singapore Convention on Mediation[J]. Cardozo J. Conflict Resol., 2019, 20(4): 1181-1196.

[48] WALL JR. J A, LYNN A. Mediation: A Current Review[J]. Journal of Conflict Resolution, 1993, 37(1): 160-194.

[49] WALL JR. J A, STARK J B. Standifer R L. Mediation：A Current Review and Theory Development[J]. Journal of Conflict Resolution，2001，45（3）：370-391.

[50] WALL J A, DUNNE T C. Mediation Research：A Current Review[J]. Negotiation Journal，2012，28（2）：217-244.

[51] ZUMETA Z. Styles of Mediation：Facilitative，Evaluative，and Transformative Mediation[J]. National Association for Community Mediation Newsletter，2000：5.

[52] 安文靖.我国商事调解立法改革刍议：兼论国际商事调解立法对我国的启示[J].商业时代，2010（3）：88-89.

[53] 包康赟.《新加坡调解公约》的"后发优势"与中国立场[J].武大国际法评论，2020，4（6）：15-36.

[54] 蔡伟.从《新加坡调解公约》看我国商事调解的改革[J].安徽大学学报（哲学社会科学版），2021，45（2）：114-122.

[55] 程华儿.涉外法治发展视域下我国法院对《新加坡调解公约》执行机制革新的因应[J].法律适用，2020（24）：46-54.

[56] 车丕照.论条约在我国的适用[J].法学杂志，2005（3）：96-99.

[57] 戴欣媛.《新加坡调解公约》下中国执行国际商事和解协议路径探索[J].国际经济法学刊，2020（4）：37-48.

[58] 段明.《新加坡调解公约》的冲击与中国商事调解的回应[J].商业研究，2020，4（8）：129-137.

[59] 杜军.我国国际商事调解法治化的思考[J].法律适用，2021（1）：150-156.

[60] 范愉.商事调解的过去、现在和未来[J].商事仲裁与调解，2020（1）：126-141.

[61] 范愉.委托调解比较研究：兼论先行调解[J].清华法学，2013，7（3）：57-74.

[62] 高奇.论国际和解协议在我国的跨境执行：理论分析与制度构建[J].理论月刊，2020（8）：96-108.

[63] 何其生.大国司法理念与中国国际民事诉讼制度的发展[J].中国社会科学，2017（5）：123-146，208.

[64] 胡健.美国法律规范的成本与效益评估简介[J].中国人大，2010（10）：50-51.

[65] 黄进，宋连斌.国际民商事争议解决机制的几个重要问题[J].政法论坛，2009，27（4）：3-13.

[66] 黄忠顺.和解裁决的性质及其效力探微[C]//中国仲裁法学研究会2015年年会暨第八届中国仲裁与司法论坛论文集.[出版者不详]，2015：206-220.

[67] 江苏省高级人民法院"和谐社会与民事制度创新"课题组.民事案件与商事案件适用诉讼调解的区分研究[J].法律适用，2008（11）：45-49.

[68] 江伟.市场经济与民事诉讼法学的使命[J].现代法学，1996（3）：4-13.

[69] 连俊雅.经调解产生的国际商事和解协议的执行困境与突破：兼论《新加坡调解公约》与中国法律体系的衔接[J].国际商务研究，2021，42（1）：50-62.

[70] 廖永安，段明.我国发展"一带一路"商事调解的机遇、挑战与路径选择[J].南华大学学报（社会科学版），2018，19（4）：27-34.

[71] 廖永安，刘青.论我国调解职业化发展的困境与出路[J].湘潭大学学报（哲学社会科学版），2016，40（6）：47-51.

[72] 李双元，黄为之.论和解合同[J].时代法学，2006（4）：14-22.

[73] 刘敬东，孙巍，傅攀峰，等.批准《新加坡调解公约》对我国的挑战及应对研究[J].商事仲裁与调解，2020（1）：45-60.

[74] 刘品新.论电子证据的原件理论[J].法律科学（西北政法大学学报），2009，27（5）：119-127.

[75] 穆子砺.论中国商事调解制度之构建[D].北京：对外经济贸易大学，

2006.

[76] 穆子砺.试论中国商事调解发展的局限与突破 [C]// 中国仲裁与司法论坛暨2010年年会论文集.[出版者不详], 2010: 304-313.

[77] 台建林, 刘文鼎.调审适度分离巧避"以判压调"嫌疑 [N].法制日报, 2010-10-25（5）.

[78] 齐树洁, 李叶丹.商事调解的域外发展及其借鉴意义 [J].中国海商法年刊, 2011, 22（2）: 97-103.

[79] 秦国荣.法治社会中法律的局限性及其矫正 [J].法学, 2005（3）: 28-39.

[80] 祁壮."一带一路"建设中的国际商事调解和解问题研究 [J].中州学刊, 2017（11）: 61-66.

[81] 饶潮生.看新加坡如何调解争议 [N].光明日报, 2011-10-19.

[82] 申琛.论现代社会治理中的司法强制与当事人自治: 以法院二元角色冲突与解决为切入点 [J].黑龙江社会科学, 2021（6）: 67-73, 128.

[83] 宋连斌, 胥燕然.中国商事调解协议的执行力问题研究: 以《新加坡公约》生效为背景 [J].西北大学学报（哲学社会科学版）, 2021, 51（1）: 21-32.

[84] 孙长龙.论《新加坡公约》的完善及其在中国的适用 [J].国际商务研究, 2020, 41（5）: 63-73.

[85] 孙南翔.《新加坡调解公约》在中国的批准与实施 [J].法学研究, 2021, 43（2）: 156-173.

[86] 唐俊.调解制度构建新论 [D].北京: 中国政法大学, 2011.

[87] 唐琼琼.《新加坡调解公约》背景下我国商事调解制度的完善 [J].上海大学学报（社会科学版）, 2019, 36（4）: 116-129.

[88] 汤维建, 许尚豪.论民事执行程序的契约化: 以执行和解为分析中心 [J].政治与法律, 2006（1）: 89-97.

[89] 王保树.尊重商法的特殊思维 [J].扬州大学学报（人文社会科学版）, 2011, 15（2）: 28-30, 80.

[90] 王钢.国际商事调解技巧研究[D].武汉：武汉大学，2010.

[91] 王钢.论国际商事调解协议的法律效力[C]//2008全国博士生学术论坛（国际法）论文集：国际公法、国际私法分册，2008：469-475.

[92] 王钢.论调解的私密性及其例外[J].西北大学学报（哲学社会科学版），2012，42（6）：73-77.

[93] 王钢.论调解员中立[J].北京科技大学学报（社会科学版），2012，28（2）：120-124.

[94] 王钢.论文化差异在国际商事调解中的表现及影响[J].西北大学学报（哲学社会科学版），2009，39（4）：76-81.

[95] 王利明.论和解协议[J].政治与法律，2014（1）：49-57.

[96] 王淑敏，何悦涵.海南自贸试验区国际商事调解机制：理论分析与制度构建[J].海南大学学报（人文社会科学版），2018，36（5）：26-35.

[97] 温先涛.《新加坡公约》与中国商事调解：与《纽约公约》《选择法院协议公约》相比较[J].中国法律评论，2019（1）：198-208.

[98] 温先涛.调解产业论：兼与仲裁、诉讼比较[J].商事仲裁与调解，2021（3）：3-16.

[99] 吴卡，张洛萌.涉外商事争议调解新模式探寻：以义乌市涉外争议人民调解委员会为例[J].浙江师范大学学报（社会科学版），2017，42（2）：62-70.

[100] 肖建国，赵晋山.民事执行若干疑难问题探讨[J].法律适用，2005（6）：2-8.

[101] 肖俊.和解合同的私法传统与规范适用[J].现代法学，2016，38（5）：67-78.

[102] 肖俊.意大利法中的和解合同研究[J].苏州大学学报（法学版），2015（4）：25-35.

[103] 熊跃敏，周杨.我国行业调解的困境及其突破[J].政法论丛，2016（3）：147-153.

[104] 徐卉.重新认识法律职业：律师与社会公益[J].中国司法，2008（3）：43-46.

[105] 许军珂.《新加坡调解公约》框架下国际商事和解协议效力问题研究[J].商事仲裁与调解，2020（3）：3-15.

[106] 杨秉勋.再论《新加坡调解公约》与我国商事调解制度的发展[J].北京仲裁，2020（1）：107-120.

[107] 尹力.当代国际商事调解的含义及其立法与实践[C]//2006年中国青年国际法学者暨博士生论坛论文集（国际私法卷），2006：289-306.

[108] 尹力.商事案件调解保密规范解析[J].东方法学，2008（6）：72-78.

[109] 尹力.调解正当性的保障：调解员中立性问题研究[J].浙江学刊，2006（2）：159-164.

[110] 张显伟，钟智全.论中国-东盟自贸区商贸争议解决之商事调解及其作用发挥[J].学术论坛，2015，38（3）：67-71.

[111] 周建华.法国民法典中的和解合同[J].人大法律评论，2012（1）：109-129.

[112] 周建华.和解：程序法与实体法的双重分析[J].当代法学，2016，30（2）：126-134.

[113] 周建华.论调解的市场化运作[J].兰州学刊，2016（4）：132-138.

[114] 周建华.商事调解立法体系的递进式构建研究[N/OL].北京理工大学学报（社会科学版），2022-03-22.

[115] 张艳，房昕.《新加坡调解公约》下我国商事调解协议的执行力问题研究[J].法律适用，2021（5）：38-45.

[116] 张卫平.论民事诉讼的契约化：完善我国民事诉讼法的基本作业[J].中国法学，2004（3）：75-87.

[117] 朱苏力.解释的难题：对几种法律文本解释方法的追问[J].中国社会科学，1997（4）：11-32.

三、电子资料及其他

[1] AAA. 2011 President's Letter & Financial Statements [EB/OL]. （2011-06-22）[2022-01-26]. https://www.adr.org/sites/default/files/document_repository/2011_Annual_Report_0.pdf.

[2] AAA. 2012 President's Letter & Financial Statements [EB/OL]. （2012-06-22）[2022-01-26]. https://www.adr.org/sites/default/files/document_repository/2012_AAA_Annual_Report_0.pdf.

[3] AAA. 2013 President's Letter & Financial Statements [EB/OL]. （2013-06-22）[2022-01-26]. https://www.adr.org/sites/default/files/document_repository/2013_AAA_Annual_Report_0.pdf.

[4] AAA. 2014 President's Letter & Financial Statements [EB/OL]. （2014-06-22）[2022-01-26]. https://www.adr.org/sites/default/files/document_repository/2014_AAA_Annual_Report_0.pdf.

[5] Academy Publishing. Asian Journal on Mediation [EB/OL]. （2021-06-22）[2021-08-26]. https://journalsonline.academypublishing.org.sg/Journals/Asian-Journal-on-Mediation.

[6] CEDR. The Eighth Mediation Audit-A Survey of Commercial Mediator Attitudes and Experience in the United Kingdom [EB/OL]. （2019-10-22）[2022-01-26]. https://www.cedr.com/wp-content/uploads/2019/10/The_Eighth_Mediation_Audit_2018.pdf.

[7] CHAN S K. Speech at Opening of Legal Year [EB/OL]. （2010-02-19）[2020-04-26]. https://www.agc.gov.sg/docs/default-source/speeches/2010---1992/speech-1996.pdf.

[8] CMC. What is the CMC [EB/OL]. （2021-06-22）[2022-01-26]. https://civilmediation.org/what-is-the-cmc/.

[9] Department of Justice of the Hong Kong Special Administrative Region. Report of the Working Group on Mediation [EB/OL]. （2010-02-08）[2022-

01-26]. https://www.doj.gov.hk/en/legal_dispute/pdf/med20100208e.pdf.

[10] Nadja Alexander，Shouyu Chong. Singapore Convention Series：Bill to Ratify before Singapore Parliament [EB/OL].（2020-02-04）[2021-08-09]. https://papers.ssrn.com/sol3/papers.cfm?abstract_id=3583560.

[11] NCCUSL. About Us [EB/OL].（2021-06-22）[2022-01-26]. https://www.uniformlaws.org/aboutulc/overview.

[12] NCCUSL. Uniform Mediation Act [EB/OL].（2021-06-22）[2022-01-26]. https://www.uniformlaws.org/HigherLogic/System/DownloadDocumentFile.ashx?DocumentFileKey=ba67e1d1-9602-51ab-aade-08f395a6de19&forceDialog=0.

[13] Justiz. Ausbildung Seinrichtungen Nach Bundesland[EB/OL].（2021-06-22）[2022-01-26]. https://mediatorenliste.justiz.gv.at/mediatoren/mediatorenliste.nsf/contentByKey/VSTR-7DYH23-DE-p.

[14] Österreichisches Netzwerk Mediation [EB/OL].（2021-06-22）[2022-01-26]. https://www.oebm.at/files/oebm/pdfdownloads/ethikrichtlinienOeNM.pdf.

[15] OLIVIA SOMMERVILLE. Singapore Convention Series - Strategies of China，Japan，Korea and Russia [EB/OL].（2019-09-16）[2021-07-26]. http://mediationblog.kluwerarbitration.com/2019/09/16/singapore-convention-series-strategies-of-china-japan-korea-and-russia/.

[16] Hofstede Insights. Country Comparison [EB/OL].（2021-08-06）[2021-09-09]. https://www.hofstede-insights.com/country-comparison/china，japan，singapore/.

[17] PETER H. CORNE，MATTHEW S. ERIE. China's Mediation Revolution? Opportunities and Challenges of the Singapore Mediation Convention [EB/OL].（2019-08-28）[2021-07-28]. http://opiniojuris.org/2019/08/28/chinas-media-revolution-opportunities-and-challenges-of-the-singapore-mediation-convention/.

[18] Queen Mary University of London. 2021 International Arbitration Survey：Adapting Arbitration to a Changing World [EB/OL].（2021-06-22）[2022-01-26]. https://arbitration.qmul.ac.uk/media/arbitration/docs/LON0320037-QMUL-International-Arbitration-Survey-2021_19_WEB.pdf.

[19] SIDRA. International Resolution Survey Report 2020 [EB/OL].（2020-10-11）[2021-01-22]. https://sidra.smu.edu.sg/sites/sidra.smu.edu.sg/files/survey/2/index.html#zoom=z.

[20] SIDRA. The Singapore Dispute Resolution Institutions [EB/OL]（2020-06-16）[2021-08-11]. https://sidra.smu.edu.sg/singapore-dispute-resolution-institutions-what-and-why-part-1-4.

[21] SIMI. About SIMI[EB/OL].（2020-06-16）[2021-08-26]. https://www.simi.org.sg/About-Us/Organisation-Information/About-SIMI.

[22] SIMI. Code of Professional Conduct for SIMI Mediators [EB/OL].（2021-07-15）[2021-08-20]. https://www.simi.org.sg/.

[23] Singapore Department of Statistics. Population Trends 2018[EB/OL].（2018-10-19）[2021-07-14]. https://www.singstat.gov.sg/-/media/files/publications/population/population2018.pdf.

[24] Singapore Ministry of Law. Incentive and Exemption Schemes [EB/OL].（2018-01-19）[2021-08-26]. https://www.mlaw.gov.sg/law-practice-entities-and-lawyers/incentive-and-exemption-schemes/.

[25] Singapore Ministry of Law. FINAL ICMWG Press Release - Annex A[EB/OL].（2013-12-16）[2021-08-26]. https://app.mlaw.gov.sg/files/news/press-releases/2013/12/FINAL%20ICMWG%20Press%20Release%20-%20Annex%20A.pdf.

[26] Singapore Parliament. Official Report of Mediation Bill Second Reading [EB/OL].（2017-01-10）[2021-08-20]. https://sprs.parl.gov.sg/search/sprs3topic?reportid=bill-278.

[27] Singapore Parliament. Official Reports of Singapore Convention on Mediation Bill [EB/OL]. (2020-01-06) [2021-08-15]. https://sprs.parl.gov. sg/search/sprs3topic?reportid=bill-intro-371.

[28] Singapore Parliament. Official Reports of Singapore Convention on Mediation Bill-Second Reading [EB/OL]. (2020-03-02) [2021-08-15]. https://sprs.parl.gov.sg/search/sprs3topic?reportid=bill-426.

[29] SMC. About SMC[EB/OL]. (2020-06-16) [2021-08-26]. https://www. mediation.com.sg/about-us/about-smc/.

[30] SMC. SMC Training [EB/OL]. (2021-04-22) [2021-08-26]. https://www. mediation.com.sg/smc-training/.

[31] SMC. Overview of Services [EB/OL]. (2020-02-06)[2021-08-20]. https:// www.mediation.com.sg/our-services/overview-of-services/mediation/.

[32] TANIA SOURDIN. Accrediting Mediators：The New National Mediation Accreditation Scheme (Australia) [EB/OL]. (2021-06-22) [2022-02-28]. https://ssrn.com/abstract=1134622.

[33] STEFFEK F. Mediation in the European Union：An Introduction [EB/ OL]. (2021-06-22) [2022-01-26]. http://www. diamesolavisi. net/kiosk/ documentation/Steffek_Mediation_in_the_European_Union. pdf.

[34] YONG P H (former Chief Justice). Speech at the Launch of Dispute Manager. Com [EB/OL]. (2002-07-31) [2021-08-26]. https://www.supremecourt. gov.sg/news/speeches/launch-of-disputemanagercom-speech-by-the- honourable-the-chief-justice-yong-pung-how (accessed 30 March 2019).

[35] UN. Addis Ababa Action Agenda [EB/OL]. (2015-08-22) [2022-01-26]. https://www.un.org/esa/ffd/wp-content/uploads/2015/08/AAAA_Outcome. pdf.

[36] UN. Report of the United Nations Commission on International Trade Law (A/73/17) [EB/OL]. (2021-06-22) [2022-01-26]. https://digitallibrary.

un.org/record/1640712?ln=en.

[37] UN. Resolution Adopted by the General Assembly（A/RES/57/18）[EB/OL].（2003-01-24）[2020-01-25]. https://undocs.org/en/A/RES/57/18.

[38] UN. Resolution Adopted by the General Assembly on 20 December 2018（A/RES/73/198）[EB/OL].（2021-06-22）[2022-01-26]. https://undocs.org/en/A/RES/73/198.

[39] UN. Report of the United Nations Commission on International Trade Law Forty-seventh Session（A/69/17）[EB/OL].（2021-06-22）[2022-01-26]. https://undocs.org/A/69/17.

[40] UNCITRAL. Report of the Working Group on Arbitration on the Work of Its Thirty-fourth Session（A/CN.9/487）[EB/OL].（2021-06-22）[2022-01-26]. https://undocs.org/en/A/CN.9/487.

[41] UNCITRAL. Mediation Notes [EB/OL].（2021-06-22）[2022-01-26]. https://uncitral.un.org/sites/uncitral.un.org/files/media-documents/uncitral/zh/mediation_notes_chinese.pdf.

[42] UNCITRAL. UNCITRAL Model Law on Electronic Commerce with Guide to Enactment 1996 with Additional Article 5 Bis as Adopted in 1998[EB/OL].（2021-06-22）[2022-01-26]. https://uncitral.un.org/sites/uncitral.un.org/files/media-documents/uncitral/en/19-04970_ebook.pdf.

[43] UNCITRAL. Planned and Possible Future Work — Part Ⅲ Proposal by the Government of the United States of America: Future Work for Working Group Ⅱ（A/CN.9/822）[EB/OL].（2014-06-02）[2020-01-23]. https://undocs.org/en/A/CN.9/822.

[44] UNCITRAL. Report of Working Group Ⅱ（Arbitration and Conciliation）on the Work of Its Sixty-second Session（A/CN.9/832）[EB/OL].（2015-02-11）[2020-01-23]. https://undocs.org/en/A/CN.9/832.

[45] UNCITRAL. Report of Working Group Ⅱ（Arbitration and Conciliation）

on the Work of Its Sixty-third Session（A/CN.9/861）[EB/OL].（2015-09-17）[2020-02-20]. https://undocs.org/en/A/CN.9/861.

[46] UNCITRAL. Report of Working Group Ⅱ（Arbitration and Conciliation）on the Work of Its Sixty-fourth Session（A/CN.9/867）[EB/OL].（2016-02-10）[2020-02-20]. https://undocs.org/en/A/CN.9/867.

[47] UNCITRAL. Report of Working Group Ⅱ（Arbitration and Conciliation）on the Work of Its Sixty-fifth Session（A/CN.9/896）[EB/OL].（2016-09-30）[2020-02-20]. https://undocs.org/en/A/CN.9/896.

[48] UNCITRAL. Report of Working Group Ⅱ（Dispute Settlement）on the Work of Its Sixty-sixth Session（A/CN.9/901）[EB/OL].（2017-02-16）[2020-02-20]. https://undocs.org/en/A/CN.9/901.

[49] UNCITRAL. Report of Working Group Ⅱ（Dispute Settlement）on the Work of Its Sixty-seventh Session（A/CN.9/929）[EB/OL].（2017-10-11）[2020-02-20]. https://undocs.org/en/A/CN.9/929.

[50] UNCITRAL. Report of Working Group Ⅱ（Dispute Settlement）on the Work of Its Sixty-eighth Session（A/CN.9/934）[EB/OL].（2018-02-19）[2020-02-20]. https://undocs.org/en/A/CN.9/934.

[51] UNCITRAL. Settlement of Commercial Disputes：International Commercial Mediation：Draft Convention on International Settlement Agreements Resulting from Mediation（A/CN.9/942）[EB/OL].（2018-03-02）[2020-02-20]. https://undocs.org/en/A/CN.9/942.

[52] UNCITRAL Working Group Ⅱ. Settlement of Commercial Disputes：Enforceability of Settlement Agreements Resulting from International Commercial Conciliation/Mediation（A/CN.9/WG. Ⅱ /WP.187）[EB/OL].（2014-11-27）[2020-02-20]. https://undocs.org/en/ A/CN.9/WG. Ⅱ /WP.187.

[53] UNCITRAL Working Group Ⅱ. Settlement of Commercial Disputes：Enforceability of Settlement Agreements Resulting from International

Commercial Conciliation/Mediation — Revision of the UNCITRAL Notes on Organizing Arbitral Proceedings Comments Received from States（A/CN.9/WG. Ⅱ /WP.188）[EB/OL].（2014-12-23）[2022-01-26]. https:// undocs.org/en/A/CN.9/WG. Ⅱ /WP.188.

[54] UNCITRAL Working Group Ⅱ . Settlement of Commercial Disputes International Commercial Conciliation：Enforceability of Settlement Agreements（A/CN.9/WG. Ⅱ /WP.190）[EB/OL].（2015-07-13）[2020-02-20]. https://undocs.org/en/ A/CN.9/WG. Ⅱ /WP.190.

[55] UNCITRAL Working Group Ⅱ . Settlement of Commercial Disputes：Enforceability of Settlement Agreements Comments by Israel and the United States of America（A/CN.9/WG. Ⅱ /WP.192）[EB/OL].（2015-08-03）[2020-02-20]. https://undocs.org/en/ A/CN.9/WG. Ⅱ /WP.192.

[56] UNCITRAL Working Group Ⅱ . Settlement of Commercial Disputes International Commercial Conciliation：Enforceability of Settlement agreements（A/CN.9/WG. Ⅱ /WP.195）[EB/OL].（2015-12-02）[2020-02-20]. https://undocs.org/en/ A/CN.9/WG. Ⅱ /WP.195.

[57] UNCITRAL Working Group Ⅱ . Settlement of Commercial Disputes International Commercial Conciliation：Preparation of an Instrument on Enforcement of International Commercial Settlement Agreements Resulting from Conciliation（A/CN.9/WG. Ⅱ /WP.198）[EB/OL].（2016-06-30）[2020-02-20]. https://undocs.org/en/ A/CN.9/WG. Ⅱ /WP.198.

[58] UNCITRAL Working Group Ⅱ . Settlement of Commercial Disputes International Commercial Conciliation：Preparation of an Instrument on Enforcement of International Commercial Settlement Agreements Resulting from Conciliation（A/CN.9/WG. Ⅱ /WP.200）[EB/OL].（2021-06-22）[2022-01-26]. https://undocs.org/en/ A/CN.9/WG. Ⅱ /WP.200.

[59] UNCITRAL Working Group Ⅱ . Settlement of Commercial Disputes

International Commercial Conciliation: Preparation of an Instrument on Enforcement of International Commercial Settlement Agreements Resulting from Conciliation（A/CN.9/WG. Ⅱ /WP.202）[EB/OL]. （2017-07-14） [2020-02-20]. https://undocs.org/en/ A/CN.9/WG. Ⅱ /WP.202.

[60] UNCITRAL Working Group Ⅱ . Status: New York Convention [EB/OL]. （2021-08-19）[2022-02-25]. https://uncitral.un.org/en/texts/arbitration/ conventions/foreign_arbitral_awards/status2.

[61] UNCITRAL. Status: United Nations Convention on International Settlement Agreements Resulting from Mediation [EB/OL].（2021-06-22）[2022-02-28]. https://uncitral.un.org/en/texts/mediation/conventions/ international_settlement_agreements/status.

[62] VMG Verband für Mediation Gerichtsanhängiger Verfahren. Wie Werden Sie Mitglied im VMG? [EB/OL].（2021-06-22）[2022-01-26]. https://www. vmg.or.at/mitgliedschaft.

[63] MARIA THERESA TROFAIER. Zivilrechts-Mediations-Gesetz - ZivMediatG BGBl. I Nr. 29/2003. http://www.arbiter.com.sg/pdf/laws/ AustrianMediati onAct2003.pdf.

[64] 葛黄斌.《新加坡公约》的普惠红利是一把双刃剑[EB/OL].（2019-02-19）[2021-07-14]. http://www.legaldaily.com.cn/index/content/2019-02/19/ content_7772671.htm.

[65] 谢文英，贺恒扬.建议明确检察机关对虚假调解进行监督[EB/OL]. （2021-03-05）[2021-08-08]. https://www.spp.gov.cn/spp/zdgz/202103/ t20210305_510661.shtml.

[66] 中华全国人民调解员协会网.经典案例[EB/OL].（2021-06-22）[2022-01-26].https://www.zhqgtjxh.com/anli.php?subtype=7&cid=9.

[67] 朱华芳，顾嘉，郭佑宁.中国商事调解年度观察（2021）[EB/OL].（2021-11-17） [2022-01-26].https://new.qq.com/omn/20211117/20211117A03K4Y00.html.